父母学校书系
PARENTS' SCHOOL
美好家庭 科学教育

How Screen Addiction
is Hijacking Our Kids – and How to Break the Trance

Glow Kids

屏 瘾

当屏幕绑架了孩子怎么办

［美］ 尼古拉斯·卡达拉斯 著
常润芳 译

NICHOLAS KARDARAS

江西教育出版社
JIANGXI EDUCATION PUBLISHING HOUSE

著作权合同登记：图字 14-2018-0026

图书在版编目（CIP）数据

屏瘾：当屏幕绑架了孩子怎么办 /(美) 尼古拉斯·卡达拉斯著；常润芳译. -- 南昌：江西教育出版社，2018.8
（父母学校书系）
ISBN 978-7-5705-0214-1

Ⅰ.①屏… Ⅱ.①尼… ②常… Ⅲ.①移动终端－影响－青少年问题－研究 Ⅳ.①C913.5

中国版本图书馆 CIP 数据核字(2018)第 038423 号

屏瘾
——当屏幕绑架了孩子怎么办

PINGYIN——DANG PINGMU BANGJIA LE HAIZI ZENMEBAN

［美］尼古拉斯·卡达拉斯/著　常润芳/译

江西教育出版社出版
(南昌市抚河北路 291 号　邮编：330008)
各地新华书店经销
江西省和平印务有限公司印刷
880 毫米×1230 毫米　32 开本　13 印张　字数 275 千字
2018 年 8 月第 1 版　2018 年 8 月第 1 次印刷
ISBN 978-7-5705-0214-1
定价：60.00 元

赣教版图书如有印装质量问题，请向我社调换　电话：0791-86710427
投稿邮箱：JXJYCBS@163.com　　　　电话：0791-86705643
网址：http://www.jxeph.com

赣版权登字-02-2018-162
版权所有　侵权必究

出 版 说 明

　　家庭是社会的基本组成部分，也是人生的第一所学校。据《中国教育报》2017 年 12 月 14 日报道，中国目前有 3 亿多未成年人家庭。在当下这样一个经济全球化、社会信息化与价值多元化的世界里，我们面对的挑战都是空前的；特别是技术发展的脚步如此之快，几乎每个人都能在时代的车轮声中本能地感受到威胁。在这种大环境下，父母们面对的挑战也是空前的，除了传统的教育问题，一些具有时代特征的教育问题也困扰着众多家庭：

　　如何开发孩子的智力？面对爱挑食的孩子我们该怎么办？孩子注意力不集中父母该怎么办？现代儿童和青少年要承受来自家庭、学校及同龄人的重重压力，身为父母的我们如何才能帮助孩子掌握压力管理的技能、情绪管理的方法，提高自我调节的能力，让他们健康快乐地成长？青春期的孩子有哪些特点、烦恼，身为父母的我们该如何帮助他们？什么时候和怎么样对孩子进行性教育？到底该不该在孩子未成年时就把他们送到国外去学习？发光的屏幕科技对孩子的大脑发育有哪些影响，我们该如何帮助孩子戒掉屏瘾？……

不仅是子女教育问题，还有家庭关系、夫妻关系等诸多问题也困扰和冲击着人们焦虑不安的心灵。迅速变化的社会，带来越来越多的不确定性，这就要求现代人特别是为人父母者需要不断地学习。

家庭教育最终要走向自我教育。家长通过自我教育，维系好夫妻感情，营造出和谐的亲人关系，其乐融融的家庭环境，这是教育好孩子的一个基本前提；如果通过学习能在脑科学、认知科学、发展心理学和教育学等科学的基础上做到真正的科学养育，那么就可以养育出身心健康的孩子，并为孩子未来的良好发展打好基础。

我们希望通过出版国内外专家学者的关于家庭建设、婚姻经营、亲子教育方面的书籍，为父母读者们带来一些启发，并在一定程度上提供有益的指导，帮助父母们更好地进行自我教育，于是我们精心策划了这套"父母学校书系"。书系将甄选国内外心理学、神经科学、教育学、认知科学等领域的权威专家和学者之图书作品，在这些作品中他们将与读者分享其多年的研究成果，以及经过实践检验行之有效的方法。希望这套书能成为父母自我教育的参考书，也提醒父母们在为孩子提供"面向未来的教育"的同时，为人父母者能起到表率作用：拥抱这个变化的时代，与时俱进；与孩子一起不断学习，共同成长。

编　者

2018 年 5 月

我们几乎是在每一幢房子，

看到他们目瞪口呆的样子。

在屏幕前坐着凝视，坐着凝视，

……

一直到被催眠也不会停止，

不知道你是否曾就此反思：

这情景伤害了你宝贝儿子？

导致他大脑意识完全丧失！

其想象力也随着彻底坏死！

……

这情景使孩子迟钝又茫然，

不思考不动脑，只是用眼看！

——出自《查理与巧克力工厂》

罗阿尔德·达尔（Roald Dahl）著

此为书中奥柏伦柏人（Oompa-Loompas）的唱词

该词为麦克·蒂维（Mike Treavee）创作的诗

目 录
Contents

致　谢
Acknowledgments

这本书绝不是空穴来风、异想天开之作，而是多年临床实践、研究，以及文化洞察的结晶。在此期间，我自始至终都得到了我的爱妻——聪明的卢斯(Luz)的厚爱及帮助。她是一位小学教师，在"屏瘾儿童"这个话题上，她不仅提供了可贵的信息，还一如既往地给予我支持、友谊和灵感。

我之所以渐渐意识到"屏瘾儿童"这一问题的重要性，首先源于我对这类儿童的长期临床治疗工作。其次，我自己也有两个孩子，两个令人惊艳的小男孩——阿里（Ari）和亚力克西（Alexi）。作为一个父亲，我当然得重视这个问题。我不敢说自己一直就是一位完美无瑕的父亲，但是，我的确一直都在千方百计、不遗余力地教育自己的儿子，要他们认真学习人生之要务：爱、对世界的敬畏感、同情心以及自力更生的意识。我也竭尽全力让他们明白这样一个道理：整天沉溺于荧屏的孩子，往往会失去一些重要品质。

有一天深夜，我正坐在电脑前撰写这本书，儿子突然来到我的办公室，问我正在写什么。我回答说："我在写发光的荧屏将对你们这些小孩造成多大的伤害。"他却狡黠地说："那你为什么还在电脑前写你的书啊？"

他的话着实将了我一军，颇具讽刺意味。

　　但是，我承认，写这本书对我来说就如一项重要使命。我觉得，传播我所知道的重要信息和相关研究成果是至关紧要的，这样，我们至少可以遏制"屏瘾儿童"的迅速增加。

　　我非常感激我的文学代理人亚当·克罗米（Adam Chromy），他看到了这本书的前景，并帮助我进行完善，使其得到我的编辑凯伦·沃尔尼（Karen Wolny）的赏识。我们第一次通话时，凯伦说她看到这本书时"如获至宝"。能与这么优秀的团队合作，我真是三生有幸。我也要感谢我的父母，虽然我自己不是一个"屏瘾儿童"，但我也不是什么省油的灯，他们为了我可没少操心。正是他们的弹性教育和无条件的爱，才成就了今天的我，他们对我的影响极其深远。最后，我要真诚地感谢帮助过我的每一个人，一路走来，他们不断地激励我坚守信念、加倍努力、奋勇向前。谢谢大家。

前　言
Introduction

科技带来的麻烦

柯克舰长 (Captain Kirk) 是个真爷们儿。

至少 1974 的我，一个少不更事、易受影响的 5 年级小学生是这么认为的。当时看着《星际迷航》这部电视剧，我就幻想着自己能搭乘星舰，与柯克舰长那个混蛋，还有那个酷毙的斯波克 (Spock) 先生一起，风驰电掣般飞到那些人迹罕至、充满异域风情的星球上，信心满满地引诱那里的青涩女子——对于一个血气方刚、活力无限的年轻男孩来说，除此以外他还想要什么呢？

当时，除了酷毙的技术以外，我真是别无他求！我只想温文尔雅地打开通信器，对它发出指令："把我送上飞船吧，史考特 (Scotty)。"因为急不可待地想加入柯克舰长的队伍，我在本应认真听李哈特 (Legheart) 老师讲清教徒前辈移民、分裂以及诸如此类的事情时，用纸做了无数个翻盖通讯器。她讲的内容肯定没有我的星际旅行有意思，她的课乏味至极，缺乏想象力，根本没有什么让人兴奋不已的地方。

我渴望有朝一日，我的科学幻梦能够成为现实，压根儿没有领悟古老格言的智慧："许愿需谨慎！"柯克的技术的确如约而至，我们却要为此付出高昂的代价。

请相信我，现实和我过去期许的不一样。我所想的、所渴望的是没有罪过的科技。不幸的是，人类社会似乎已经进入了浮士德的交易模式。确实,在这个数字时代,我们持有奇迹般的技术产品——平板电脑和智能手机等神奇的发光设备,它们把全球各地的人联系起来,将全人类的知识累积起来,放在我们的手掌上。

但是,这些先进技术让我们付出的代价是什么呢?是一代人的心智和灵魂。可悲的事实是,为了现代科技所提供的便捷、舒适、快感,我们已经不知不觉地把下一代抛到了虚拟世界的巨轮下。

喂,伙计,你是不是有点言过其实、耸人听闻呀?你可能会这样质问我。但是,请看看你的周围,看看在饭店用餐的有孩子的家庭,看看在披萨店、学校操场、朋友家中的儿童和青少年,你看到了什么?

你看到的是一群低着头、目光呆滞、形同僵尸的孩子,他们的脸被发光的屏幕照亮。他们与《天外魔花》《行尸走肉》里的僵尸一样面无表情,看起来没有灵魂。我们的年轻人就这样陆陆续续地沦落为数字瘟疫的牺牲品。

2002 年的夏天,我在希腊的克里特岛上第一次看到了这种新生的全球流行病。我和我的新婚妻子计划到我的父母和祖先居住的地方——希腊去旅行,让我们可以暂时从纽约繁忙的生活中解脱出来。

我们游览了米科诺斯岛、圣托里尼等常规景点之后,决定乘坐渡轮,先到蜿蜒崎岖的克里特岛看一看,然后再徒步几个小时,参观古代的撒玛利亚峡谷和偏远的沿海村庄罗特洛。

这是一个神奇的地方:阳光普照,景色撩人,人们在最为清澈湛蓝的海水中游泳、嬉戏、欢笑;一个如此美丽、如此宁静的地方,让人流连忘返,玩起来就忘记了时间……这里没有汽车,没有便利店,没有电视,没有闪光灯,只有一些老房子和几家滨河小旅馆,还有海滨餐馆。

罗特洛村也是以家庭旅游胜地而闻名的。这个世外桃源般的小村庄交通便捷，是孩子们的理想乐园：划船、游泳、攀岩、贴标签游戏、跳水——真是名副其实的儿童天堂。

我们在那里的第一天，整个上午都是在海滩上度过的。之后，我们在一个咖啡馆停了下来，想买点冰镇饮料。在咖啡馆里，我问那里的服务生，他们的卫生间在什么地方，他给我指了指楼梯的方向。我顺着那几级陡直的台阶来到一个昏暗、低矮的地下室。我一下来就看到一种奇怪的光芒从一个黑暗的角落里散发出来。我眯着眼睛，以适应被黑暗笼罩的房间，看到了光源：这是罗特洛村一个无比简陋的网吧——在令人沮丧的地窖里，有两台旧式的苹果电脑，就放在角落里的一张小桌上。我走近一点，就可以看到黑暗中有两个矮胖的美国小男孩正在聚精会神地玩电子游戏，浑圆的脸庞被电脑屏幕照得发亮，而电脑屏幕离他们的脸只有几英寸的距离。

我觉得十分奇怪：在世界上最美丽的海滩风景区之一，希腊当地的孩子们会在这里从日出玩到日落，然而这两个远道而来的美国孩子，却在一个阳光明媚的下午躲在这么黑暗的地窖里一起玩电子游戏。

我们在这个旅游胜地待了一周的时间。在此期间，我又到那个咖啡馆去了好几次，每次都发现那两个男孩在地下室玩游戏，他们的脸被电脑屏幕照得发亮。因为我当时还没有孩子，也不怎么看好脸上发光的矮胖男孩，所以就没把他们放在眼里。我必须承认，我是有点以貌取人，我那时以为他们都是不良儿童，而且他们的父母也不怎么样。

　　然而，我却永远不会忘记，在那个恐怖的地下室，那两个玩电子游戏的美国男孩被催眠般的呆滞表情，而在他们的头顶上方就是天堂一般的旅游胜地。慢慢地，就像水龙头里的水一滴一滴持续不断地往下流淌一样，我开始意识到，这种目光呆滞的凝视表情正在不断地蔓延开来；这样的"屏瘾儿童"正在成倍递增，就像一个正在蔓延的虚拟的祸害。

　　难道这只是一种无害的嗜好或是某种数字呼啦圈般的时尚潮流吗？有些人竟然会说，发光的屏幕可能对孩子大有裨益——是一种可以互动的教育工具。

　　但是，许多研究的结果却并非如此。事实上，没有一个令人信服的研究表明早早就接触更多技术的儿童要比没有接触技术的孩子得到更好的教育。但是，的确有一些证据表明，有些常看荧屏的孩子增加了模式识别能力，但却没有任何研究显示他们可以成为更好的学生或是更好的学习者。

　　恰恰相反，越来越多的证据表明，荧屏可能会对儿童有一些非常重大的、负面的临床和神经方面的影响。脑成像研究显示，发光的荧屏——比如那些发光的 iPad 屏幕——对于大脑快感中心的刺激就像性爱一样，能够提高多巴胺（感觉良好的主要神经递质）的水平。这种大脑快感的效果正是成年人对屏幕上瘾的原因所在，而对于仍然处在大脑发育阶段的儿童来说更是如此，而且，儿童还不具备处理这种刺激水平的能力。

　　更重要的是，越来越多的临床研究表明，荧屏技术与精神疾病密切相关，如多动症、上瘾、焦虑、抑郁、与日俱增的挑衅行为等，甚至是精神病。也许最令人震惊的是，最近的脑成像研究结论表明，如果过度接触荧屏，就会像可卡因上瘾一样，可能会严重损害儿童大脑神经的发育。

依赖技术的儿童大脑就像依赖毒品的儿童大脑一模一样，这是千真万确的。

事实上，发光的屏幕就是一种极其强大的麻醉药。华盛顿大学就在治疗烧伤的过程中利用一种虚拟现实游戏来帮助烧伤患者抑制疼痛感。令人惊讶的是，由于烧伤病人沉浸在游戏之中，疼痛真的有所缓解。这样看来，电子游戏有类似吗啡的镇痛效果，因此，烧伤病人就不需要任何实际的麻醉剂。虽然把屏幕技术当作镇痛药来用不失为一个美妙的医学佳话，但是，我们也正在不知不觉地把这个数字吗啡交给我们的少年儿童。

具有讽刺意味的是，虽然我们已经大张旗鼓地对所谓的毒品进行宣战，却在不知不觉中为这种虚拟的毒品鸣锣开道。加州大学洛杉矶分校萨摩尔神经科学暨人类行为研究所所长彼得·怀布罗（Peter Whybrow）博士曾把这种虚拟毒品称为"电子可卡因"；拥有医学和神经科学博士学位的安德鲁·多恩（Andrew Doan）博士率先把上瘾行为研究运用到美国海军的一位指挥官身上，声称这种荧屏游戏是"数字毒品"，还发明了新词"pharmakeia"（在希腊语中是"药物"的意思）；中国的研究人员则把这种虚拟的毒品称为"电子海洛因"。虽然现在这种虚拟毒品已经进入我们最年轻、最脆弱的孩子的家庭和教室中，但是人们仿佛对其负面影响依然视而不见、置之不理。

与此同时，中国已经把网瘾障碍疾病（IAD）确定为健康的首要危害；而在韩国，因为有2000多万少年儿童对网络上瘾，所以韩国已开通了400多家技术成瘾康复机构，并且为每一个学生、老师和家长都发放一本手册，目的就是告诫他们与荧屏和技术相关的潜在危险。然而，在美国本土，一些无能又腐败的学校官僚们有时候竟会把发光的平板电脑——没错，就是电子可卡因——发放到每个幼儿园孩子的手中。

为什么不这样做呢？让技术进入课堂可是一笔大买卖，估计到2018年将会达到600亿美元的收益。然而，就在我为这本书进行调查研究的时候，我却发现，技术进课堂其实也是贪婪、丑闻和联邦调查局FBI调查的案件内幕。

即使我们的学校不能保护孩子们免受少儿不宜的科技的危险，这种做法也实在令我们非常失望。那么，家长们意识到与荧屏相关的问题了吧？然而不幸的是，许多关心儿童和满怀善意的父母根本洞察不到荧屏所具有的那种破坏性。即使有些父母意识到了课堂上的荧屏可能会存在问题，但是，为了方便起见，他们仍然对此不置可否。

毕竟，我们这么多人如此爱不释手的东西怎么可能会对我们有害呢？怎么可能会对我们的孩子更有害呢？我们已经如此依赖这一数字保姆（或所谓的虚拟学习工具），所以，我们真的不想听到有人说我们的智能手机以及我们奇妙的、无所不知的iPad真的会损害我们孩子的大脑——嘿，这不会是真的！

但是，不管你喜欢与否，这就是真的，事实就是如此。

作为国家最重要的成瘾问题研究专家之一，我一眼就能看穿上瘾的情况，因为我一直观察着那些痴迷于视频游戏、强迫性接发短信的儿童，将他们被催眠的恍惚眼神都看在眼里。事实上，在过去的10年间，我已经对1 000多名青少年做过临床治疗实践，而且已经注意到屏幕上瘾的影响，这导致了一系列的临床疾病以及各种青少年问题。

然而，当屏幕把整个世界都装点得五彩缤纷的时候，家长们要么忽视了这个问题，要么只是挥挥手，然后叹口气说："唉，今天的孩子们就是这个样子。"但是，孩子们本来不该是这个样子的。从iPad的发明到现在只不过才6个年头，而整整一代的孩子们已经在心理上深受影响，在神经功能上实现了重组。

我完全明白，我这样说可能会受到科技爱好者和游戏玩家的反对，甚至使他们愤怒。但是，我严正声明，我这本书和我自己本人都不是要反对科学技术。恰恰相反，这本书的目的正是为所有关心我们所生存的这个社会的成年人提供必要的知识信息，同时也为家长们提供信息和提出告诫，让他们了解到，如果少年儿童过度接触荧屏，就会对他们造成神经和临床健康方面的伤害。

我喜欢开车，但我认为我那对8岁的双胞胎儿子还不能碰车。同样，他们也不能玩枪战视频游戏。不要心怀不平，因为我关注的重点是科技对少年儿童的影响。我在这里也不提倡等孩子过了法定年龄再去接触视频游戏。尽管你可能会说，让孩子们时不时地到户外转一转不就可以了嘛，但是，引用大明星威廉·夏特纳（William Shatner）在他著名的《星际迷航》中的一句话"一生如此"（这是我几年前在《周六夜现场》节目中听到的模仿台词），我指的不是一条人工合成的生命，甚至不是"第二生命"。我的意思是，让孩子一生都过着诚实善良的生活，到户外散散步，闻着玫瑰的花香，有个女朋友相伴，脚踏青青的草地，就是这么一种真实的生活。

请不要误会我的意思，我真的理解荧屏的吸引力。我不仅是一名研究上瘾的专家，而且也是一名康复中的上瘾患者——最初，还是一名逃离现实的大师。说实话，即使我已经从我的上瘾问题中恢复了许多年，但是我依然发现，要与我那诱人的小智能手机保持健康的关系越来越具有挑战性了。

因为开办了高端康复机构，有很多病人需要治疗，我总是需要在患者情况紧急的时候及时出现，所以我认为保持我的手机全天候开通是合情合理的。但事实是，我却难以自拔——即便是在度假期间也不例外。就像喜欢抽烟的心脏病专家一样，我意识到，当上瘾倾向重返我的生活时，我还是不能免疫。而且我也感到纳闷：我这个成年人具有发育如此成熟的大脑以及具备这些年所有的培训和戒毒康复工作的经验，都很难处理技术的使用问题，那么，我们就不难想象，一个容易冲动的 8 岁孩子会怎么样呢？

先不谈技术的使用对于成人的影响有多大，我们不需要成为上瘾专家或神经科学家——抑或是一个反对科技进步的勒德分子，就能够看到少儿不宜的技术对少年儿童所产生的不可否认的负面影响。不管是在最新的研究之中，还是在日常的现实生活之中，我们都能看到那些只要一插上电源就什么都不管不顾的孩子们。

然而，正当那些聪明的作家和机智的博客作家辩论技术的利弊之时，那个不断增长的技术却正在对少年儿童造成真正的伤害。

因此，拯救"屏瘾儿童"已经迫在眉睫，正如瑜伽大师会说的，"这早就有点迟了"。

——尼古拉斯·卡达拉斯
2016 年 1 月
纽约萨格港

一 蜂拥而至的"屏瘾儿童"

迷失在黑客帝国

大约 10 年前，我正处于"我们有问题，豪斯顿"这么一个叛逆期。的确，早年在希腊的时候，我第一次看到了一些令人不安的红色信号，但是，直到 2007 年，我依然优哉游哉，压根儿没有意识到这个问题的严重性；我从来没有完全搞明白，只要是沉溺于荧屏，就会对少年儿童的神经系统造成如此巨大的伤害。

一切变化都源于那年的 10 月。在一个凉爽宜人的午后，我觉得我已经非常了解上瘾着迷的情况了，毕竟我曾在一所重点大学教授这门课程，是一名具有博士水平的神经科学方面的教授，而且在我的临床实践中还专门从事网瘾的治疗，所以，我曾见证过各种各样的痴迷网瘾的情况——或者说我自认为是这样的。

我还以为，谈起我与年轻人打交道的事情，我已经无所不知、无所不晓。作为当地一所中学的心理健康服务提供者，我已经治疗了数百名青少年：我曾看过被性虐待的孩子、药物成瘾的学生、反社会的青少年、流氓团伙的成员、无政府主义者、恋童癖者、精神分裂症患者、格格不入的忧郁症患者、管制刀具使用者、强迫症患者、纵火犯。[①]

这就是我一天之内要面对的所有工作。

不过，就在 2007 年的那一天，当一个名叫"丹（Dan）"的小男孩被送来见我的时候，我是完完全全始料不及、毫无准备的。

他走进我办公室的时候，看上去表情茫然、无所适从，而且无比恐惧。他慢慢地坐下来，神情紧张、局促不安地坐在我办公桌对面的椅子上，而且还一直不断地扭着头，非常恐惧地打量着我的办公室。

我问他是否知道自己在哪里，他没有回答。他只是紧张地眨着眼睛，一直环顾四周，而且头还一直不停地晃动。

"丹，你知道你在哪里吗？"我又问了一次。

同样，还是没有回答。

经过一段漫长的、令人不爽的沉默之后，他突然抬头朝着天花板上的顶灯望去，并且眯起眼睛，试图弄清楚自己的方位。接着他使劲地眨着眼睛，又朝下面看了看，然后用那深褐色的眼睛盯着我的眼睛看。他脸上反映出来的表情是那种某些人可以看见而我们其他人却看不见的恐惧和混乱——有时可怕、有时世俗。我深谙那种

---

① 为了保护个人隐私，所有病人的名字以及任何其他有关他们病例的细节，我在本书中都已经做了相应的变更。——作者注

害怕的样子，因为在我与精神分裂症患者相处的治疗工作中，曾经多次看到过那样的表情。

这个脸色苍白、头发油腻的 16 岁高中生身穿一件被风吹日晒的金属乐队的 T 恤。虽然他以前没有任何精神病史或药物滥用的情况，但是他还是因为最近一直表现得有点怪异而被送到了我的办公室。

我再一次问他，而且语气更加坚定："丹，你知道你在哪里吗？"他还是只眨了眨眼睛，依然不回答。

后来，他终于直愣愣地看着我，用一种混乱不清的语气结结巴巴地说："我们还是……是……在游戏比赛吗？"

不，我们肯定不是。

丹是我第一次遇到的所谓最终因过度游戏而诱发精神病的患者（也叫"游戏转移症"[1]或"俄罗斯方块效应"[2]）。这是一种因游戏过度而可能导致的精神崩溃，常见的还有失眠、真实与幻想之间的界限变得模糊不清。果然不出所料，丹一直在玩《魔兽世界》奇幻游戏——这一游戏被许多对其上瘾的"信徒"们亲切地叫作"哇，碉堡了！"。他们一天要玩 10 至 12 个小时，而且已经彻底迷失在这一"黑客帝国"。

我发现，《魔兽世界》是一个虚构的角色扮演游戏（RPG），它发生在一个被称为"艾泽拉斯"的梦幻王国，讲述的是联盟与部落两派之间的战争故事。由于令人难以置信的深度与叙述完美的故事，再加上玩家创建的管理公会，《魔兽世界》游戏通过语音接口为玩家提供了丰富的幻想互动体验和社交机会（玩家通过网络连接的游戏被称为大型多人在线游戏，或是 MMOs）。

玩家们把情感都投入到这些梦幻世界，投入到他们的个性发展以及他们与游戏伙伴之间的联系上。事实上，由于有超过 1 000 万的用户，《魔兽世界》这个游戏成了世界上最受欢迎的大型多人在线角色扮演游戏（MMORPG）。

当我坐在那里，试图对丹做个评价的时候，我已经清楚地意识到，那些迷失在视频游戏幻觉之中的少年儿童正是我要研究的新领域。现实世界早已成为迷幻药的控制范围，而研究成瘾的心理学家习惯于研究这些物质——引起精神病的迷幻药①和天使粉②。然而，现在看来，21 世纪的这种新的思维扭曲正是这种"数字药物"的副产品。

当丹坐在我的办公室时，他明显地感觉到害怕和困惑。他所患的精神病症状既有现实感丧失（不知道什么是真实的），又有人格解体（觉得他们自己都不是真实的）。他的大脑已经进水了，完全沉浸在自己的幻想游戏之中。

在我对这些人格分裂的精神病患者的治疗工作中，我知道一些基本技术可能会有所帮助。从本质上讲，就是帮助病人利用自己的五官来直接感受——肉体的即时性。丹和我试着站在一起，并大声鼓掌，这似乎有助于使他从幻觉中稍停片刻。我叫他用手抓住一张

---

① 摇头丸。——译者注
② 一种烈性迷幻药。——译者注

纸并揉皱它，他照我说的做了。

"我们在哪里啊？"

"你在我的办公室，正在和我说话呢。你还在游戏里吗？"

"不，我不这么认为。但我感觉好奇怪……好像我还是不在我的身体里。"

丹接着描述他在《魔兽世界》游戏里的体验。他是如此沉迷于《魔兽世界》，以至于玩起来整个通宵都不吃、不睡，也不去厕所。如果需要方便，他就直接尿在电脑旁边的玻璃瓶里。我最终发现，对于《魔兽世界》的爱好者们来说，尿在罐子里并不新鲜。游戏的吸引力如此强大，据说他们都要穿上纸尿裤来打游戏，就和太空宇航员或长途卡车司机一样，以便不会因为上厕所而错过片刻的游戏时间。[3]

然后，他开始哭着说："我好害怕啊。我不知道发生了什么事……我发疯了吗？"

由于他的症状可能会短期好转，然后又突然恶化，游戏的回放图像会再次把他压垮，所以他被送到了精神病院的急救室。这个可怜的孩子不得不花一个月的时间在精神病医院住院，以便得到稳定的抗精神病药物以及心理治疗，最终使他能够把自己与现实重新联系起来。

在他住院期间，我和他的妈妈谈了话，问过她有关儿子过度玩视频游戏的情况。他的母亲是一个教育水平有限的单亲妈妈，在当地的沃尔玛超市工作。当孩子龟缩在自己的房间里玩视频游戏的时候，虽然她也有点担心他那吸血鬼般的作息时间，但是，她还是蛮高兴的，至少他是"安全地在家，而不是像其他的孩子一样满街乱跑"。

丹出院时，他来求我帮助他远离那些游戏。我鼓励他把所有的视频游戏和游戏设备都扔进垃圾桶，开始重新去做他过去喜欢做的事情。在玩视频游戏之前，他曾喜欢打篮球，我就鼓励他接着去打篮球。

大约过了一个星期，我接到他妈妈打来的一个电话，他妈妈极为愤怒。

"你知道你鼓励他扔掉的那些游戏和电子产品花了多少钱吗？你知不知道？！"

我先是大吃一惊，然后回答说："你的儿子在精神病院住了一个月，就算不是与玩视频游戏直接相关，至少也是受其影响，他现在刚刚从医院出来，可能还有其他潜在的问题——我们还无法确认——但是这些游戏对他没有任何好处。"

我停顿了一下，然后尽力让她明白，丹自己想要摆脱那些游戏。"听着，史密斯夫人——你儿子请求帮助，要远离那些游戏。是他寻求帮助的。"

我通常不会轻易感觉吃惊，但是这位母亲的回答的确让我震惊了："是啊。但是，现在他想去外面玩！他想去操场打篮球！天知道他在外面会发生什么事！"

随着时间的推移，我算是彻底明白了：现在之所以出现电子游戏成瘾的现象，不仅因为孩子们想要追求某种东西，而且家长们也认为这样就会让孩子们安安全全地待在家里。或者说，家长们真的想感受一下数字保姆的更大好处：相信视频游戏和屏幕可能就是教育的一种方式；或者可能可以提高孩子的专注能力，抑或是提高他们的手眼协调能力；或是有游戏销售者声称的其他好处。

不幸的是，自 2007 年我对丹开始治疗至今，屏幕文化和玩视频游戏已经像野火一样迅速蔓延。如今，在 2 ~ 17 岁的美国儿童中，有 97% 的人玩电子游戏，[4] 这就意味着有 6 400 万个孩子在玩电子游戏，而且，这个数字每年都在上升。

究竟是什么导致了这种增长？是什么如此吸引人们来玩视频游戏呢？

当然，射击游戏可以引发肾上腺素冲动，因此孩子们肯定喜欢玩这种游戏；拼图益智游戏以及更高水平的积木游戏，如《糖果粉碎传奇》《我的世界》，肯定都有它们各自的吸引力，让人高度上瘾。但是，我们何以还要创造那些具有爆炸效果的神话与幻想的游戏，如《魔兽世界》，以便来吸引数以百万计的少年儿童呢？现在我已经有点明白了，这里的吸引力不仅仅只是肾上腺素，而是比那更深刻、更根本的东西。事实上，对于神秘经验的需要可能已经融入我们人类的心灵。

具有传奇色彩的瑞士心理学家卡尔·荣格（Carl Jung）和他的信徒，以及神话学者、作家约瑟夫·坎贝尔（Joseph Campbell）都写了大量的作品，来讲述我们对神话的需求以及神话原型经验对我们灵魂的滋养作用。在心灵深处和人的层面上，我们需要神话——我们需要创造我们的神话故事、我们的英雄之旅、我们的寓言以及我们的道德传说故事。

然而，总的来说，这在我们的现代化时代都已经不复存在。大约在100年前，荣格写道，现代世界已经"被揭秘"，而且正在经历一个意义的"贫困期"[5]；科学的进步无疑大大改善了我们的生活，无论是医学治疗还是非常有用的家居产品，但是，对科学的崇拜也创建了意义的空白。科学已经剥夺了我们的神话，它告诉我们说，现在的世界既没有神也没有鬼，既没有天堂也没有地狱，既没有极乐世界也没有圣诞老人。事实上，科学告诉我们的是，世界就是一个冷酷无情、机械横行的地方，这里没有神话，没有意义——没有人类心灵必要的生命之血。

处在原始意象的沙漠地带，饥饿的年轻人被吸引到幻想世界。在那里，他们可以把最基本的原型——英雄之旅打出来。在《千面英雄》（1949）[6]中，约瑟夫·坎贝尔刻画了这一英雄人物的原型。人们在每一种文化中都可以发现这样的神话：要想成为一名英雄，他必须克服各种障碍，通过入会仪式，跨过各种各样的门槛，最终实现自己的转型目标，即他或她所追求的那个对象。从这个意义上说，今天许多神话般的幻想游戏，就像《魔兽世界》一样，只不过就是英雄之旅的数字版本而已，不过，它是出现在一个有催眠作用的、发光的荧屏上面的小小游戏罢了。

　　我对数百名游戏玩家进行了临床研究，显而易见的是，在我医治的这些孩子中，有许多都是在寻求某种更深层的连接和目标感。由于受到制度化的刻板严厉的中学生活的排斥，漂泊的灵魂又无处安放，所以，这些渴求人生意义的孩子就到数字幻想的王国里冒险。在那里，他们找到了目标；在那里，有怪物任他们厮杀；在那里，他们可以把竞争对手打败；在那里，他们能获得奖赏。总之，在那里，有一种让人心满意足的目的感——而且，如果是与别人一起玩游戏，大家就会得到同样的目的感，何乐而不为呢？

　　在对孩子们进行医治的过程中，我接触过各种各样的游戏玩家，通过与他们交谈，我还了解到一个不言而喻的动机，那就是逃避。假设你就是一个少年，而且觉得你自己很不合群，或者你不喜欢自己的样子，抑或你生活在一个功能失调的家庭，或者假设你经常感到孤独、空虚、沮丧，你讨厌学校，也没有真正的朋友。在青少年的等级结构与尊卑秩序这一残酷的人际互动中，你只有在外面看着的份儿——毕竟，在学校食堂凉爽的桌子上，只能坐这么多孩子。

　　如果有可能，你会逃离这样的生活吗？

　　对有些人来说，《黑客帝国》确实有它的吸引力。

　　当然，在过去，有人曾用备用毒品和酒精来帮助缓解不合群的不适之感，或是缓解身体不舒服的症状。今天，孩子们可以去神奇的幻想世界。在那里，他们可以玩消失，也可以重塑自己；在那里，他们可以创造强壮有力、高大威猛的人物角色，当所有人都在追求某个崇高的共同目标时，那个高大威猛的人物角色则会把每个人都灭掉。

面对这样的情况，你会选择哪一个？是在外面看着餐厅内凉爽的午餐桌呢，还是做一个能够征服整个世界的神奇武士？

我曾经治疗过一个名叫"马修（Matthew）"的16岁男孩，他对《最终幻想》游戏特别上瘾，一玩起来就根本停不下来。《最终幻想》像《魔兽世界》一样，也是一种幻想角色扮演游戏（RPG），其中有4个被称为"光明战士"的青年，每个人都携带一种他们那个世界的4个基本球体之一的球体。这4个球体被4种元素恶魔涂成了黑色，4个光明战士一起去寻求打败邪恶势力的力量，恢复他们球体的光明，拯救他们的世界。这就是一个陈词滥调的英雄之旅。

我可以理解马修为何被这个游戏完全吞噬。马修本是一个非常甜美、敏感而又温和的小孩，他与身患残疾的父母生活在一个臭味熏天、破旧不堪的房子里。马修的父亲是一个伤残老兵，他的母亲是一个精神病患者，因为智障被困居家中。他们的家就是这样一个极不卫生、肮脏不堪的"猪圈"，儿童保护服务中心人员经常光顾的一个地方。在学校里，马修有一个"蟑螂孩子"的绰号，因为有些时候确实会有蟑螂从他的衣服里爬出来，跌落在他的桌子上，他因此而受到同学们的大肆嘲笑。

的确，要想弄清楚马修为什么喜欢把大部分时间都花在《最终幻想》之中的光明战士身上而不是花在"蟑螂孩子"的身上，这一点都不难。

但是，并不是所有的孩子都是因为受这样的残障家人影响才沉溺于游戏、逃避现实生活的。有些孩子，他们生活在美满的家庭，还有对他们关爱有加的父母。有时，孩子不一定是逃避一些可怕的外部现实，相反，他们可能是在逃避内心的恶魔或者不适。乔纳森（Jonathan）就是这样一个青年。他的妈妈是当地中学一名受人爱戴的教育工作者，他的爸爸是一位善良而有家庭责任感的父亲，自己做生意当老板。

乔纳森总是在不断自省，他开始有越来越阴森可怕的黑暗想法，并开始探索极端阴谋论的现实世界，如"9·11"的真相、光照派、统一世界秩序等。

一开始，他吸引了一批粗野的孩子，但是到最后，那些孩子发现他的反社会言论太多，都离他而去。被孤立以后，他说他自己搬到了一间小木屋去住，以此达到"离网"的目的。结果事与愿违，他自己也迷失在《魔兽世界》游戏中，陷入《黑客帝国》的世界里。

对于社交能力调节较好的人来说，游戏陷阱也是不同的。如果你非常幸运地在凉爽酷毙的午餐桌上有一席之地，那么，"就是来玩玩视频游戏逃避一下"这种说法可能不会那么令人信服。当然，玩一玩射击游戏，纯粹为了提高一下肾上腺素的水平，这可能会很有趣。但是，如果你有机会坐在爽歪歪的桌子前，谁还需要每周7天、每天24小时的逃避呢？是的，如果你是一个很酷的孩子，你可能不会像游戏玩家们一样——但是，现在的社交媒体却完全是另一回事，绝不可与过去同日而语。

现如今，女孩和男孩的好坏之分不再局限于老牌的口碑八卦和言语羞辱，以便来维护社会的等级秩序；现在，他们拥有脸谱网（Facebook）、照片墙（Instagram）、阅后即焚贴吧（Snapchat）、推特（Twitter）以及信息推送的 Kik 网站等，以此来把不忍目睹的情况加以发挥放大，他们还会在所有其他的社交媒体网站上不断地进行花样翻新。

问题在于，视频游戏对于受到孤立的孩子，以及社交媒体对于激情洋溢的啦啦队长，都像海洛因对于瘾君子一样。[7] 随着每一次虚拟的枪声响起，每条短信的发出和每一声的鸣叫提醒就会释放出一个多巴胺小鬼，正如可卡因让我们的神经递质发痒的多巴胺一样。[8] 不幸的是，基于遗传因素和心理素质的原因，有些孩子可能已经产生朝上瘾性人格发展的趋向，因此，他们可能更容易沉迷于各种数字多巴胺兴奋剂的蛊惑。

但是，在多年对付成瘾的工作实践中，我还了解到另一个非常重要的教训：即使是一个普通人或一切正常的孩子，也是会受到蛊惑的——即便那个孩子的家庭生活并不糟糕，而内心的恶魔也会被瘾癖所笼罩。如果你大量饮酒或是整天都在玩那种激活多巴胺的电子游戏，不管你到底为什么要这样做，上瘾是肯定的，根本没得商量。

令人惊讶的是，数字毒品可能比非法毒品更加阴险狡诈，而且问题也更加严重，因为我们对此毫不设防。与此同时，数字毒品无处不在，而且还在不断蔓延，不仅比粉状毒品更容易被社会接受，而且也更容易轻松获取。与此相比，那些粉状毒品则会受到社会的唾弃和诟病。

你肯定在教室里找不到那些粉状毒品，但是你一定会在教室里看到平板电脑、智能手机，以及游戏男孩，还有因为上瘾对他们造成的所有潜在影响和思想变化。更加令人不安的是，能接触到这些数字毒品的孩子正越来越低龄化。

俄罗斯方块效应

这是一个典型的郊区小学的三年级教室：砖砌的墙体上展示着艺术品；8 岁的学生们围坐在课桌边，一个表情认真的年轻老师站在教室的前面。

孩子们刚刚休假回来，班上起了一阵兴奋不已的窃窃私语声，因为阅读的时间即将开始——这就意味着他们可以看 iPad 了！只见老师走了过来，给技术设备保险柜解了锁，并叫孩子们一个个排好队，来保险柜拿他们的平板电脑。那些拿到 iPad 的孩子们的脸上都露出了灿烂的笑容，还发出了咯咯的笑声。他们一回到座位上就马上登录儿童英语分级读物《拉兹孩子》，并进入电子书《动物，动物》，这是他们前一天离开时读到的地方。

"请大家继续按照自己的速度阅读吧，如果有什么问题就告诉我。"老师温柔体贴地指导着学生，而在这时候，孩子们都已经完全沉浸在他们的平板电脑之中。一个扎着马尾辫的小女孩用手指点着电子书，她读到了骆驼的驼峰；离老师最近的一个瘦长男孩则把他的脸贴近 iPad 屏幕，就是为了看清一张河马的照片。

一群积极投入、顺从听话的学生，一个充满关怀、给予支持的老师——一个理想的技术—学生—教师协作效应共同体就这样如约而至、应运而生了。

但是，几分钟过后就有好几个孩子开始坐立不安了。他们开始拍打自己的脚，有两个坐在教室后排的男孩已经关闭了《拉兹孩子》，开始玩《我的世界》电子游戏。15 分钟之后，老师叫全班都放下他们的 iPad，因为阅读时间结束了，但那两个玩游戏的男孩明显有点骚动不安，出现了对抗情绪。老师只好走近他们，再次重复自己的请求。这时，其中一个男孩勉强同意放下手中的 iPad，而另一个男孩仍然目中无人地高声叫喊："不，我不想放下！"

后来，那个老师告诉我说："在通常情况下，当我叫他们把平板电脑收起来时，有些学生总是情绪激动，意欲对抗。令我沮丧难过的是，我一叫他们停止，他们就非常生气。尤其是班上有一个男孩，只要一让他停下来，他几乎总是会瞬间情绪爆发。"

另一个教三年级的老师也有这种令人不安的经历："有一天，我们正在做阅读俱乐部——一本常规的读物。我问起班里那个长相甜美、富有思想的男孩萨姆，他觉得我们刚刚阅读的那一段怎么样，但是他却直愣愣地看着前方，脸上一片茫然。我真的很担心。我问他：'萨姆，此时此刻你正在想什么？'他说：'我无法把游戏机 PlayStation 4 从我的脑海里抹掉。'"在别的班级，另一个头发蓬乱的 8 岁男孩说道，他早上一睁眼就看见《我的世界》里的游戏方块，怎么都挥之不去。

就像《魔兽世界》强迫症患者丹一样，这两个男孩也在经历游戏转移现象（或者叫俄罗斯方块效应），只是症状较轻。这是一个用来描述有强迫症现象的术语，说的就是不管是在清醒状态还是在梦境之中，视频游戏玩家都会看到游戏中的各种形状和模式。

这一情况是根据 20 世纪 80 年代同名的电子游戏图标命名的，该游戏就是把正方形的"方块"图形拼到一起。自从这个俄罗斯方块游戏进入美国以后，人们就开始报告说他们都在体验一种立方体的幻觉，换句话说，就是感觉到真实的世界仿佛都可以用一些方块图形搭建起来并连接在一起。还有一些人报告说，即便是在他们视野的边缘或是在睡梦里，他们都能看见这些方块不断跌落、轰然倒塌。

而电子产品对心灵的影响远远超过了俄罗斯方块和图形，英国诺丁汉特伦特大学的教授马克·格里菲思（Mark Griffiths）博士和安吉莉卡·奥尔蒂斯·德戈塔里（Angelica Ortiz de Gortari）博士近来对 1 600 多名游戏玩家进行了研究，结果发现这些玩家在一定程度上都有"游戏转移症"[9]（GTP）现象。他们的症状包括与电子游戏相关的不由自主的感觉、思想，以及 / 或是条件反射。有时候，虽然他们已经停止打游戏了，但是这种现象还会持续数个小时，甚至好几天。

有些人说，他们处处都能听到从游戏里传出来的各种音响效果，如音乐声、人物角色的说话声、各种爆炸的声音、子弹射击的声音、舞刀弄剑的声音、尖利的叫声等，有些时候甚至能够听到呼吸的声音。有一个游戏玩家曾说，他都已经停止打游戏了，但是，他有好几天都听见某人在持续不断地悄悄说"去死吧"；更有甚者竟觉得游戏里的影像在他们眼前成天忽隐忽现、晃来晃去。

看到这里，有些人也许会说，得了，如果我看书，也可能会睡着，并且可能会梦见书里面的人物形象；或者，我在大白天也可能会梦见电视节目的一些情节。这些都有可能发生。但是，电子游戏——让我们的精神和生理紧张性增高的交互式屏幕数字影像，仿佛要比书籍和电视节目创造出更多的攻击性和侵入性，结果会对我们的心灵和精神造成巨大的伤害。

参加上述研究的成员[10]都描述说，一旦回到真实的世界，他们就会深感恐惧："我真是吓坏了，一走到外面，看见树木都是圆的，与我过去一直打游戏的方形树木不一样。"或是被游戏的思绪吞噬："我会情不自禁地想起《我的世界》，它毁了我的生活。"其他的人还表达了他们的担忧，他们可能会把现实世界与游戏世界混为一谈："真可怕，因为我老是担心，如果我疲劳过度或是一不留神的话，我可能就错误地进入《侠盗猎车手4》模式，直接开车去碾压别的汽车和行人。"

显而易见，游戏玩家所经历的极度反应要比读书人的白日梦严重得多。根据格里菲思博士和德戈塔里博士所做的研究，有些游戏玩家是不能停止去想所玩的游戏，而另一些游戏玩家则表现出把电子游戏与现实生活混为一谈的现象。我发现，这些表现与我曾经临床医治的有些玩家的情况一模一样。根据德戈塔里博士的研究结果，这种电子游戏对抗现实世界的混乱症状看起来就像精神错乱一样，"这一研究支持了以前发现的游戏转移现象，该现象表明，玩电子游戏可以诱导伪幻觉般的体验"。而这些听觉、视觉和触觉的幻觉通常都是暂时的，在某些情况下，这些幻觉也会持续不断地发生。

就像吸食毒品一样，吸得越多，结果越糟——这些电子毒品也没什么不同。研究人员发现，过度玩电子游戏就会导致更高的游戏转移症概率，而这反过来往往又会引起睡眠不足，睡眠不足仿佛又会加大游戏转移症的负面影响，这种恶性循环是确信无疑的。还有重要的一点需要牢记在心：参与该项研究的人的年龄从 12 岁到 56 岁，大多数人要么十几岁，要么是成年人——没有儿童。通过我们对大脑及其发育情况的了解，我们不难预料，这种游戏转移症的负面影响对于儿童来说将会是成倍加剧。

除了格里菲思博士和德戈塔里博士的研究以外，还有其他临床研究也指出，荧屏以及电子游戏都是引发精神障碍的推手，表现为精神分裂症或精神病。2011 年，特拉维夫大学发布了他们认为有史以来的首例"互联网相关的精神病"，这表明技术导致了"真正的精神病现象"以及"互联网使用的不断攀升及其在精神病理学方面的潜在影响，将是我们这个时代产生的新的不良后果"。[11]

约珥·戈尔德（Joel Gold）博士是纽约大学（NYU）的一位精神病学家，他的弟弟伊恩（Ian）是麦克吉尔大学精神病学研究员和教授，他们兄弟两人正在进行调查研究现实分离方面的技术是否会导致幻觉、妄想以及真正的精神病[12]。

在斯坦福大学，精神病学家兼作家伊莱亚斯·阿班亚德（Elias Aboujaoude）博士正在研究是否有些数字的化身，犹如在游戏《第二人生》中非常流行的那样，可以在临床上作为改变自我的形式。这通常与以前所谓的"多重人格障碍"相关，现在在《精神疾病诊断与统计手册》（DSM）中被称为"分离性身份障碍"，而《精神疾病诊断与统计手册》则被认为是心理健康专业的"圣经"。[13]这是一个深刻的问题：创造了游戏角色化身的孩子们会遭受多重人格障碍某个版本的困扰吗？他们正在变成的电子版的西比尔①吗？

过度反应的屏幕和视频游戏图像不仅对年轻人的心理和精神健康有深刻的渗透和巨大的影响，而且也影响着他们大脑的神经生物系统。

某些脑成像研究显示，屏幕成瘾与药物成瘾有相似之处。除此以外，还有一个2016年的脑成像研究发表在《分子精神病学》杂志上，其中发现视频游戏会影响与消极心理结果相关的脑组织性能的发展。[14]

该研究观看了114个玩电子游戏的男孩和126个玩电子游戏的女孩的大脑影像图，使用扩散张量成像技术来测量"平均扩散系数"（MD）或者大脑各部位的显微结构特性。研究者发现，"玩视频游戏直接或间接地破坏了优选神经系统的发展……关系到言语智能的发展"。

---

① 西比尔（Sybil）是1976年上映的美国电影《心魔劫》（Sybil）的女主角，她有13个不同的人格。——译者注

总之，研究者发现，孩子们玩的视频游戏越多，其大脑关键部位的平均扩散系数 MD 就会越大，而增加的平均扩散系数 MD 则降低了脑组织密度，减少了脑细胞结构。由此可见，电子游戏可真不是什么好东西。

进化生物学的适应是需要时间的；我们仍然拥有与我们的祖先基本相同的大脑——为了适应狩猎和采集。我们的大脑根本不是为视觉刺激而设计的，而近来开发的数字技术却像连珠炮一样轰炸着我们。在我教授心理学的工作过程中，大家都非常明白，大脑的发育是一个脆弱的过程，刺激不足或刺激过度都可能轻而易举地使大脑受损——而玩家所体验的正是大脑的过度刺激。

我们现在看到的研究就表明，过度刺激的屏幕图像可能会灼伤孩子们的意识，像鬼魂一样困扰他们的思想和梦境。而现在我们正看到，它实际上也正在"破坏"孩子们的大脑发育。

然而，孩子们手里的屏幕越来越多，拿着屏幕的孩子们越来越小。

上瘾的孩子

显而易见，今天的数字屏幕可不是昔日那种无害的、装有兔耳朵天线的电视荧屏。过去，人们总是担心电视的影响，但电视的影响与现在的这种浸入式、互动式的数字屏幕对于年轻人心智的催眠力量完全不可同日而语，数字屏幕简直就是"衣冠禽兽"。除了上述的那些研究以外，还有其他的研究也表明，这种数字荧屏所激活的多巴胺不仅比电视更多，而且能导致更严重的上瘾效果，并增加多种临床疾病，比如多动症[15]、攻击性[16]、各种情绪障碍[17]，以及刚才所讨论的精神病等。

一位年轻的母亲告诉我说，有一天夜里，她走进自家7岁男孩的卧室，想去看一下孩子的情况，结果，她简直被自己所发现的情况吓坏了：原来孩子一直在玩电子游戏《我的世界》，已经如痴如醉地进入一种恍惚状态。只见他坐在床上，瞪大眼睛。那双布满血丝的眼睛就那么一动不动、直勾勾地盯着身前发光的iPad。她惊慌失措，不得不不停地摇晃孩子，希望把他从恍惚的状态中唤醒。

那个男孩的母亲是一个充满爱心、受过良好教育的专业人士，她牺牲了自己的事业，去做所有她认为正确的事情，以确保儿子在学习方面得到所需的一切支持，成长为一个快乐而健康的成年人。她不明白，曾经健康快乐的小男孩怎么会如此沉迷于游戏，最终陷入恍恍惚惚、精神崩溃的状态，这令她肝肠寸断、悲痛欲绝。

可悲的是，对于许多孩子而言，《我的世界》已经和"童年"成了同义词。事实上，《我的世界》的注册用户超过1亿，是有史以来最畅销的电脑游戏。[18]这款由瑞典小软件公司魔赞协同公司（Mojang）设计的电子游戏，最近以25亿美元卖给了美国微软公司。该游戏的设计极富创造性，就像垒高拼装玩具的设计一样，其创造力和拼装能力深受人们的称赞。

该游戏需要玩家们收集以三维立方体图像呈现的材料模块，比如泥土、石头和各种有价值的矿石等，并用这些材料模块来搭建一个住所，以便在里面安全过夜——把夜里出现的所有怪物都挡在外面。一旦玩家能在一天（实时 20 分钟）内完成该住所的搭建，就可以再搭建其他更为复杂坚固的庇护所来收集和存放更多的重要生存资源。

　　然而，《我的世界》在各个层面上——无论是从临床角度还是神经生物学角度来说——都是一种让人上瘾的"毒品"。《我的世界》的支持者们运用"具有教育作用"这个神奇的流行语来打消人们的顾虑，但实际上却拿不出任何研究结果和证据来表明电子游戏可以提高学习效果。当然，是有一些证据表明电子游戏可以提高空间意识与图形识别的作用，但是，这到底付出了怎样的代价呢？

　　历史上不乏大量新出现的"奇迹"，都使人们千方百计想要去解决的问题变得愈加糟糕不堪。早在 19 世纪，中国的炼金术师就发明了火药，以此用来炼制延年益寿、长生不老的灵丹妙药，但是火药不但没有延长人的寿命，反而夺去了更多的人命，而且火药比任何其他发明都更要命，这一点是众所周知的。西格蒙德·弗洛伊德（Sigmund Freud）曾经认为可卡因是一种"神奇"的药物，可以治愈精神抑郁以及吗啡成瘾的症状，而且可卡因本身不会让人成瘾；在 19 世纪 80 年代，德国人也发明了一种"既安全又不会上瘾"、可以替代吗啡的神奇药物——海洛因。曾几何时，海洛因一经问世就被人们认为是神奇之药而大获赞美。我们大家都知道，这一切的最终结局到底如何。

总体来说，电子游戏，尤其是课堂上的电子游戏，是个问题。有研究向我们表明，这种"教育"的治疗法其实就是"披着羊皮的狼"，事实上是一种数字毒品。尽管会有小小的潜在好处，但不值得付出如此昂贵的代价，因为不管是从神经方面还是从心理方面，它都会造成伤害——当然，制造商们将会告诉我们不同的结果。20世纪50年代，当时的烟草业巨头曾告诉我们说，烟草奇妙无穷，"骆驼老乔"（Joe Camel）还教唆孩子们都去抽烟，说"香烟又酷又好玩"。现在的情况就和当时一样。

那么，《我的世界》又是如何成为让人上瘾的数字毒品的呢？

该游戏中的不断增加、永无止境的"无限可能性"对孩子们造成了一个严重的催眠效果。那种极具催眠的吸引力加上高度刺激的内容，产生了"多巴胺能量"（多巴胺增加）效应，而多巴胺的增加又成为一个关键因素，继而形成成瘾的原始动力。

我们大脑中最原始的部分是脑髓和小脑，是多巴胺奖赏通路的发源地。当一种行为有一个感觉良好的结果，譬如找到了食物或者在网上或电子游戏中发现了什么新的东西，多巴胺就会释放出来，让人感觉非常惬意，产生一种"我们得到的越多就越想要"的循环上瘾情况。

再者来说，这种游戏也创造了一种体验新奇感的机会，而这也是我们的大脑很难调节、很难适应的。加州大学洛杉矶分校的神经科学暨人类行为研究所所长彼得·怀布罗（Peter Whybrow）博士把计算机和电脑游戏都称之为"电子可卡因"，他这样描述这种追求新奇的不懈动力:"我们大脑的构造就是要发现可以立刻得到报酬的东西(没利不起早嘛),这种与技术同行的新奇感就是一种悬赏,人们最终都会对这种新奇上瘾的。"[19]

《我的世界》设计得像垒高拼装玩具一样,不仅仅让人特别冲动、特别上瘾,而且还让人感觉新奇,让多巴胺增加;同时,这款电子游戏还有一套奖励机制,把原型意象与行为心理学基本原理相结合,以此达到让孩子们上瘾入迷的目的。因为"报酬"(矿石)是随机分布在泥土里的,所以玩家们永远不会知道哪一次挥动铁镐就会发现黄金或钻石。这就像赌场的老虎机一样,是一种众所周知的可变比例奖励机制,是最容易积习难改、让人上瘾的奖励机制。只要问一下那些输掉了全部薪水的退休老人,你就会明白的。他一次只用了四分之一的工资去赌博,但最终的结果是把所有的工资都输给了那个独臂强盗老虎机。

紧接着就是刺激荷尔蒙了。

据美国海军指挥官多恩博士说:"什么时候有刺激,什么时候就会上瘾,因为那会让人感觉很棒。研究表明,一旦大脑受到刺激,唤醒机制也会刺激通过下丘脑的脑垂体。因此,下丘脑—垂体—肾上腺轴(HPA)也会受到刺激。这种汹涌而至的肾上腺素自始至终都伴随着游戏。孩子们的血压增高,手心出汗,瞳孔收缩。他们群情激昂,个个摩拳擦掌,进入非战即逃的模式。同时,在多巴胺的奖赏通路中也有多巴胺的反应,这使得孩子们想要再次去追赶快速涌动的肾上腺素。"

毋庸置疑，肾上腺素和多巴胺一起组成了一个强大有力、令人上瘾的复合体，任何一位神经学家都会这样告诉你的。

我们发现的是，玩视频游戏是在破坏原始的神经内分泌网络。过去，我们的祖先只有在非战即逃的紧急情况之下，比如突然被一头狮子追赶，才会出现短暂的、突发的肾上腺皮质的兴奋现象，而如今的技术则使肾上腺素非战即逃的反应在一小时接一小时的游戏中一直保持着高度警觉。这种持续不断的肾上腺压力可不是一件好事，它会导致人的免疫系统受损、炎症增加、皮质醇和血压升高以及其他一些行为的不良后果。

根据怀布罗博士的研究，"当应激反应在连续不断起作用的时候，它会使我们变得争强好胜、高度警觉、异常活跃"。怀布罗博士对于技术成瘾的症状与临床躁狂症进行了比较，结果发现：其症状先是说话语速加快与获得新事物的异常兴奋，其次就是失眠、烦躁不安和精神抑郁。

出现这种让人上瘾的肾上腺兴奋的现象绝非偶然。视频游戏是一个复杂的、价值数十亿美元的产业，它完全致力于创造令人上瘾的产品，目的就是针对那些手无缚鸡之力的孩子和年轻人。这样的赚钱方式犹如桶里射鱼、瓮中捉鳖一样轻而易举、手到擒来。根据多恩博士的研究发现，游戏产业的整个研发部门都是把重点集中在研发出尽可能刺激和激发儿童的游戏上，因为这样既能扩大上瘾效果，又会扩大游戏的销售量。

"游戏公司都会雇佣最好的神经生物学家和神经科学家来与游

戏测试员接洽联系。如果测试员在玩游戏时几分钟内不能引起他们的血压高于 120 或 140——一般需要达到 180，如果他们不出汗、皮电反应没有增加的话，他们就要回去重新调整该款游戏，以便达到游戏公司所追求的最大上瘾程度和引起最强烈的皮电反应。"多恩博士如是说。

可以如此激发孩子的大脑以及神经系统的东西是否也能以某种方式使他们受到教育，就像《我的世界》的支持者们叫我们相信的那样呢？

丽莎·格恩西（Lisa Guernsey），一个教育工作者和科技记者，说："我对《我的世界》这款游戏真是爱恨交加。我曾对它鼓励孩子的创造潜力而感到着迷，但也会因为它对我的孩子们发出尖叫并施与可笑的威胁。"她的女儿玩上几个小时的游戏后就会宣布："我喜欢《我的世界》胜过家庭作业。"[20]

其他家长简直已经沦落成为"《我的世界》的鳏寡之人"。他们感叹道，他们的孩子已经迷失在那阴险邪恶的游戏之中，迫使他们与其他家长组成互助小组。还有一个"《我的世界》匿名组织"，为那些生活被所谓"教育的"、让人积习难改的方块游戏吞噬的人们专门制订了一个 12 步骤的应对计划。

正如格恩西警示的那样，"一旦让这个时间杀手进入你的家庭，你将会遗恨终生"。

乔尼为什么不能集中精力？

不管是否上瘾，视频游戏教室不久就会来到你家附近的学校。科技公司的说法非常简单：眼下，孩子们没有把注意力放在传统教育上，所以我们需要使用更加刺激一点的东西来激活他们的教育体验——用更多的铃声、更多的口哨声和更多的闪光灯来引起小乔尼（Johnny）和小苏西（Suzie）的注意。

于是就开始了小儿多动症上瘾的恶性循环：你越刺激孩子，就越需要进行刺激以吸引其注意力。这就与吸毒成瘾一样，对受到过度刺激的孩子，要想提高孩子的忍耐程度并使其脱敏，就需要不断增加视觉的刺激水平，以便继续保持孩子的注意力。

现在就让我们来做个小实验。我请阅读本书的成年读者朋友们来观看一部自己能够想到的动作片，电影时长两个小时，要速度极快、打斗场面异常激烈的能够真正让肾上腺素动起来的影片，比如说是利亚姆·尼森(Liam Nee-son)演的某一部电影。或者，简单一点说吧，读者只需要花两个小时上上网——快速浏览尽可能多的超链接。在这两个小时结束时，请拿起任何一本你最喜欢的书开始阅读。现在，请注意一下你最多能够阅读多少页，你的注意力就开始徘徊不定了。

如果你和我们大多数人一样，你不会走得太远，读不了几页的，因为极度兴奋的神经系统是需要时间冷静下来的——你不可能从第五档一下子降到第一档。

现在，请别忘了，作为一个成年人，你有一个发育完整的大脑和神经系统：你的额叶皮质——控制你的执行能力（包括冲动）的大脑皮层组织——已经完全形成，你的肾上腺和神经系统已经完全发育成熟，而你的注意力则是从童年开始慢慢培养才发展起来的。

但是，即便这样，当你看了两个小时动作激烈、场景快速变换的电影或是在你上网期间出现了快速变化的内容之后，你仍然很难集中注意力。现在想象一下，如果你把大量的时间——像孩子们一样，每天7个多小时——都花在异常刺激的屏幕上，情况会是怎样的呢？你认为这与小儿多动症流行有关系吗？近30年来，我们发现小儿多动症的发病率提高了800%！[21]果不其然，研究证实，与荧屏相关联的小儿多动症最初是受电视屏幕的影响，而现在是由于iPad视频互动。[22]

现在，让我们也来想象一下：在两小时的过度刺激实验之后，根据你的事后注意力漂移水平，你真的不能应付类似读书这样的深入思考体验。是这样的吗？是的。因为你成了一个需要闪光灯、铃声和口哨声来刺激的学习者，所以最好别再劳神费力让你读什么书了。令人可悲的是，你已经没有专注力来处理这样的事情。所以，就让我们一如既往，严格保持你的"饮食习惯"吧，给你提供一些迈克尔·贝（Michael Bay）的灾难片电影、《侠盗猎车手》那样的视频游戏以及与卡戴珊（Kardashians）网络游戏相关的极速、超级链接。

你觉得这样会对你的专注能力造成什么后果呢？给你一点暗示

吧：那些东西只会使你的注意力萎缩衰退。

但不幸的是，这就是我们的教育系统中正在发生的事情。由于教育科技公司的描述，学校认为现在的孩子不再具有传统学习所需的注意力，所以就强制给孩子们喂食这种所谓的科技食品。学校还一直不断地强行给学生们增加闪烁、刺激的灯光数量，通过给孩子们喂养这种高度刺激的发光食品来进一步削弱他们已经深受损害的注意能力。

这种视频—游戏—课堂运动还与一些奇怪的"伙伴"结成了同盟：现在，一些教育工作者与游戏设计师联手合作。正是那些给我们带来极端暴力的《侠盗猎车手》和《使命的召唤》的设计师们现在来负责塑造我们孩子的课堂体验。

其背后当然也有巨大的利益链：除了前面提到的《我的世界》与微软公司联手以外，还有比尔和梅林达·盖茨基金会（the Bill & Melinda Gates Foundation）与麦克阿瑟基金会（the MacArthur Foundation）一道参加利益角逐，他们投巨资给格拉斯公司（GlassLab）——一家专门开发课堂视频游戏的高科技公司。而在课堂视频游戏比赛中不甘示弱的媒体大亨鲁珀特·默多克（Rupert Murdoch）也注入数亿资金给恒大公司（Amplify），这家教育科技公司是由前纽约市中学校长乔尔·克莱恩（Joel Klein）开办的，该公司仅在布鲁克林地区的游戏分部就雇用了 652 名员工。[23]

现在，随着"视线跟踪"和瞳孔测量技术的不断发展进步，用来衡量小乔尼和小苏西认知反应的结果都反应在屏幕上。然后，每一个孩子的数据资料都会计算出来，表面上是在定制和优化每一个孩子的学习体验、游戏体验，但最终的结果则是，这个大数据——还有鲁珀特·默多克——都会从中了解和知道你家孩子每次移动眼睛的情况。

电视节目《游戏室》和《罗杰先生的邻居》才不会在大数据中出现呢。

值得庆幸的是，恒大公司现在已经土崩瓦解，被烧毁了。默多克已经把他的利益兴趣出售给了克莱恩，而克莱恩的公司也进行了大规模的裁员。[24] 这些教育科技的奸商们在其课堂视频游戏化和平板电脑化的战略计划中严重失算。但不幸的是，还有许多其他教育企业家依然你挤我扛、争先恐后地排队，都对教育技术垂涎三尺，摩拳擦掌地准备参与到他们所认为的一种教育技术的淘金热大军行列之中。

真实体验与数字体验的博弈

除了这种未经证实的主张，即认为科技会产生更好的教育效果之外，有些科技倡导者甚至令人震惊地声称身临其境的嵌入式游戏可以更好地为孩子们提供某些自然的体验。根据《游戏信任你：数字游戏如何让我们的孩子更聪明》（2015年）一书的作者格雷戈·托波（Greg Toppo）的观点，他认为孩子们玩3D游戏，比如《瓦尔登湖》

这款游戏，就能身临其境地感受到亨利·大卫·梭罗（Henry David Thoreau）在书中描写的瓦尔登湖森林，这要比阅读该书本身好得多：

"因此，学生们可以了解梭罗是如何在森林中生活的，而且，可能会比他们通过阅读原书了解得更好。"[25]

当然，具有讽刺意味的是，梭罗的整个观点是要激发一个真正的自然参与，而不是一个虚拟的树林与池塘的复制品。简而言之，这就是整个问题的所在：数字领域已经篡夺了真实生活的体验。但不幸的是，在跨越现实、进入更喜欢模拟真实的矩阵世界之时，我们不仅有一个社交问题，而且，从发展和教育教学的角度来看，当孩子们屈服于这种虚拟偏好的时候，我们是真真正正遇到了一个问题，因为自然的体验与现实生活的浸润是孩子们健康发展过程中的一个重要组成部分。

不幸的是，虚拟教室的推动可能模糊了这一发展过程的本质；其实，孩子们在玩一个叫作《瓦尔登湖》的游戏时，他们在虚幻的池塘边的树林里散步和真实世界是大不一样的。就像作者理查德·洛夫（Richard Louv）在《森林里的最后一个孩子》里所指出的那样，一个总是"插上"电源、远离自然和真实世界的孩子，在其发育过程中将会遭受所谓的"大自然缺失症"[26]。同样，哈佛大学生物学家爱德华·O. 威尔逊（Edward O. Wilson）的"本能"理论也对此加以肯定。该理论认为，如果人类不连接自然、不接触自然的话，就会生病，就会受罪。[27]

事实上，康奈尔大学的一项研究报道，孩子在家里看到自然的东西越多（包括室内植物与窗口的自然景观），受到的负面压力的影响就会越少。[28] 纽约州立大学人类生态学研究所的另一项研究发现：自然接触导致儿童注意能力的"深刻差异"，"绿色的空间可以使孩子的思维更加清晰，并且更有效地应对生活的压力"。[29]

可悲的是，现在对大多数孩子来说，大自然已变得像神奇的独角兽一样罕见，因为我们的社会已经发生了根本性的转变。数千年来，人类从本质上来说，过去都是依赖土地或狩猎、采集的生活方式来生活的——两种以自然为基础的生存方式。甚至直到 20 世纪初期，北美洲人口的 90% 都生活在农村地区。而现在，我们的社会有超过 90% 的人口生活在城市地区，生活在充斥着白噪声和感官超载的信息时代。[30]

因此，我们的技术进步已经超出了我们的生物学发展。虽然我们的社会在一眨眼的时间经历了巨变，但是我们的生物学却未能很快得以进化和适应。就像《男孩的头脑》的作者迈克尔·格里安（Michael Gurian）所描写的那样，"从神经学的角度来看，人类的大脑还没有赶上今天过度刺激的环境，许多神经学家和心理学家都推断说，我们将会看到大脑发育问题和精神疾病的爆发，这就是其中的原因所在。"

这个概念与詹姆斯·尼尔（James Neel）博士提出的糖尿病节俭基因假说有相似之处。詹姆斯·尼尔博士是密歇根大学医学院的遗传学教授。根据这一理论，人类靠脂肪储存的"节俭基因"作为一种进化适应，经历了几千年的发展，因此人类才能度过一个个艰难时期（这真是一件好事）。然而不幸的是，我们的生物学并不能很快适应现在这些新的、热量丰富的饮食——如此丰富的饮食，起初我们都把它看作是一个极其美好的东西，直到现在我们才发现，我们的生理和基因一直不能赶上我们这种新的进食方式。因此，我们已经看到了各种疾病的大幅度增加，如糖尿病、肥胖症、高胆固醇和心脏病，这些疾病都是一度被认为是非常美好、有益的发展的产品的副产品。

同样道理，强大的科技曾经也被认为是非常有益的，可以潜在地提升生活质量，但它真是太刺激了，而且来得太快了，我们的大脑（特别是孩子的大脑）难以适应其进化过程，而且难以应对它对感官造成的轰炸。就像糖尿病节俭基因假说一样，我们现在开始看到现代数字时代给我们带来的临床"副产品"——多动症、技术成瘾、精神以及行为障碍的增加，还有精神病，这些都是令人惊奇的屏幕新技术给我们造成的结果。

除了那些临床疾病以外，过度刺激和现代屏幕媒体快速火爆的特质甚至让孩子们对真正的自然产生了不耐烦的情绪，即使他们真的有机会接触自然的时候也是如此。以自然为导向的媒体也是一样。

作家兼教育教授洛厄尔·蒙克（Lowell Monke）博士的观点："在我与老师和家长们讨论大自然在儿童生活中的重要性时，他们都表示说，现在最常见的挫折之一就是，如果把小孩子带到池塘或森林，他们通常都显得很不耐烦。探索频道已经筹集了一个自然类型的节目，该节目把数百小时的录像压缩成一个半小时的精彩视频，他们希望不费吹灰之力就能看到小鹿饮水、鱼儿跳跃、水獭玩耍、大熊咆哮。"[31]

广袤无垠、运动缓慢的大自然不能与视频或视频游戏的嗖嗖之声相提并论。简单地说,数字世界创造了一个时空压缩效应,使广大而缓慢运行的宏观现实世界缩小,变成一个简洁明快、高度浓缩、快速移动的数字屏幕世界。蒙克博士这样写道:"真正的空间太大了,真实的时间太慢了,这与孩子们观看视频或是玩视频游戏的兴奋之情难以匹配。"当你通过游戏就能完成名著导读,谁还有耐心读完整本书呢?

然而,发展和教育的益处只能在真实而完整的丰富体验之中体现,不存在什么更具催眠效果的数字捷径。此外,我们必须扪心自问,如此吸引孩子们的东西到底有什么教育益处?用蒙克博士的话说,"当仿真变得比实际还更加真实,那么仿真的真正的教育价值也就真正出现了问题"。

即使是《俄勒冈之旅》这部以历史自然为主题的视频游戏(该类游戏标志的鼻祖),其教育效果也一直令人怀疑。自20世纪70年代初开发以来,该游戏已经售出超过6 500万套,而且从20世纪80年代中期到2000年,该游戏都被捆绑到了学校的电脑上。有些人曾认为,通过提供一个苍白无力、还原的游戏版本来作为一个强大的历史经验的复制品,这对学生造成了伤害。教育者不是去激活学生丰富的想象力,让他们阅读伟大的美国移民的艰辛的、史诗般的奋斗史——这段旅程是由野性、无比惊人的自然之美与残酷、难以忍受的生活磨难结合在一起的，有极端的痛苦、寒冷的天气，还有危及生命的饥饿——反而让学生玩那些愚蠢的游戏，一心专注于计算资源的分配与分数的结算。结果，美国人史诗般迁徙的真正意义消失在不需要深度思考，只需要知道"谁得分最高"的视频游戏里。

把这种丰富多彩的、三维立体的现实世界变成一个平淡无奇的、简单发光的二维荧屏，实际上剥夺了孩子们利用多种感官进行学习的良好机会。就像儿童心理学家兼作家的彼得·蒙特米尼（Dr. Peter Montminy）博士所说，"孩子们如饥似渴地探索他们的世界，都是通过直接的感官体验来摄取吸收周围环境知识的营养。他们的'吸收性心智'是由多种不同的感觉器官相互作用而形成的。也就是说，他们是用眼睛来看、用耳朵来听、用触觉来摸、用味觉来品、用大脑来思考，从而来把握身边的自然、物体和人"。而在视频游戏模拟中，所有这些都是不可能做到的事情。即使孩子有时候不能体验到第一手资料，但阅读这个过程至少能引发他们的想象力，这是孩子另一个非常重要的发展过程。但是，如果孩子只是被动地观看二维屏幕上的东西，而不是创造他们自己的"内部图像"的话，其结果就是图像为他们编程。

尼古拉斯·内格罗蓬特（Nicholas Negroponte），麻省理工学院媒体实验室创始人，是这样描述阅读提高想象力的情况："互动多媒体对想象力的作用非常小，就像一部好莱坞电影，其中的多媒体叙述包括了各种各样的具体表现，但是，它给人们心灵留下的东西却少之又少。与之形成鲜明对比的是，文字的火花能够点燃生动的图像，同时唤起读者的想象力与生活的体验，并使其获得书中隐喻的真正意义。当你读一本小说时，其中的大部分颜色、声音和动作都来自你的想象力和生活体验。"

2D 荧屏除了抑制想象力的发展、削弱真实的生活体验以外，孩子玩《俄勒冈之旅》之类的视频游戏实际上又学到了什么呢？埃里克(Eric)是我的一个病人，他是一个非常聪明的男孩，但玩游戏上瘾，今年 17 岁，是高中毕业班的一名学生。当我问他玩游戏的感受时，他笑了笑回答说："玩《俄勒冈之旅》游戏，我什么也没学到，游戏想教我的那些东西又全都消失在游戏中了。"的确，由于埃里克玩视频游戏成瘾，差一点导致这位聪明的年轻人的中学课程几乎全部不及格。

如果你在 YouTube 视频网站上搜索一下"《俄勒冈之旅》视频游戏"，你就会找到一个时长 4 分 46 秒的小视频。该视频是由一个年轻人上传的，他的网名叫做"镍沙犯罪狂（ NickelsandCrimes ）"。在这个小视频中，他会教观看者玩这个游戏的一些要领。他声称自己就是这样玩着游戏长大的。在视频进行到 1 分 5 秒钟时，他才说出自己的建议："不过，这个游戏的非凡之处就是，通过这次富有教育冒险意味的《俄勒冈之旅》，你在那里可以无所不知、无所不晓。而实地穿越此地，真是可怕至极……但是，如果你用正常的方式来玩，那你将会一无所获，所以不要担心哈！"[32]

是的，不用担心。我们的孩子什么也学不到。在配有视频游戏的新课堂里，学习是自由选择的选修课，而娱乐、刺激才是一切。

然而，随着"教育"和"参与"这些流行语的盛行，这些奇妙无穷的"教育"荧屏就像特洛伊木马，实际上内部安装的都是临床疾病与发展障碍。

更为糟糕的是，甚至有研究表明，接触荧屏影像正在使我们自己的感官变得日渐迟钝。德国心理学协会（GPA）与美国蒂宾根大学联合开展了一项时间跨度长达20年的纵向研究，结果发现我们每年正在以1%的惊人速度失去感官意识。

这项研究开始于20世纪60年代，当时在该大学工作的教师们发现，自从20世纪50年代观看电视的情况不断普及以后，学生们的感官意识仿佛因此严重地减弱退化，他们对周围环境的信息似乎没有以前的学生那么警觉敏感，这非常不利于他们的学习。因此，该大学就与德国心理学协会联手，针对这种现象进行了量化研究。

在持续20多年的时间里，研究者每年都对400名在校大学生进行感官测试，测试对象总数共计8 000人次。其结果甚至让研究者都感到十分震惊：在20年连续不断地测试中，每一年的受试群体都会比上一年的测试者的敏感程度略有降低。研究报告[33]表示："我们的刺激敏感度每一年都是在以1%的速度比率降低。"

约瑟夫·奇尔顿·皮尔斯（Joseph Chilton Pearce）是一位富有开拓精神和远见卓识的教育家，也是《神奇的孩子／魔童／魔法小孩》（1992年）一书的作者。他在2002年自己的专著《生物学的超越》这本书中对该研究进行了广泛的描述。我们参考他的观点也会有所发现。他在书中写道："15 年前，人们可以分辨出 300 000 种声音；而在今天，许多孩子连 100 000 种声音都分辨不出来……20 年前，受测试的对象平均能够检测到能识别出 350 种不同深浅的特定的颜色，而现在，这个检测数字是 130 种。"

研究者们在总结他们的研究报告时得出了这样的结论：为了让我们的大脑能够保持刺激的记录，就需要对其进行越来越多的"野蛮残酷的兴奋刺激"。的确，我们需要做的所有事情就是环顾一下周围世界以及媒体景观就足够了；这种"野蛮残酷的兴奋刺激"无处不在，遍地都是：无论是在商业广告中还是在电影中，我们的生活中有越来越多的闪光灯和越来越多的尖叫声，其目的无非都是为了牢牢抓住我们日益降低的敏感注意力而已。

大家别忘了，德国的研究可是在 20 世纪 80 年代末进行的，那时候还没有过度刺激的沉浸式交互屏幕。这给我们留下了一个疑惑：如果这种每年 1% 的脱敏趋势一直持续（极有可能加速）的话，那么，通过这种交互式屏幕，今天受到荧屏轰炸的"屏瘾儿童"，他们的敏感度又会是什么级别呢？在若干年之后，如果不对他们大喊大叫，他们还能听见声音吗？或者如果不对他们不断频闪，他们还能看见东西吗？

不过，不要担心啊，那些超级刺激、不断发光的屏幕是有教育作用的呀。

反正这就是强制我们购买的货物账单。我们创造了这么整整一代的孩子，让他们在这种过度刺激的、容易上瘾的、现实模糊的环境中成长发育。与此同时，那些科技巨头，如苹果公司、微软公司、恒大公司，反而有悖常理，巧妙地操纵着好心的父母，使其相信平板电脑、智能手机和像《我的世界》这样的催眠游戏都是奇妙无比的教育工具，可以使孩子们变得更加聪明。

正是投机获利的高科技公司、漫不经心的教育界领导以及上当受骗的父母这个三位一体的组合体导致了低头族、发光族的疫情不断蔓延。在最近几年里，任何稍具观察力的成年人都已亲眼看到了现实的情况——受荧屏入侵的"屏瘾儿童"，沉溺于荧屏的"屏瘾儿童"。

颇具讽刺意味的是，就是那些对科技趋之若鹜、谨小慎微的家长发明了这种信息传媒文化。然而，人们无比吃惊地发现：技术之神、科技教主史蒂夫·乔布斯（Steve Jobs）原来是一个技术不高的家长。2010 年，有一位采访乔布斯的记者暗示说，他的孩子一定非常喜欢刚刚发行的苹果 iPad，而他却回答说，"他们还没有用过呢，我们在家里限制孩子们使用技术的程度"。2014 年 9 月 10 日，《乔布斯传》的作者沃尔特·艾萨克森（Walter Isaacson）在《纽约时报》的一篇文章中爆料说："史蒂夫每天晚上都特别重视一点，那就是要在他们家厨房里的一个大长桌子上吃晚饭，因为在此期间，他们可以讨论书籍、历史，还有各种各样的事情。从来没有人拿出一个iPad 或是电脑什么的。"

几年前，在《连线》杂志的采访中，乔布斯也非常明确地表达了反对技术进入课堂的意见，尽管他曾经认为技术是教育的万能药：

"我可能是让更多的计算机设备远离学校的带头人，我比这个星球上的任何人都反对技术进入课堂。但我得出的结论是，这个问题不是技术可以希望解决的问题。教育的问题是不能用技术来修复的。再多的技术也不能填补教育出现的大坑。"[34]

珍妮·黑莉（Jane Healy）博士是一个教育心理学家，她也是《连接失败：计算机如何影响我们孩子的心灵》一书的作者。她像乔布斯一样，曾经花了数年的时间对学校使用计算机的情况进行研究，其目的就是热切希望能够发现电脑进入课堂可能对学习会有美好的促进作用。然而，实际上她却发现了截然相反的结果，研究显示不出电脑进课堂会有任何益处，而对这样的研究结果她也深感沮丧。现在，她强烈感觉到"小孩子花费在电脑上的时间可能会影响他们各个方面的发育发展，不仅会干扰他们的运动技能，而且还影响他们的逻辑思维能力，结果连现实与幻觉都分辨不清"。

并不是只有黑莉和乔布斯两个人反对技术进学校。根据 2011 年 10 月 22 日《纽约时报》的一篇文章报道，在硅谷的许多技术高管和工程师都把孩子送到没有技术支撑的华德福中学读书。在洛斯阿尔托斯半岛的华德福中学就读的孩子们，其父母大多数都在谷歌公司、苹果公司或雅虎公司上班，而这些精通技术的父母坚持让孩子在没有技术的教室学习，因为他们要比大多数人都更加了解技术，也对技术的危险更心知肚明。

有一位名叫艾伦·伊格尔（Alan Eagle）的家长，拥有达特茅斯大学的计算机科学学位，现在是谷歌公司的一位高管。据她说，"我从根本上就不赞成这个理念，在文学院还需要什么技术辅助教学"。这些技术娴熟的家长们都非常赞同开发健康心灵、通过创造性的实践任务进行学习，而且他们也明白，电脑只会抑制孩子们的大脑的发育发展。

还有一位华德福中学学生的家长，名叫皮埃尔·洛朗（Pierre Laurent），曾是微软公司的高管，有两个十几岁的孩子。他说："我热爱计算机，它能做许多事……但是，有时候你会过度使用技术，结果变成了技术的奴隶。刚开始，我们允许儿子到两岁可以看会儿荧屏，后来，我看了斯坦利·格林斯潘（Stanley Greenspan）写的《心灵的成长》一书，书中说，在我们小时候都是通过如何与世界接触来互动地学习的……所以，我们就断定孩子们小时候不该看视屏，等到他们长大再看没有什么害处，这样做只会有好处。" 35

洛朗一直等到孩子长到 12 岁才让他们使用智能手机和电脑。在孩子们很小的时候，洛朗就彻底打消了让孩子看视频的念头。他表示，电子游戏的设计就是让你上瘾，给你催眠的："你每天可能是抽出一个小时的空闲时间来看荧屏，但是媒体产品的设计就是要抓住人们的注意力……就是有吸引你上钩的作用。表面上看，似乎让你的小孩一直看视频，忙个不停，小孩就安静了下来……但是，其结果对小孩子一点都不好。"

洛朗还公开谈到，20 世纪 90 年代，他在美国英特尔公司工作的时候，就和同事们与其他的科技公司一起开发了"眼球之战"产品——一款极具竞争力的电子产品，目的就是吸引孩子们的眼球，一旦孩子们上瘾或是被催眠的话，公司就可以出售该产品了，之后该产品创造了巨大的获利空间。

许多家长已经被洗脑，认为如果他们的孩子一出娘胎时手里没有平板电脑，那么孩子就有点落后于人。伊格尔先生直接反对这一观点。他说："在谷歌公司及其所有场所，我们都通过技术把程序设计得极其简单，尽可能连脑残的人都会使用。所以，没有理由说孩子们长大了就不会使用了。"

请不要忘记：比尔·盖茨在13岁之前从来没有使用过电脑，他是一个事必躬亲、喜欢动手实践的童子军队员；而史蒂夫·乔布斯则是一个搞机械的工匠，他所利用的是手眼协调能力。这种动手能力在实际工作中是必不可少的，也是神经元突触联系发展的最好途径。乔布斯在12岁以前也从来没有使用过电脑。其他的一些科技天才，比如谷歌的创始人谢尔盖·布林和拉里·佩奇、亚马逊的创始人杰夫·贝佐斯、维基百科的创始人吉米·威尔士等，他们都在没有或很少技术支撑的蒙特梭利学校接受教育，而这样的教育使他们都与自然体验有了亲密的接触。[36]

在芭芭拉·沃尔特斯（Barbara Walters）主持的美国广播公司ABC电视新闻特辑"2004年度十大最精彩人物"播出的时候，谢尔盖·布林和拉里·佩奇都把他们事业成功的主要因素归于他们在蒙特梭利学校所受的教育。具有划时代意义的电脑游戏《模拟人生》

的设计师威尔·莱特（Will Wright）也曾说过，"是蒙特梭利教会我发现的乐趣，这表明，通过玩积木，你就会对非常复杂的理论产生兴趣，比如像毕达哥拉斯理论"[37]。

由此可见，如今处在竞争激烈的高科技世界的孩子并不需要什么更好的科技玩意，而是需要更敏锐的大脑。这一点再明了不过了。然而，即便是所有的研究都在明确无误地给我们表明荧屏视频对正在发育的儿童大脑只有钝化作用而没有锐化作用的时候，我们却依然在给少年儿童提供越来越多的科技产品，而且，接触这些科技产品的幼儿的年龄越来越小。

喜剧演员和活动家波拉·庞德斯通（Paula Poundstone）在2013年11月29日的（美国）哥伦比亚广播公司CBS《早间新闻》中发表了一个关于荧屏上瘾现象的尖锐评论。她说："研究表明，人的大脑对于从纸质材料中读到的信息要比从荧屏中获取的信息记忆得更清楚牢固，凡是用手写方式来做笔记的学生，要比用电脑打字记笔记的学生考试成绩更好一些。然而，艺术、音乐、体育运动、户外游戏、健康饮食以及绿色空间等众所周知的有助于大脑发育的东西每年都在学区预算的削减计划中。即便人们意识到了这一点，但一旦有人建议把荧屏设备搬出教室或是不让孩子们接触荧屏，人们还是会感到惊讶：'孩子们的未来需要这些设备啊！'可是，我们孩子的未来需要的是一个功能发育齐全的大脑。我们还是先把这一点搞搞清楚吧。"

如此看来，没有技术含量的华德福中学的家长们和波拉·庞德斯通都有充分的理由受到大家的关注。技术的接触导致了临床的疾病和迟钝的感官敏锐度。玛西亚·米库拉卡（Marcia Mikulak）博士在 20 世纪 80 年代所做的突破性研究进一步确定了这一点。该研究证明，生活在技术更为发达区域的学生，他们的感觉敏锐度不仅更为迟钝，而且非常显而易见的是，他们比其所谓的"原始"对手更不招人待见。[38]

在两组对比研究中，米库拉卡对来自不同文化背景的孩子进行了观察检验，其中既包括来自巴西、瓜地马拉和非洲等欠发达地区的少年儿童，也包括来自欧洲和美国等发达地区的少年儿童。她发现，无论是自身的感觉敏锐度，还是对周围环境的敏感度，这些来自所谓"原始"区域的孩子都要高出 30% 以上。[39]

她在 20 世纪 80 年代后期所做的进一步研究也表明，来自瓜地马拉以及那些低科技社会的孩子显示出惊人的学习能力。如果这些"被剥夺"的孩子们得到的学习环境与那些北美和西欧的儿童的学习环境相当，那么他们能展现出高出三四倍的学习能力，同时表现出极其出众的注意力、理解力和记忆力。[40]

换句话说，就是技术越少，大脑越好，从而学习就更好。

需要说明的是：无论是日常使用还是作为学习工具，我本人并不是反对技术，这本书也不是这个意思。问题的关键在于人们接触技术的年龄。超级刺激的屏幕会损害儿童的大脑发育，因为儿童的大脑根本没有发育好，不能应对如此剧烈的刺激。

这种发展理念在古老的佛教格言中得到了回应：一个人需要先

发展自我，然后才能超越自我，出人头地。正所谓"己所不欲，勿施于人"。也就是说，一个人先需要一个自我，然后才能超越自我。其实，科学技术有点与此类似。人们需要先充分发展他们的大脑，即他们的认知能力、注意力、语言能力、情感、空间以及现实判断的智能，然后，他们的大脑才能超越这些领域，继而才能应对超级刺激的、沉浸式现实的屏幕。

然而，大多数父母显然是受到了一种虚假叙述的诱导：如果想让你的孩子在人生的比赛中不落人后，那么，早期接触技术是非常好的，而且是技术越多越好。虽然，现有的研究已经表明互动的屏幕不是像我们最初想象的那样完全无害，但是，现在对这一观点的支持依然缺乏研究。

问题的关键就在这里：如果屏幕及年龄不匹配的技术不过是一种无效的工具，无法提高教育效果，那么，我们对此应该耸耸肩给予否定，对因此而造成的巨额资金（一年 13 亿美元啊）的浪费坚决摇头说"不"，而不应该削减越来越多的教师和内容丰富的课程。

但是，一个无效的干预是一回事，一个破坏性的干预则完全是另一回事。

不幸的是，那些高科技企业和被蒙骗的学校管理者们都是在不同医生们的不同道德标准指导下而开展工作的，而那些医生肯定没有遵守希波克拉底"没有伤害"的基本誓言，因为现在有证据表明我们正在伤害着我们的孩子们。

不管你喜欢与否，事实上，在我们的发光屏幕的文化中，我们正在给我们最纯真无邪、最容易受伤害的少年儿童提供一种成瘾的、改变心智的电子毒品。

二 华丽新奇的电子世界

　　洛杉矶的一位知名艺人说道："我曾收到一封来自凯西的电子邮件。凯西说她感到非常绝望，所以想要向我求助，帮助她那个名叫'马克'的儿子。她的儿子今年 17 岁了，对荧屏非常着迷上瘾。凯西是个有钱的女人，已经先后找过洛杉矶的 13 位精神科医生和心理学家，然而每一位专家都不怎么熟悉屏幕成瘾的危害，结果都无能为力、无济于事。凯西告诉我说：'实际上，因为他们都不了解这一问题，所以，与其说找他们能得到什么帮助，倒不如说会有什么坏处。'"

　　马克从 5 岁起就开始摆弄电脑了。妈妈是出于一片好心，认为这样玩电脑可能会具有教育作用，而马克则一发不可收拾，从此对电脑彻底上了瘾。可怕的是，如此上瘾的状态就要毁掉他的生活了。他妈妈告诉我说，从很小的时候开始，马克只要一坐到电脑屏幕前，他的行为举止就彻底变了。她甚至说，就连她车里的 GPS 也会使儿子着迷。

　　自从马克在 10 岁时接触了电子游戏，一切都完了。他偷妈妈的钱去买电子游戏和游戏操控台。如果不让他玩游戏，他就会变得非常暴力、好斗。他对上学和自己以前喜爱的东西都失去了兴趣。过去，他非常喜欢打鼓，现在，他的架子鼓就躺在那里睡大觉……他再也不是以前的那个小孩了，简直与原来的他判若两人。

因为从那 13 个无知的治疗专家那里得不到任何帮助（他们说就让这孩子玩他的游戏吧；如果你不让他玩游戏，他就没救了），所以凯西就自己阅读了她能找到的所有与屏幕上瘾相关的资料。最后，她把马克所有的电子设备的插头都拔掉了。而马克所在的学校并不配合她让儿子远离屏幕的做法。所以，她后来干脆把儿子送到一所可以提供网瘾治疗的住宿学校。这样一来，她就可以和学校一起努力，让马克彻底远离电子产品。

凯西不无夸张地说："现在的这些学校，没有技术简直就活不下去！即使是我拜访过的一些最好的治疗学校，按理说，他们应该知道技术上瘾的危害，可他们总是说，是的，他们怎么会不知道呢？但是，如果是为了学习，孩子还是可以使用电脑的……他们好像为技术设备设置了绿色通道。"

但是，对于马克来说，电脑是无法应对的——哪怕是为了学业之用。他会对妈妈撒谎说，他要用那台电脑（他妈妈已经把电脑锁在自己的卧室里）来研究学校老师布置的各项作业，然后，他花了好几个小时上网，沉溺于各种不同的话题。凯西后来发现，那些所谓的学校作业根本就不存在。马克就像一个真正的瘾君子，只是需要体验一下荧屏发出的光亮就可以了。

马克在寄宿学校里已经有将近一年的时间不再看屏幕了。他现在做得很好，甚至还考虑要去上大学呢——一年之前，这可是连想都不敢想的事情。所以，我们现在正与他所在的学校联合起来制订一个计划，让电脑慢慢地进入他的课业。而且，我还和凯西一起为马克制订了一个技术计划，等他在 5 月回家的时候就可以实施了。

"这就像任何其他的上瘾情况一样，而且，从某些方面来说，网瘾的情况更糟，因为这样的上瘾情况如此新奇，至于如何处理这个问题，我们还没有太多的先例。"凯西说道，"我们需要非常严肃、非常认真地对待这一问题。但不幸的是，眼下还没有太多的帮助，也没有意识到此时此刻问题的严重性。"

电子唆麻（SOMA）

虽然这可能会使一些人感到震惊，甚至是训练有素的治疗师，但是，认为电子屏幕可能会上瘾，就像毒品一样，这并不是什么新概念。

早在 1985 年，也就是 32 年之前，身着标志性黑色高领毛衣的史蒂夫·乔布斯还没有向世界介绍他那款改变游戏模式的 iPad 之时，温文尔雅的、有远见卓识的、智慧过人的纽约大学教授尼尔·波兹曼（Neil Postman）就写了一个颇具预言的小册子《娱乐至死》（*Amusing Ourselves to Death*）。[1] 波兹曼在该书中暗示说，我们正生活在相当于奥尔德斯·赫胥黎的"美丽新世界"，只不过与赫胥黎提出的虚构药物唆麻略有不同，让我们上瘾的"灵丹妙药"是"新"的电子媒体——电视。

这是一个很有煽动性的观点：电视是一种可卡因类药物，或者说电视就是像可卡因一样的毒品。

波兹曼认为，就像唆麻和可卡因一样，这种视觉媒介也是会让人高度上瘾的，它创造了全社会的无知的快乐追求者。大家切记，波兹曼所写的这一先见之明早在360度体感（掌上）电子游戏机Xbox、智能手机、平板电脑、笔记本电脑出现之前。

事实上，用现在的标准来衡量，波兹曼所说的险恶技术还是非常古朴的，就是电视机，其中安装着当时热卖的类似iPad的索尼特丽珑显像管。难道这就是电视这种电子祸患在1985年最受欢迎的内容？《欢声雷动》《考斯比一家》《豪门恩怨》《迈阿密风云》这些片名听上去也不怎么坏啊。

但是，这就是像波兹曼这样具有远见卓识的人所看到的情况——他们要比我们绝大多数人都看得更多一些，更远一点。1985年，可能大部分的人在看《欢声雷动》电视节目时根本不会想到特德·丹森是一个反乌托邦式的未来社会唆麻技术的先驱。而我们在2016年，也不会对科技和科技的影响有一点多余的担心。谁知道人工智能（6年之后的iPad）又会怎么样呢？事实上，研究已经显示，如果电视像唆麻或可卡因一样，那么，功能更加强大、过度刺激的交互式iPad就可以被认为是电子媒体越来越上瘾的里程碑。

此外，像先前的哲学家和传播理论家马歇尔·麦克卢汉（Marshall McLuhan）一样，波兹曼认为电子媒体不仅仅只是一种上瘾的毒品，而且他认为，电视也标志着人类发展的一个重大转变，不仅从根本上影响了我们的交流沟通的方式，而且也影响了我们的思维方式。

他认为，由于电视图像取代了文字成为主要的传播媒介，我们进行深入思辨的话语能力以及对于严肃、复杂问题的辩证参与能力——这是千百年来阅读文化的进化结果——已经受到了破坏。实际上，随着书面语言的深度思考被作为娱乐的肤浅的电视视觉图像所取代，我们的能力已经在不断地降低。

波兹曼是一个聪明睿智、有思想的人，他不善于装模作样、情绪化，即便这样，他还是为他所看到的教育层面上的问题深感困扰。作为声名远扬的斯坦哈特教育学院教授和文化与传播系的主任，波兹曼对教育还是略知一二的。

他还写道，除了其上瘾的效果以外，从教育学的角度出发，电子媒体对于课堂教学来说不仅根本没有效果，而且也很不适宜。他认为，当时刚推出的个人电脑就像电视一样，提供了一种被动的、肤浅的、自上而下的信息传递形式，而不是进行嵌入式、动态的认知互动，而这恰恰是阅读复杂的书面语篇时所必需的。此外，个人电脑的"个人"也在困扰着他，因为它消除了教师、课堂、动态的辩证参与，而课堂教学一直都是一个小组团体参与的过程，而不是一个个体参与的过程。

1995 年，在他的《娱乐至死》引起轰动的 10 年之后，波兹曼接受了电视节目《麦克尼尔和莱勒新闻时间》的采访。颇具讽刺意味的是，此次采访是在可怕的电子媒体——电视上播出的，他也注意到了这一点。在采访中，他进一步反对在课堂上使用电脑，也坚决反对一般的个性化学习，因为它们缺乏必要的群体动态，而这是教育和社会化过程中的一个非常重要的组成部分。

今天，一个网络教育世界的虚拟教室能同时容纳 10 000 名学生。他们都是"单独在一起"——孤立地坐在各自的电脑屏幕前。对此，人们一定感到纳闷：像波兹曼博士这样的教育家，如果他能一直活到现在，看到这样一种大众传播形式，以及技术在教育中的影响力如此扩张膨胀，他该会怎么想呢？

波兹曼终其一生都在致力于文化的融合贯通，并一直主张对媒体和技术持续关注。早在 1982 年，就是他撰写《娱乐至死》这本书之前，他就写过一本同样颇具反乌托邦视角的书《童年的消逝》（*The Disappearance of Childhood*）。在这本书中，波兹曼曾暗示人们，电视这种新的电子媒介会像埃德塞尔汽车①一样，毁掉孩子们的童年。

---

① 以福特汽车公司的创始人亨利·福特的独子埃德塞尔·福特的名字命名的汽车，仅 4 年就停产，后来成为"低端""失败""不受欢迎"的代名词。——译者注

他在书中这样写道："我要说的是，我们现在的以电视为中心的新媒体环境是导致北美洲的孩子们的童年迅速消失的主要诱因，而且很有可能这一世纪还没有结束，童年就已经不复存在了……这种情况就是社会灾难发生的第一个步骤。"[2]

犹如波兹曼教授的先见之明所暗示的，果不其然，通过电子传媒播出的电视节目铺天盖地，它们不分青红皂白地日渐削弱、损害着成年人与少年儿童之间的发展界限，其中很重要的一项是向孩子们暴露了以前受到禁忌的东西，比如成年人的性与暴力等。

而如今的互联网时代又快速向前推进了 30 年：先前由电视开始播放的那些成人主题，现在已经实现了电子信息化"解放"，而且这些信息可以被所有人任意使用互联网放大、扩容。网络确实展示了各种知识，但也给孩子们暴露了性，并且加速了孩子从少年发展到成年的节奏和过程。这一点是毫无疑问的。

我们处在 YouTube 信息化互联网时代，只要手里有个平板电脑，任何孩子都可以看到任何带有字幕的录像片——从变态电影到色情片。如此看来，对"童年"正在消失的离奇说法，难道我们还会有什么疑问吗？

近日，有一群 9 年级的孩子在谈论以前曾在网上看到的有关斩首和肢解的视频。我曾经给他们治疗过情绪问题，这些孩子原本都是些好孩子。

"难道你们的父母在家里就不阻止你们看电脑吗？"我还天真地问过他们。这群孩子的孩子王杰克笑了笑说："在家里？你别逗了，我们是在学校里看的。我们把安全过滤器解锁了，这非常容易的。"

以前，处于青春期的男孩只要能看上一本《花花公子》杂志，那就可以满足他一年的想象力；而现在，这样的日子已经一去不复返了。在屏幕上，每天都有海量的图形图像，不经过滤就会进入我们孩子的眼睛和头脑，甚至一直烙进他们的心灵。我有一个 14 岁的患者，为他每天看着不应该看到的画面而深感苦恼，所以他还亲切地告诫我说："卡博士，你千万不要上网看东西啊，你的脑海永远无法摆脱那些影像……我知道我是做不到的。"

然而，不仅如此。技术与可以任意使用的信息不但剥夺了孩子们的天真童趣，污染和模糊了他们的童年概念，同时也延续和扩展了他们的青春期。历史学家加里·克罗斯（Gary Cross）把这种现象称之为"社会成年期延迟"，因为在此期间，高科技时代的青少年正在被重新定义为 20 多岁，甚至是 30 多岁的未成年。[3]

早在数十年之前，波兹曼教授就预见到这一现象，因为他明白，超级诱人、熠熠发光的荧屏是会让人上瘾的，而且，一旦小孩被吸引，就可能终生都处于一种永远追求快乐的青春期状态。

除了电视以外，还有什么人或是什么东西能够成为"永远长不大"的主要罪魁祸首呢？那些麻木不仁、无动于衷、情感发育不良的男生很难成为真爷们儿。克罗斯谴责电子游戏说，"2011 年，在 25 ~ 34 岁年龄段的男人中，几乎有1/5的人仍然同父母亲一起生活，他们就是啃老族"，其中不乏玩电子游戏的情况，而且"玩游戏的人平均年龄是 30 岁"。

《性别的重要性》（*Why Gender Matters*）一书的作者利奥纳德·萨克斯（Leonard Sax）博士在《家有男孩怎么养》（*Boys Adrift*，2009 年）一书中针对这种青春期的困境进行了比较广泛的描述。他也认为我们现在的电子游戏文化是这种"长不大"态势的主要罪魁祸首。

根据萨克斯博士的观点，电子游戏除了让人上瘾以外，还会让人们越来越缺乏现实世界所需要的韧性、耐心和动力。例如，在现实生活中，如果在体育运动中失败了，就得自己来疗伤，并且继续不断地反复实践，直到最终掌握这项运动，改天再战，其整个过程可以培养韧性和耐心、促进情感的成长。但是，如果我们在电子游戏中失败了，只需要点一下重新开始的按钮，游戏立马重新开始，一切都会搞定。

作家和精神病专家马克·班恩希克（Mark Banschick）博士也补充说："在进行精神辅导的过程中，我渐渐意识到，规避成为这代人的一个做事风格，至少在一个相当大的群体里都是这样的。男孩尤其喜欢电子游戏，而且已经培养了即时满足的期望，结果就使他们感觉到学校的课业和家里的家务太多了。人的大脑是一个不断发展的器官，我们却在给男孩们（也有一些女孩）提供大脑垃圾食品。"[4]

在 Youtube 网站上，我们可以看到 30 岁的"未成年人"，也能看到"看破红尘"的 10 岁"老人"。怎么会有这样的情况发生呢？我们的社会怎么会发展成这样的一个社会？儿童在性方面怎么会像成人一样成熟？而 30 岁的人却与未成年的孩子差不多呢？

　　也许，其中还有一点不可告人的隐情内幕。波兹曼教授坚信，对电子媒体上瘾，其中存在着一个"政治潜台词"：就像《美妙新世界》里的控制社会的机制唆麻一样，我们对电子产品上瘾，而这种镇静作用会使大众麻木不仁，从而更容易受到压迫。通过治疗数以百计的穷苦有色人种家庭的个人经历，我现在也这么认为：这个 360 度体感（掌上）电子游戏机 Xbox 已经在政治上使有些小孩子失去了能力，达到了镇静的效果。

新技术：是好，是坏，还是丑？

　　当然，对于新的通信技术持谨慎的态度，甚至提出预警，尼尔·波兹曼也许不是第一人。在历史上，对于新技术说三道四、评头论足的不乏其人，他们提醒人们警惕所有不好的东西，从打字机到电报机到收音机，再到投影机……所有这些新发明无一例外都曾遇到过批评。这些人认为，这些填补空白的、最新的技术发明可能会造成已有文明的终结。

　　我们甚至可以一直追溯到古希腊时代。那时候，苏格拉底对于新出现的书本以及书写文字的反应就是认为"这一新媒介将会把我们全部毁掉"。与波兹曼不同的是，苏格拉底对于书本和文字没有什么好感；作为口头讲述的提倡者，苏格拉底认为文字会毁掉我们的记忆功能及技巧，使我们都变成该死的白痴，"（文字）彻底破坏了记忆，（而且）弱化了心智，消除了大脑的强大功能。（文字）简直就是一种不人道的东西"。[5]

苏格拉底还担心，文字除了使记忆力萎缩以外，书本信息的传播不再通过作者本人或教师以面授的方式进行。像波兹曼教授一样，苏格拉底也相信，真正的学习需要伴随着活生生的、给予和接受同步的师生互动，其过程应该是动态的（辩证的）；但是，与波兹曼不同的是，苏格拉底认为书籍是一个静态的信息传递形式。根据苏格拉底的观点，那些没有经过老师教导而学习的人才是傻瓜，但他们却自以为是聪明人，因为他们都是从书本上学习而不是从老师那里学习知识。他认为"（书本）只是告诉他们许多知识，而不是教导他们"，将会使学生们"看上去知道得很多，但是对于大部分知识来说，他们都一无所知"。

不过，我们还是很幸运的。谢天谢地，苏格拉底的学生柏拉图与其看法截然不同，他不但写书，而且著作等身。正因为如此，我们才知道了苏格拉底对于书本的反感，而且颇具讽刺意味的是，我就是通过阅读一本书才了解到这一点的。这就像尼尔·波兹曼在电视上对电视这种可怕的新媒体发泄愤怒（1995年接受《麦克尼尔与莱勒的新闻时间》的采访）一样。

也许，事实就是这样的。从古希腊的苏格拉底到现代传媒理论家马歇尔·麦克卢汉，再到纽约大学的具有远见卓识的尼尔·波兹曼教授，这些哲学家都告诉了我们这样一个真实情况：技术不可避免地改变了我们，而这些变化总是会带来一定程度的损失。

但是，新的技术真的会像一些人暗示的那样，会让我们变得更好吗？

也许吧——虽然付出了非常高昂的代价。

2015 年，《成瘾的生物学》(Addiction Biology)杂志刊登了一篇研究报告。这是美国犹他大学医学院与韩国中央大学进行的合作研究。在该研究中，他们对 200 名患有电子游戏瘾的青少年进行了脑部扫描，并对此进行了仔细检查。[6]

韩道炫是韩国中央大学医学院的教授，兼任犹他大学医学院的副教授，曾取得医学博士和哲学博士学位。迄今为止，这项研究是针对强迫性视频游戏玩家与非游戏玩家大脑差异而进行的最大、最全面的调查研究。

该研究发现，有确凿的证据表明，玩视频游戏成瘾的男孩的大脑连接方式与不玩视频游戏的男孩不同；好几对大脑网络之间的超连接增多，而长期玩视频游戏正与此有关。不过，这些大脑连接方式的变化到底是好还是坏，这一点让研究人员很难确定。

资深作者、研究员、医学博士、犹他大学医学院神经病学副教授杰夫瑞·安德森（Jeffrey Anderson）博士这样说道："在研究中所看到的大多数差异，我们认为可能是有益的。然而，再好的变化都与他们所面临的问题分不开。"

让我们先来看看这些大脑的变化吧。

变化的好处：有些变化可以帮助游戏玩家快速应对新的信息。本研究发现，在这些沉迷游戏的男孩中，他们处理视觉或听觉的某些脑网络更有可能加强"突显网络"的协调配合,而突显网络则有助于将注意力集中在那些重要事件上,其结果就可能有助于保证采取行动的反应时间。例如,如果有必要的话,就能从一辆行驶中的汽车里跳出来。因为在视频游戏中,这种增强的协调能力可以帮助玩家在对手迎面而来的攻击中更快地做出反应。

根据杰夫瑞·安德森博士的研究,"这些大脑网络之间的重新连接可能会产生一个更为强大的能力,实现对目标的直接关注,并认出周围环境出现的新信息。重要的是,大脑的这些变化可以帮助人们更有效地进行思考"。

不太好的地方:有些变化也与注意力不集中和控制能力差、易冲动相关。"有了这些超级网络的重新连接,可能也会增加分心的概率。"安德森博士如是说。众所周知,反应迅速的人与反应迟缓的人可能都有点神经兮兮、心不在焉。

变化的坏处:研究人员发现,更为麻烦的是重新连接增加了两个脑区之间、背外侧前额叶皮层之间以及颞部联合区之间的协调难度,而这样的大脑变化同样也在精神病人群和其他神经病患者的脑改变中出现过,如精神分裂症、唐氏综合征以及自闭症患者人群等。

这可不是一件什么好事。

注意力不集中和控制能力差、易冲动也是上瘾的标志。研究人员指出,除了快速应对新信息的好处之外,网络游戏患者过度痴迷电子游戏,甚至上瘾,也会导致他们常常一玩起来就会"废寝忘食"。

因此,现在让我们对研究结果简单地概括一下:孩子们会对电子游戏上瘾，而且玩起来就不吃饭、不睡觉，还很有可能发展成为多动症以及类似精神分裂症的症状，但是他们能快速反应、强有力地击中目标。

这个问题可以简单地归结为一个成本与效益的得失问题：为了拥有一个重新连接的大脑，可以更好地看清物体的形状并及时发现目标、更快地做出反应，可这值不值得患上因冲动控制障碍而可能引起的各种疾病呢？比如，上瘾、儿童多动症，更不要说那些更为严重的精神病，如发育异常、精神分裂症和自闭症等。

我们暂时先不说自闭症的问题。在上一章里，我们看到了英国诺丁汉特伦特大学的格里菲斯教授和德戈塔里博士所做的研究，说明玩游戏的确可以引发游戏转移症和各种幻觉。难道我们真的希望我们的孩子冒着这样的风险，在视频游戏的模拟中去获得更快的反应能力吗？

该研究人员最后得出的结论模棱两可，到底是鸡生蛋还是蛋生鸡，现在依然还不清楚，所以难下定论——究竟是因为持续不断地玩游戏才造成了大脑连接方式的改变，还是因为大脑连接方式的不同才痴迷于玩电子游戏？现在谁也说不清楚。

但是，印第安那大学医学院对一些非游戏玩家也做过脑部扫描，然后再让他们玩几周的电子游戏，之后对他们的大脑再次进行扫描，结果，脑成像显示，的的确确存在一个"先与后"的问题。这一点我将在下一章里说明。这项研究清楚地表明，大脑确实发生了神经方面的变化，而这一变化的确就是玩电子游戏的直接结果。非常有趣的是，瘾君子的大脑中也有这些变化。

现在，让我们看看技术可能会带来的一些好处吧。

克莱夫·汤普森（Clive Thompson）在《比你想象的更聪明》（*Smarter than You Think*，2013 年）一书中高度赞扬了技术的许多优点。除了技术作为工具的明显好处以外，还说到其他许多使用键盘的情况。比如，不说话的自闭症儿童可以使用键盘，技术可以是残疾人的宝贵工具等。汤普森还讨论了不少其他例子，说明人力与技术混用的工作效率要比只有人力而没有技术的工作效率高得多。

他以技术与人力混合工作的高级形式之一——象棋"人马"为例。象棋"人马"以半人半马的神话生物来命名，是下棋的一个对子，由一个玩家与电脑合作组成单人或团队。这种人与机器的混合与早期的人机大战模式形成鲜明的对比。例如，在 1997 年的人机象棋大战中，国际象棋世界冠军加里·卡斯帕罗夫对阵超级计算机"深蓝"，结果遭受惨败。这次声名狼藉的人机象棋大战结果让《新闻周刊》以"大脑的最后一站"作为封面进行了报道。

然而，正是这个卡斯帕罗夫，在 1998 年突发奇想，要与他的前高技术强敌计算机结为同盟，并美其名曰"如果你不能打败计算机，那就与它合作吧"。卡斯帕罗夫想创建一个由人和计算机组成的人马团队来对抗其他的半人半电脑的团队，他的这一创意后来被称为"高级国际象棋"。1998 年第一次举行这样的比赛时，卡斯帕罗夫作为人马团队的一半参加了比赛。

在最初的那次比赛之后，卡斯帕罗夫把比赛比作学习驾驶赛车："就像一个优秀的一级方程式车手真正了解自己的赛车一样，我们也必须学习电脑的工作方式。"

不过，卡斯帕罗夫的人马团队却输给了一个由低能的队员与半人马组成的团队。这个队员曾4次被卡斯帕罗夫打败，但是他显然是一个更好的技术能手。事实上，技术水平较低的人往往比技术水平较高的人更能成为好的技术合作者。根据汤普森的观点，从直觉上来说，技术较低的人更清楚什么时候该依赖计算机下棋，什么时候该依赖自己的技术来走下一步。

但是，知道什么时候听从计算机就能提高个人的技巧吗？既然人机混合可能会做得更好，那对电脑过分依赖的人的作用不就减少了吗？

为了回答这个问题，让我们看看另一个人机混合的例子，就是飞行员与他们驾驶飞机时使用的计算机导航系统。你觉得是依赖电脑较多的飞行员（更倾向于用无线电导航的飞行员）的飞行技术更好，还是依赖个人驾驶经验的飞行员的飞行技术更好呢？

英国克兰菲尔德大学工程学院的马修·伊巴特森（Matthew Ebbatson）教授在2009年进行了一次惊心动魄的驾驶研究，才使这个问题得到了最终答案。[7] 该项研究要求飞行员在恶劣的天气里，驾驶一架发动机有故障的波音飞机进行飞行着陆模拟试验。就在这样困难的展演过程中，伊巴特森测量了飞行员的技能，如维持正确的空速之类的指标。

后来，当他观察实际飞行记录时，他发现了飞行员依赖自动驾驶仪和自己的技能水平之间的相关性：似乎更多的飞行员还是依靠自己的技术，而人的驾驶技术受到了更多的侵蚀。显然，在这种人与机器融合的情况下，技术并没有提高人的技能。

如果你不相信这一研究结果，只要问问自己下面这个问题你就明白了。如果你乘坐的飞机被闪电击中，飞机的电气系统极度衰弱，这时候你想让谁做你的飞行员？是那个手动飞行的飞机驾驶员还是靠电子控制的高科技能人？

据说，汤普森在其书中还写了其他一些可以提高人为能力的技术工具。他还提到了"外脑"认知理论。从本质上说，他认为人类的智力具有极大的优势，因为"我们总是外包了一些认知功能，以便用来帮助我们加强比较薄弱的思维领域，比如：印刷的书籍就强化了我们的记忆，而廉价的纸和可靠的笔就能使我们的思想快速外化成为可能"。

印刷的书籍真的强化了我们的记忆吗？如前面所述，苏格拉底对此观点一定是持反对意见的，因为他认为情况恰恰相反——印刷的书籍削弱了我们的记忆力。

汤普森也提到了现在的数字工具，比如智能手机和硬盘驱动器等，并论述了它们"对我们认知的巨大影响"以及"惊人的外部存储能力"——这些都是当今技术的副产品。虽然，我们可以承认，技术的确提供了令人难以置信的数据存储和外部存储的功能，但是，我们真的相信像硬盘驱动器和智能手机这样的外部存储工具会强化我们人的记忆或是以任何方式增加我们人的能力、技能吗？

　　如果你有一部智能手机，现在就可以做个实验：你看一下你的手机通话记录，能快速写出 10 个最常用的电话号码吗？如果你和我们大多数人一样的话，你是写不出来的。我们会忘记常用的电话号码，是因为我们不再需要记了——我们的外部存储设备替我们记忆了。而在 10 年前，情况并非如此；大多数的人都能记住他们最常使用的电话号码。

　　所以，还有什么可说呢？这个问题真的不能小觑。都是因为现在唾手可得的手机，我们才不能像过去那样记住那么多的电话号码，而且也不怎么用大脑去记忆了。这到底有什么害处呢？

　　记忆力也是像语言技巧一样，都需要不断练习、经常使用。人的记忆能力是越用越好，否则，就会渐渐萎缩、衰退，甚至丧失。如苏格拉底所说，记忆也是一种技巧，人们越练习就越能提高。而现在，多亏了现代科技，我们可以做脑成像研究，该研究清楚地表明一个事实，即只要坚持进行记忆练习，就能增强我们的聪明才智，增加大脑灰质。

　　2011 年的《当代生物学》（*Current Biology*）期刊上刊登了英国伦敦大学学院神经影像中心的埃里诺·马奎尔（Eleanor Maguire）教授和凯瑟琳·伍利特（Katherine Woollett）博士所做的一个研究实验。他们对一群专业人士进行了研究，而这群人的大脑记忆惊人，令人敬畏不已，叹为观止。这群人就是伦敦的出租车司机[8]。实验要求他们每个人都要记住所谓的"知识点"—— 25 000 条以上布局复杂、如迷宫一样的伦敦街道，而且还包括剧院和知名酒吧在内的数千个地标。

在 GPS 全球定位系统设备被开发出来之前，那些想做出租车司机的人需要花三四年的时间来做准备，然后才能通过出租车司机驾驶资格的考试——伦敦知识考试系统。这是一个严格而残酷的学习过程。不要以为律师考试和医学委员会的资格考试有多难，这个出租车司机测试才是难上加难的，准申请者往往要尝试 12 次才能通过考试。即使这样，也只有一半的司机学员能够最终获得成功，拿到驾驶执照。

因此，马奎尔教授和伍利特博士认为，研究一下这些记忆准天才们的大脑一定富有启发意义。之所以说他们是"准天才"，是因为这些出租车司机都不是天生就具备这种惊人的记忆力，而是后天培养、开发的结果。

研究人员选取了 79 名司机学员为实验组，另外以一个 31 人的非出租车司机组作为对照组。在研究开始之时，对所有 110 名参与者先进行大脑扫描并进行一定的记忆力测试。最初，研究人员并没有发现什么明显的差异，因为各组成员在记忆力方面表现得差不多。

在接下来的几年时间里，那 79 名司机学员中只有 39 人通过了测试。马奎尔和伍利特就把原来的参与者重新分成 3 个小组：参加过培训并通过考试的为一组；参加过培训但没有通过考试的为一组；既没有参加培训也没有参加考试的为一组。研究人员再次给这些参与者做了核磁共振，并对每一个人的记忆力进行了测试。

这次，马奎尔和伍利特发现，那些参加过培训并通过考试的人的大脑都发生了显著变化：与参加培训之前相比，他们的海马灰质的体积变大了。我们应该注意的是，海马对获得记忆是必不可少的。例如，在老年痴呆症患者中，海马就是最先遭受损害的大脑区域之一。有趣的是，进行了学习但没有通过考试的那一组成员的大脑的海马灰质体积不存在增加的情况。没有参加培训的对照组成员的脑组织未见增加。也许，我们可以这样推测，学过但没有考过的那一组成员只是因为学习得还不够，所以才没有通过测试，也没有获得大脑变化。

不管怎样，该研究清楚地表明，凡是认真学习并通过测试的人，他们的大脑确实都朝着对他们有利的方面发生了神经生理学的变化。这项研究也向我们表明，要改变你的大脑，永远都不会太晚。根据马奎尔教授的观点，"人类的大脑仍然是有'可塑性的'，即使在成年生活中，当我们学习一些新知识时，大脑也能适应"。

然而，我们现在有了 GPS，就不必记住那些街道或方向了。唉，我们也有了智能手机，可以为我们记住一切。而且，现在的设备可以为我们做各种各样的事情：可以为我们做饭、打扫卫生、预定晚餐、驾驶飞机、驾驶汽车……也许，在不久的将来，设备有朝一日甚至还能为我们思考。

但是，随着技术的进步，我们人类是否在退步呢？

有了替我们记东西的技术，减少了我们运用记忆肌肉的需要，到底是帮助我们记忆还是削弱了我们的记忆力？人机混合的人马国际象棋比赛会让人下棋下得更好还是电脑做了大部分最繁重的工作？帮助我们做数学的计算器或帮助飞行员自动驾驶的计算机之类的技术设备可能都是非常方便的东西。所有这些技术神器到底是提高我们技能的强大利器还是削弱我们技能的"得力助手"？

也许正如梭罗先生曾经说过的那样，"人已经成为工具的工具"。

随着我们继续来探索科技在我们生活中的作用，我们的确也发现了技术作为工具的另一个好处——拥有一个具有艺术特征的脑成像，但它却毫无疑问地、非常奇妙地表明技术对我们的大脑具有强大的负面影响。

而且，其中的讽刺意味颇为丰富：正是技术给我们显示出技术对我们大脑的危害。

有趣的是，汤普森在其《比你想象的更聪明》这本书中却决定不看任何有关大脑成像的研究。他说："如果你希望了解神经科学与技术是怎样'改装'我们的大脑的，本书将会让你失望。"紧接着，他继续对最新的脑部成像研究进行严厉指责，并抱怨说现在做脑成像研究还"为时过早"，而且其好处也令人怀疑，因为我们对于大脑本身的理解仍然正在进行之中，尚没有盖棺定论。就像他自己总结的那样，"关于互联网将会如何改变我们的大脑，这个问题现在还不好说，到底是世界末日还是乌托邦，不要急于得出结论，因为这个领域异常新奇，谁能说得准呢"。

诚然，我们现在对大脑的理解虽然还不完善，但是，神经科学已经有了长足发展，这在很大程度上要归功于脑成像研究。最近出现了一些引人注目、同行热议的脑成像研究，有些是在汤普森的书出版之后才问世的，确实显示了技术对大脑的破坏作用，而且其损害程度与毒瘾相似。我们将在下一章里仔细检验这一点。

所以，这说明尼尔·波兹曼教授在《娱乐至死》一书中的预言是正确的——这个新的电子媒介是我们的唆麻克星吗？再过30年，在这个智能手机、平板电脑、笔记本电脑、谷歌智能眼镜、推特、脸谱网和虚拟现实眼镜盛行的时代，谁知道还有什么其他新玩意儿会占领科技领域，到那时，我们把技术看作毒品（怀布罗博士认为这是"电子可卡因"）的观点是不是显得非常可笑呢？除了好处以外，数字技术已经成为中国研究者所称的电子海洛因了吗？

事实上，正如我们将会在下一章里看到的那样，互动发光的屏幕已经成为一种作用强大的药物，美国军方正在把屏幕作为一种名副其实的数字吗啡来使用。

三　数字毒品与人的大脑

数字吗啡

"我当时身上着火了。……我说不出话来，也解不开我身上的安全带，还打不开车门。我相信，正是我的守护天使把我从吉普车里救了出来。"

山姆·布朗中尉正躺在德克萨斯州圣安东尼奥的布鲁克陆军医疗中心的病房里，描述着在 2008 年发生的一件可怕的事件。那是在阿富汗的坎大哈，当时他开的悍马军用越野车遭到一个简易爆炸装置 IED 的袭击，越野车爆炸了。他的身体瞬间就被火焰吞噬，身上超过 30% 的面积三度烧伤。他的伤势非常严重，疼痛难忍。为了帮助他活下来，在最初的几周里，医院一直给他注射麻醉药，使他处于医疗昏迷状态。

虽然他的眼睛看上去还和照片上那个刚从西点军校毕业不久，英姿飒爽的年轻人一样，但是他的脸上却布满了严重烧伤的累累伤疤。后来，在 2012 年美国全国广播公司 NBC 的一次采访中，他对记者娜塔丽·莫瑞丝这样说道："我当时真的以为我要死了，所以我的本能反应就是把我的双臂高高地举在空中，祈求上帝来帮我。而且，我还记得心里老想着'需要多长时间我会被烧死呢'。"

但是，谁都没有想到这次瞬间爆炸和最初的烧伤仅仅只是一个开始，后面还有一个非常漫长、痛苦不堪的过程。根据布鲁克陆军医疗中心烧伤病房的麻醉师克里斯托弗·马阿尼教授的描述，"烧伤患者的康复过程一般都要持续数周到数月不等。像山姆这么严重的烧伤情况，甚至会持续好几年时间"。

山姆不得不忍受几十次痛苦的手术，但是，最让人难以忍受的痛苦来自伤口的日常护理以及接踵而来的物理治疗。事实上，由于治疗过程如此痛苦不堪、难以忍受，山姆的长官有时候就不得不下达军事命令，强行要求他接受治疗。与许多烧伤患者一样，麻醉止痛药是唯一可以缓解日常的疼痛的药物。麻醉止痛药有镇痛作用，但也是让人高度上瘾的东西。由于山姆越来越担心他会对麻醉止痛药日渐依赖，所以马阿尼教授就建议采用一种新的实验性的治疗方案来帮助山姆减轻痛苦：就是一个名为《冰雪世界》（*SnowWorld*）的电子游戏。

《冰雪世界》是一个动画片虚拟游戏。这个虚拟现实的游戏设定在北极的冰天雪地，有一排排企鹅在雪地里跑来跑去，而保罗·西蒙那活泼动人的歌曲《你可以叫我阿尔》是游戏的背景音乐。在游戏过程中，玩家头上戴着环绕式的塑料虚拟耳机，使用游戏操纵杆给那些可爱的企鹅扔雪球。

当我采访山姆时,他说:"我对此疗法完全持怀疑的态度,但是我愿意尝试一下。"早在几年前,华盛顿大学的大卫·帕特森(David Patterson)博士与亨特·霍夫曼(Hunter Hoffman)博士开发了这个游戏。这两名心理学家一直从事非阿片类镇痛药物的研究,尤其是针对在西雅图景观港烧伤中心的烧伤受害者的治疗管理方法做研究。帕特森和霍夫曼两位专家研究发现,一旦病人沉浸在虚拟现实游戏之中,他们的痛苦感就会大大降低。的确,在 2011 年,军方利用《冰雪世界》游戏进行了一项小规模的研究,真的就出现了一些具有戏剧性的结果:对于遭受剧烈疼痛的士兵们来说,《冰雪世界》游戏比吗啡的镇痛作用还要好。[1] 研究人员们还不清楚这种镇痛效果的确切原理,有些人把它归因于"认知分散原理"。

但是,我们从 M. J. 柯普的研究(1998 年)[2] 中得知,视频游戏把多巴胺的水平提高了 100%,而这些游戏还只是过时的 2D 视频游戏,而不是身临其境的 3D 虚拟现实游戏。可能是山姆的神经递质受到了刺激,因此释放出可以止痛的多巴胺,可能还有内啡肽,而不仅仅只是"认知分散"的缘故。

在我与海军的多恩(Doan)博士的访谈中,他表示确实有个内啡肽增加原理的观点,但他对此还不是完全理解。如前所述,他接受屏幕作为"数字药物疗法"(digital pharmakeia)这一观念。

当我问起山姆这一点时,他说:"我感觉玩这个游戏要比吗啡的镇痛效果还要好,这一点我非常肯定。我想,它肯定会一直增加我的多巴胺和内啡肽。"

当谈到电子游戏在镇痛治疗管理方面的成功效果时，甚至连霍夫曼博士都感到无比惊讶。他说："事实上，能够如此大幅地减少疼痛，却不使用什么药物，这是一个具有示范性的转变。"

脑成像最终确认，利用《冰雪世界》虚拟现实游戏来治疗的烧伤患者，在其大脑处理疼痛的相关部位，他们的疼痛体验确实减少了。所有这些惊人的发现已经促使军方进一步采取行动，致力于寻求以虚拟现实和视频游戏的应用作为准数字化的药物，其目的就是帮助缓解疼痛。

★ ★ ★ ★ ★ ★

听说视频游戏实际上比吗啡更有效时，大多数人一定会感到震惊。虽然这在烧伤患者的疼痛药物管理和治疗方面是一个惊人的进步，但是也引发了一个问题：这种比吗啡强得多的数字药物对一个7岁或14岁儿童的大脑和神经系统会有什么影响？那些孩子会不会通过发光的屏幕摄入了数字毒品？而且，进一步来讲，如果令人刺激的荧屏确实比吗啡更强大，他们一样会上瘾吗？

被困在数字成瘾的兔子洞

我淋着滂沱大雨，站在一家牧场的木瓦房子旁。当我冒雨敲着这家的房门时，一股焦虑不安、忧心忡忡的感觉不由自主地涌上了

屏瘾 | Glow Kids

心头。虽然这家的木瓦房子看上去有点过时，房屋的四周边缘也略有磨损，但是，单从外表来看的话，这像是一个普通的郊区住宅，可能还是一个拥有两三个孩子的幸福之家，且家境尚好、设施完善，什么东西也不缺。因为门廊的过道里还停着一辆小型货车，过道旁边还有一个独立的篮球架和完好无损的篮板。看上去这是一个十足的欧吉和哈丽雅特时代的家庭。

　　然而，我知道在那间看似没什么不同的郊区房子里住着一个叫彼得的男孩，一个 18 岁的隐士，经常夜以继日地玩暴力视频游戏；还有一个在这里闲居了 4 年之久的霍华德·休斯，他已经被自己的精神恶魔困住了手脚，每天就靠他的电子游戏为生。虽然，我每天都与精神病人和上瘾患者打交道，已经习以为常、见怪不怪，自己已经感觉不到什么不舒服，但是彼得的情况还真是让我有点焦虑不安。我一般是在非常的情况下才会亲自登门去做家庭评估的，因为家访往往让我感觉更为紧张——你永远无法确定，一旦你走进那个家门，你将会发现什么样的情况。而且，最令人不安的是，如果患者的家庭存在什么问题，他们却有主场的优势，而我只不过是一个外人而已。

　　我是根据彼得的文档记录情况以及与他母亲的电话交谈知道这一切的：彼得小时候一直都很焦虑，但是，自从他的父亲几年前去世以后，他就变得更加沮丧抑郁，其转折点就出现在他上 9 年级的时候。当时，他搞了一个恶作剧，而学校对他的惩罚是让他留级，暂停了他的学业长达一年之久。由于他独自一人待在家里，孤独寂寞，难以自拔，所以只能靠家用游戏机的游戏来摆脱焦虑的感觉和抑郁的心情。刚开始他还只是一个周末玩一次，自己娱乐一下，后来逐渐上瘾，最终的结果就变成了现在这个样子，每天要玩 16 个小时之久。现在的情况是，他对游戏如此沉迷上瘾，以致玩起来就没个够，根本停不下来，而且已经患上了恐旷症，就是对旷野、户外广场以及陌生环境的恐惧症，所以他现在不能离开家，也无法去上学。

　　如果他必须得离开家，比如去看医生什么的，那么他的母亲和兄弟就不得不生拉硬拽，把他拖出来，而他还要厮打反抗、乱踢乱叫。如果他的母亲试图把游戏的插头拔掉，他就变得情绪激动、非常暴躁，不是在墙上打洞挖孔就是朝母亲乱扔东西。虽然孩子是住在她的家里，但是她在自己家还得束手束脚。遇到这样的上瘾孩子，她真是筋疲力尽、束手无策、无可奈何，最终只好做出让步：让他整天整夜、通宵达旦地玩游戏，什么时候他想吃饭，她就可以把饭菜端进他的房间，其他时间一概不能进入。

　　因为精神科医生确诊了彼得患有焦虑症和恐旷症，所以该学区只好派老师到他家里给他上课，每天两个小时，对他进行一些基本的教育。该地区还在试图联系其他各种机构给予帮助，但问题是，他到了 18 岁，是一个法定的成年人，可以拒绝任何治疗和干预措施。正因为如此，学校才问我是否愿意去他家里进行家访，对他的情况做个评估，看看我是否能更加了解该问题的严重性，也许我还能哄他接受某种治疗呢。

　　我在雨地里站了一两分钟之后，彼得的母亲终于打开了门，请我进去。一路进门，我就情不自禁地有一种被卡在时间隧道里的感觉，因为这位母亲那浓密低垂的蜂窝式发型与 20 世纪 70 年代的家具、镶着木边的相框极其相配，相框里还装着一张幸福的全家福照片，只可惜，这个幸福的家庭现在已经不复存在了。有人能登门到家里来帮忙，这让她兴奋不已。她先是热情地和我打招呼，然后就和我一起坐在餐厅里，滔滔不绝、毫无保留地道出了她儿子的情况。我真是由衷地给予她同情之心。她是一个体面正派的好女人，自从丈夫去世之后，她就尽了自己最大的努力来维持全家人的生活。她说完彼得的情况以后，问我是否可以和彼得谈谈。

"他才睡醒不久，此刻正在客厅里吃早餐，我刚拿给他的。"

当时的时间是午后 1 点钟。

她带我走到客厅里，彼得正坐在一把椅子上，这把椅子连阿齐·邦克也会感到骄傲的。我有四年没见过彼得了，上一次见他还是在学校里。显而易见，从那次学校见面之后，彼得的变化真不小，无论是身高还是体重都发生了重大变化，他的体重应该至少增加了 40 或 50 英磅。

彼得一脸茫然，正盯着一台笨重的老式电视机看，电视里播放的节目是电影《警察》，其间会发出刺耳的声音。虽然他目不转睛地盯着电视，但是他的表情却空洞茫然——看上去紧张得都要精神分裂了。我甚至不能确定他是在看电视还是在盯着电视的那个方向看。他上身穿着一件脏兮兮的白色 T 恤，下身穿了一条红色的运动裤。他面前的咖啡桌上放着一大盘鸡蛋、熏肉和烤面包，他们家威猛高大的拉布拉多犬也在吃着他盘子里的东西。

我在他旁边的软椅上慢慢地坐下来。这张软椅没有靠背，也没有扶手。他只是继续盯着正前方，一动也不动。

"嗨，你好，彼得。我是卡达拉斯博士，你还记得我吗？我们几年前在学校见过面的。"

他纹丝不动，一直看着电视，只用眼角的余光简单地瞟了我一眼，然后，几乎是不自觉地点了一下头。

"我只是想过来看看你最近怎么样，也许问你几个问题，你觉得可以吗？"

他又是勉强地点点头。

我问了一系列有关他的童年、他的教育、他的家庭，以及他的焦虑的问题。

在大多数情况下，他都是只用一两个词来回答我，而且还是低声咕哝的。

但是，当我问起他玩游戏的事情时，一切都变得不一样了。这时候，他就会一屁股坐起来，真真切切地看着我。

"我……我喜欢玩《现代战争 2》……还有《现代战争 3》。"

虽然他还是咕哝着说，但是他的话听上去清楚一点了，这是因为他现在能更多地参与到我们的谈话中来。

"你究竟喜欢玩电子游戏的什么呀？"

他却很难找到合适的词语来回答这个问题。虽然尝试了好几次，但还是不置可否，没能回答上来。

因此，我又试探着说："彼得，你就试着这么说'我最喜欢玩电子游戏的……'。"

他点点头，然后就试着回答说："我最喜欢玩电子游戏的……的……我喜欢变花样……我喜欢得到新花样时的那种感觉。"

现在的他似笑非笑，你能看出来，他正幻想着这个所谓的"花样"呢。然后，他的身子坐得更直了，更加热情洋溢地说："我就喜欢这种感觉。在我一生中所做的其他任何事情中，从来都没有过这种感觉呢。"

"是什么花样呀？"我问他。

他努力尝试着去做一番描述，但是最后还是感觉无比沮丧，因为他不能用语言来描述这一无限光荣的、被叫作"花样"的东西。

随后，他突然灵机一动，神采奕奕地说："我能……能给你表演一下吗？"

"当然，我非常乐意观看。"

他慢慢地站起身来，然后慢慢地走了过来——你可以看出来他平时是不怎么走路的——走向与客厅相邻的走廊，这个走廊通向一个光线昏暗的房间。我的心一下子揪了起来，我跟着他走进他的黑暗之心：一个光线昏暗、装饰色调沉重压抑的房间，这里直接通往他的数字战争游戏，那是他一生魂牵梦萦的地方。

那个房间里有一张硕大的桌子，桌子角上放着三台大屏幕电脑，电脑连接着两个游戏设备——这看起来几乎就像我曾见过的一些飞行模拟器的照片。他一开机，电脑屏幕上立刻出现了闪烁的灯光，并同时发出机关枪生龙活虎的开火声音。他还开始给我解释说，他是一个游戏家族的一分子，这个家族大约有 20 名玩家。

接着，他又开始让我看他之前得到的那些花样剪辑集锦。我才明白，所谓的"花样"就是一个复杂的狙击手法，其中的狙击手（玩家）使用一组整套的旋转动作并采用多种组合的控制器来创建一个独特的"无范围"枪杀射击手法。这种复杂的动作往往需要玩家之间好几个星期的协调发挥与不懈努力才能最终得以完成。随后，玩家们得到花样圣杯的视频数目，上传到 YouTube 上，希望他们家族的玩法可以流行起来，能够在 YouTube 的游戏频道上占有一席之地。

我看着彼得沉浸在虚拟游戏的战场上，完全变成了另外一个人，与几分钟前坐在客厅里的那个紧张兮兮、疑似精神分裂的年轻人简直判若两人。现在的他俨然是一名突击队员，一个能够完成庄严使命的高手，一个具有灵活多变、机智敏捷、协调配合特质的优秀战士。他从一个毫无激情、毫无目标、精神分裂的孩子一下子变成了游戏家族的一名斗士，和家族成员一起并肩战斗，达到"嗨，拼了命也要争夺如此高潮的'花样'"这一家族目标。他的妈妈告诉我说，第一次得到一个"花样"时，那个一向不善言语的儿子却对着她大喊大叫起来，她认为儿子一定是遭受到什么打击了。

那个电子游戏室就像是彼得的电源房。在那个房间里，他生机勃勃，但是，我们一离开那个房间，再走回客厅的时候，他就一屁股坐回那把让阿齐·邦克都羡慕的椅子上，所有的精力和热情都不翼而飞了，立刻又变回那个紧张兮兮、精神分裂的彼得，看上去就像一个死气沉沉的耄耋老人。他的转变如此深刻，使我情不自禁地想起了由奥利弗·萨克斯（Oliver Sacks）创作的精彩作品《觉醒》（*Awakenings*）。他在该书中写道，严重的精神分裂症患者只要一服用新奇的"神药"左旋多巴就会立马复活，重新振作起来，就像罗伯特·德尼罗在 1990 年拍摄的同名电影中描绘的一样，只不过他们在电影里最终回到了精神分裂的状态。

唯一不同的是，彼得刚开始并不是精神分裂的，只不过有点焦虑和沮丧。但是，他曾经也是个生活正常的孩子。他的动画"神药"左旋多巴——电子游戏不但没有使他的焦虑和沮丧奇迹般痊愈，而且似乎使他在不玩游戏时就感到精神紧张和身体不适。当然，游戏似乎让他重新复活。但是，现在他把自己原本清醒的全部生活都沉浸在数字幻想的战争区域，他与他的游戏家族成员并肩战斗，以便寻求高潮迭起的花样枪击手法。即使他不玩游戏，他也无法离开他的房子，最终的结果就是陷入精神分裂和对于陌生环境恐慌的混乱之中。

无论从任何临床定义来讲，他都是一个瘾君子，只不过是对荧屏上瘾。说得更具体一点，就是对多巴胺所激活的互动世界上瘾，而荧屏只是其上瘾的门户而已。现在，我算是彻底弄明白了，也完全理解了。于是，我就收拾好自己的笔记，谢过彼得和他的母亲，赶紧离开了他们的家，我不想在此停留太久。沉浸在一个你来我往、斗智斗勇、令人兴奋不已的战场，你也会对此上瘾的，而且会被其引人入胜的魅力完全控制。我可不想拉扯上一个库尔兹上校，也不想把自己陷得太深。

有趣的是，彼得有一个孪生兄弟，他的这个孪生兄弟没有掉进游戏成瘾的"兔子洞"，因为他在心理上的调整比彼得强得多。他们的情况是一个辨别先天上瘾还是后天养成的完美实验。

我向这对双胞胎兄弟和他们的母亲提了几条建议，先让他们制订一些心理健康计划，然后引导彼得慢慢地从电子游戏中走出来，让他离开家，再慢慢地与现实世界重新接触，回归正常的现实生活。但是，在写这本书的时候，彼得拒绝了所有能够提供帮助的建议，他仍然生活在《现代战争3》的电子游戏战场上。

像任何瘾君子的家庭一样，尽管家里有人吸毒成瘾，但是全家人还是会提供力所能及的帮助。他的母亲既害怕又无奈，只好保证每天及时供电，无论什么时候听见儿子大喊大叫着要东西吃，她都会一如既往地恪尽职守，确保把盛满食物的托盘及时递到他玩游戏的"兔子洞"里去。

成瘾之谜

像彼得这样的人是怎么被困在令人上瘾的"兔子洞"里的呢？

没错，他是有点精神问题和心理问题，但是，他为什么会对游戏世界如此痴迷，如此耗费精力而执迷不悟，像一个被关押起来的霍华德·休斯呢？

不过，在彻底弄清楚技术成瘾之前，我们必须先搞明白上瘾到底是怎么一回事。

如果我们在白天看电视，我们会认为这个世界到处都是"爱情瘾君子"、对《权力的游戏》"上瘾"的人以及酷爱瑜伽的人。

但是，我认为大多数人所理解的成瘾是以一种病态的方式来获取某种物质或是从事某种行为。也就是说，一个人尽管知道会有某些不利的后果，但是还要继续以强迫的方式从事这种上瘾的行为。大家想一想艾米·怀恩豪斯和约翰·贝鲁西就明白我的意思了。

但是，上瘾的不良后果是相当广泛的。上瘾不一定必死无疑——问一问彼得就知道了。通常情况下，在成瘾治疗领域里，如果一个人明知道会有一些不良后果，比如，失去工作、失去关系或是影响自己的身体、健康和学业等，却依然继续使用有问题的物质或是从事有问题的行为，那么我们就认为他是一个成瘾的人，是个瘾君子。

但是，除了有助于我们诊断成瘾的症状标准之外，瘾是什么？我的意思是，从本质上来说，瘾到底是什么呢？

对许多人（就连临床医生和研究人员也一样）而言，对于成瘾的理解有点像一个神奇的谜中谜。许多人都很难把它分类——是一种不良习惯、缺乏意志力，还是一种疾病？是一种精神障碍还是道德沦丧？是一种遗传情况还是一种心理因素？虽然病因学理论比比皆是，但却众说纷纭、莫衷一是。

对大多数人来说，除了临床定义以外，这有点像最高法院的波特·斯图尔特大法官在 1964 年的老生常谈。当时，他试图界定非常主观的淫秽一词的概念："我一看到它，就会知道的。"我认为，这就和上瘾的情况相同，我们大多数人一旦看到那种情况发生，都会知道那就是上瘾。

但是，也许更为重要的是，如果我们真的想要了解成瘾的情况，我们就必须进一步质问这样的问题：一个人是如何成为瘾君子的？原因到底是什么？这是个非常重要的问题。如果我们要想了解 iPad 怎么变成了电子可卡因，我们就必须先了解粉状可卡因为何让人如此痴迷上瘾。

我想我们大多数人都能理解为什么有人会不遗余力地想要变得情绪高涨，为什么有人会抽大麻烟或是一口接一口地吸食可卡因。大多数看到这种情况可能都会产生猎奇心理，所以他们自己也想去尝试一下头脑膨胀的感觉。我们的前两任总统甚至都承认，他们年轻时也曾涉足过一两种白粉。真是见鬼了！然而，他们怎么就没有变成彻头彻尾的瘾君子，而另一些涉猎的人却成了瘾君子呢？

这是因为遗传吗？还是由于遭受创伤或是童年的坎坷使然？也许，那些成瘾的人的体内的神经化学物质有所失衡？或是说，他们之所以上瘾，只是因为他们是一些冲动的、控制力较差、意志力较薄弱的人？

那些不了解上瘾问题的人经常会这样质问：一个人怎么会对某种物质（不管是酒精还是可卡因，或是海洛因，或是某种毒品）的获取如此上瘾呢？或者说，他们怎么会对某种行为（比如赌博、性、因特网的使用等）如此痴迷，有时候甚至痴迷到了彻底自我毁灭的程度？对于那些既没有酒瘾、毒瘾也没有网瘾、赌瘾的人来说，这是想不通的问题，真是说不清道不明，简直让人不可理喻。

毫无疑问，当然说不通了，因为上瘾就不是头脑清醒、讲究理智的事情。

因此，彼得的行为举止不管怎么说都是不合情理、难以解释的。我再给大家举一个例子来说明上瘾的不合理性。那是我临床遇到的一个情况：我刚开始进入心理健康领域的时候，曾在长岛东区的一家医疗康复机构任职。在此工作期间，我被派去负责一个新来的病人的饮食和用药，他是一位刚刚做完心脏移植手术的患者。

这些年来，虽然心脏移植早已是比较普通的手术，但依然是非常危险、非常复杂的，而且涉及一系列的医疗步骤，需要大量的医学随访、康复以及药物管理等后续工作。毕竟，是别人的心脏在自己的身体中跳动啊，这可不是一件小事。因此，这个新收治的病人迈克尔每天都需要服用各种药。他来的时候还带着鼓鼓囊囊的一大包药物，有免疫抑制剂，也有抗生素类药物。

迈克尔那年 42 岁。我去看他的时候，护士们正在把那些数量惊人的药瓶进行分类。我发现他是个非常讨人喜欢的人，聪明睿智，有趣可爱，喜欢大笑。实际上，如果我不知道他的心脏和上瘾的病情，我永远也想象不到他会有任何问题。

在我给他打针吃药期间，渐渐地对他的个人生活更加了解：魅力四射的迈克尔以前是一名大厨师，因为所在的酒店地处中心城市，所以工作压力巨大。迈克尔为了应对工作压力，多年来都是整夜喝酒。

有时候，不喝酒时会吸食可卡因，也会吸食其他毒品。正是这种零零星星的吸毒成瘾行为影响了他的职业生涯，而且也损害了他的心脏，结果才做了心脏移植手术。他还强调说，他的手术医生告诉过他，上下楼梯都要倍加小心，以免新移植的心脏受到强大的压力，而且还说，如果他再吸毒，他会没命的。

我第二天早上再去看迈克尔的时候，他已经起来四处走动了。我听见他在护士站里嚷嚷着要自己签名退出违反医嘱协议。这时候的迈克尔和我头一天交谈的那个镇静自若、通情达理的男人看上去简直是判若两人，他现在怒目圆睁，情绪激动，愤怒发狂，异常暴躁。

"迈克尔，你在干什么？"我问道。

他却不看我的眼睛，嘴里还低声咕哝着什么。

我又试着问了一次："你这是怎么了？昨天我们说的话你都忘了吗？为了保命，不再沾毒，保持清醒！"

他的脸红了，而且开始冒汗。他拿眼睛看着我说："我就要吸……"然后，他把那个黑色的大帆布袋往肩上一扔，慢慢地走向电梯。从此，我再也没有见过他。

他的决定看上去是那么冲动、不理性。然而，就在一天前，和我交谈的还是一个通情达理、富有思想的人呢。这到底是怎么了？

没有任何简单明确的答案。

我在解释"完美风暴"的成瘾类型时说过，我们都知道，之所以造成爆炸性上瘾现象的发生，其中的原因是错综复杂、多种多样、各不相同的，比如遗传、环境、心理学以及神经生物学方面的因素等。

但是，同样重要的是，我们也要记住，没有一个人的完美上瘾风暴是和其他人一模一样的，每个人的上瘾程度都是独一无二、各不相同的，最终归结为每个人体内唯一的混合物。

我们也知道，某一些人就是比其他人更容易发生上瘾的行为。为了便于讨论，我们会说，这些人更具成瘾性人格的倾向。此外，我们还知道，成瘾的家庭极有可能给家里人营造上瘾的条件和环境。吸毒者的孩子就有 8 倍的上瘾可能性，因此他们的孩子就更有可能发展为成瘾问题人群。[3]

然而，为什么会有这么多的可能性呢？其中的原因现在还不是太清楚。人们对此一直争论不休，与日俱增的危险到底是遗传基因所致还是上瘾行为的示范作用作祟，再不然就是不正常的家庭生活态势造成了孩子情感和心理上的脆弱，结果导致上瘾的情况发生。或者说，上述的因素兼而有之，全部包括在内。

我们也知道，心理创伤和侮辱虐待都与成瘾行为高度相关。据估计，这会使一个人成为瘾君子的可能性翻四倍。后来出现了依附理论，该理论认为上瘾者就是因为其童年时期没有得到持续不断、始终如一、正确适当的养育，长大后就容易产生依赖，结果对外部实体形成一种病态的依恋，而他所依恋的对象不管是人还是酒，也不管是可卡因还是 iPad，都是一切有助于填补那个养育空白的东西。[4]

出于所有这些原因，在成瘾心理学领域，大家公认这个问题不仅仅是对特定的物质或者行为上瘾，而且还有潜在的"完美风暴"，诸如遗传、心理、环境以及神经生物学等因素，所有这些因素都为上瘾提供了成熟时机。任何形式的上瘾概不例外。

哈佛大学的霍华德·谢弗（Howard Shaffer）博士是世界最著名的成瘾研究专家之一，也是我的朋友和同事。他提出了一种成瘾"综合征模式"。他类推了危害免疫系统的成瘾病毒，比较了上瘾的多种表达方式（即酗酒、赌博、鸦片、电子游戏），认为这是一种有上瘾倾向的人需要接触并"捕捉"的感染机会。例如，一个有上瘾倾向的人，因为他的免疫系统被削弱了，所以一旦他接触到酒精，就更有可能对酒精上瘾，结果成了一个酒鬼；同样是这个有上瘾倾向的人，如果他看见止痛片就服用，他就会止疼药成瘾。凡此种种，不一而足。[5]

我们已经说过，上瘾更多的是由于一个人的脆弱才导致了他对某种物质或行为的痴迷上瘾。我们知道，某些物质或行为对脆弱的人来说确实具有更强的吸引力。例如，冰毒就比酒精更容易让人上瘾。

这是为什么呢？

正如美国国家心理健康研究所前所长史提夫·海曼（Steve Hyman）博士质问的，"为什么大脑会更喜欢鸦片呢"[6]？

为什么我们的大脑受到某些物质或行为的吸引会超过其他的东西呢？这种刺激的技术怎么可能与高度上瘾的药物具有同样的作用呢？要想破解这个成瘾之谜，就需要探索一些有趣的概念，就是多巴胺之痒、髓鞘，还有"老鼠乐园"。

多巴胺之痒

为了能彻底了解上瘾的问题，我们有必要了解一下大脑的奖励系统以及多巴胺能（多巴胺激活）的物质或行为对于奖赏途径的影响。具有多巴胺能的物质或行为与该物质或行为的成瘾潜能有着非常高的相关性。多巴胺是感觉良好的神经递质，是成瘾过程中最关键的因素。当一个人从事满足需要或满足欲望的动作时，多巴胺就被释放到伏隔核中，这是大脑半球下面的一簇神经细胞，这些神经细胞与乐趣和奖励有关联，也被称为大脑的快乐中枢。简单地说，从事多巴胺能的行为就会增加多巴胺的水平，从而使多巴胺奖赏通路被激活。要让一个人得到感觉良好的多巴胺奖励，那就告诉那个人重复刚才所做的让他感觉良好的事情（我更喜欢称之为"多巴胺之痒"）。

"多巴胺之痒"是一种生存的机制。为了适应进化的需要，它就会不断进行奖励，从而激励着那些生命攸关、无比重要的生物功能，比如饮食和生殖。饮食与性之所以让人感觉良好，就是因为它们增加了体内的多巴胺；而且，我们在事后记住了这种美好的感觉，并要继续进行这样的活动，以便重新获取更高的多巴胺水平，让人感觉良好。"多巴胺之痒"就是这样生命不息，奖励不断，生息繁衍，良性循环。

自然的多巴胺活动（饮食与性）通常只有经过努力才能获得，而且往往效果滞后，如上所述，一般都是为生存功能而服务的。但是，让人上瘾的药物和上瘾的行为，如赌博和视频游戏，则为这个奖励过程提供了一条捷径，这种洪水般注入伏隔核内的多巴胺根本没有生物学方面的服务功能。

不幸的是，人类的进化并没有提供一个简单的方法来抵御多巴胺的冲击。因此，当人们上瘾时，他们会经历多巴胺的减少或是关闭，以减轻他们不堪重负的受体细胞。自然而然，由于产生多巴胺的能力在降低和减少，所以上瘾的人需要不断吸食成瘾的物质或从事上瘾的行为，其目的只是为了维持多巴胺水平。

然后，这就成为一个双重打击：一方面，长期接触成瘾物质或行为就会对额叶皮层（大脑的决策中心，这与脉冲控制相关联，或者称为一个人的"制动机制"）产生负面影响；另一方面，这又反过来损害了一个人拒绝上瘾物质或行为的能力，使他更难对上瘾物质或行为"直接说不"。

研究还表明，对上瘾物质有依赖倾向的人，其本身的多巴胺基线水平较低，而其他的感觉良好的神经递质也不高，如内啡肽和去甲肾上腺素的基线水平都较低，因此他们就更容易接触任何增加多巴胺的物质或行为，就是可以给他们那种"多巴胺之痒"的任何东西，只因为他们的大脑比那些有正常神经递质基线水平的人更加渴望"多巴胺之痒"[7]。我们也知道，某些物质或行为对多巴胺的刺激要比别的物质或行为更多一些。例如，脑成像研究表明，饮食，特别是吃那些令人渴望的食物，如巧克力，能使多巴胺水平提高50%；性行为则可以使多巴胺水平提高100%；吸食可卡因会使多巴胺水平增加 350%；摄取冰毒则会使多巴胺的涨幅高达 1 200% [8]。这就是我们说冰毒具有最高的多巴胺影响的原因。因此，在我们刚刚提到的上瘾物质中，冰毒的潜在危害也是最大的。

那么，虚拟的多巴胺体验到底是怎么回事呢？根据凯普在 1998年所做的一项开创性的研究，电子游戏增加多巴胺的程度几乎就像性行为一样，在 100% 左右。而且，我们千万别忘了，这里说的还是过时的 1998 款的电子游戏，而不是今天这种 72 寸液晶显示的、超级逼真的、过度刺激的、高度令人激情澎湃的视频游戏。

这样想象一下：你的小孩接触到某种少年不宜、兴奋刺激的东西，就说性行为吧，我们会感到十分震惊。然而，我们就是在让他们玩视频游戏时获得虚拟大脑的高潮。这是多么可怕啊！了解到这一点，孩子们对电子产品如此着迷，真的还有什么奇怪的吗？

正如美国海军的安德鲁·多恩博士所描述的那样，"玩视频游戏（VGP）会增加大脑的多巴胺，其增加水平估计等同于性行为；因此，VGP 对小孩的大脑是非常危险的，因为 VGP 实际上绑架了孩子们的大脑，而他们又不会说'不'"。

还有一个重要因素，我们必须牢记在心，那就是必须努力充分理解视频游戏让人成瘾的潜在原因，即大脑的奖励机制，也被称为"强化计划"。这个术语是心理学家用来描述"多巴胺之痒"的报酬模式或频率的。

如前所述，自然的多巴胺活动是需要付出时间和精力的：如果我吃一块巧克力蛋糕就能得到一个"多巴胺之痒"，那我们就可以说这样的事情可以不断积累（我得到一块蛋糕，然后就把蛋糕切开）。这是实际行为阶段（我吃蛋糕），接下来就是消化阶段（我消化吃下的那块蛋糕）。性行为可以说也是同样的道理——激励、厮混、达到高潮，年轻有活力的人也许冲洗一下，接着再干。但是，我可不会连续几个小时内反复奖励自己（以便得到"多巴胺之痒"）。

然而，毒品和虚拟的刺激却可以反反复复、不断快速重复。由于多巴胺噼里啪啦地不断喷涌，我就可以一直不停地玩视频游戏《我的世界》，或是在某类射击游戏中一直不停地射击目标。正是这样一个快速的奖励计划让大脑连续不断达到高潮，结果创造了一个如此强大的成瘾动力。

从发展的角度来看，人的大脑额叶皮质一般在 20 岁之前还没有完全发育成熟。尽管成年人的大脑额叶皮层——大脑的"刹车机制"能够控制冲动，成年人可能会有毅力来克制自己，不去全力以赴投身到威力强大、令人上瘾的技术之中，就像有毅力来控制性冲动一样，但是，一个小孩则根本没有处理这种刺激水平的神经系统装置。

因此，我们的小男孩乔尼和小女孩苏西就这样不断体验这种类似于"多巴胺之痒"的电子产品的高潮，而且感觉甚好，他们就想再次按下重复按钮，一次又一次，一次又一次，一直不停地玩下去。

视频游戏到底多么令人着迷？我们还是用事实来说话吧。根据制造商自己的说法，打《使命召唤》系列游戏（最受欢迎的第一人称射击游戏）的玩家所花费的时间总计已经长达 25 亿小时。（在第一人称射击游戏中，玩家是通过看着射手的眼睛来控制枪支的。）

把这个时间加起来，要比一个人生存的整个过程长了 285 万年！[9]
而这仅仅只是一个游戏。

　　时间追溯到 1991 年。当《星际迷航：下一代》的游戏版在 25
年前上线的时候，该游戏的节目预告片非常生动地描绘了这个让人
上瘾的大脑高潮效应。当时，"企业"号上的每位乘客都配有一个
虚拟游戏耳机，该耳机会让人产生一种非常强烈的愉悦感。全体成
员都变得沉迷于这些游戏设备，以至于一直处在一种精神恍惚的状
态。这与谷歌智能眼镜配戴者不一样。他们极度开心，恍惚间差点
被另一个物种取而代之。

　　但是，一旦成瘾，情况就会更糟，这可不仅仅只限于多巴胺的
增加。我们还需要了解髓鞘化现象，这是成瘾过程中另一个极为重
要的神经因素。了解髓鞘化现象又能反过来帮助我们更好地了解技
术成瘾的危害。

髓鞘——大脑的高速带宽

　　2001 年，加州大学洛杉矶分校的神经学家先驱乔治·巴特克
斯（George Bartzokis）博士在他对于大脑疾病的开创性"髓鞘"
模型研究中证明大脑存在着另一个非常重要的与成瘾相关的动态因
素——髓鞘化作用，也有人称之为大脑的"白质"。[10]

　　当人们谈到大脑时，大多数人都会想到"灰质"，这就是形成

大脑并给大脑提供浅灰色颜色的一种物质，是一个大约有 100 万亿神经元 * 的网络。

但是，我们的大脑除了灰质以外还有白质，又称为髓磷脂，这是一种由胆固醇组成的白色脂质，像电缆绝缘，包裹着神经元的茎状部分，又叫神经轴突，它把神经元一个个连接起来，形成一个单一的功能神经网络。

如果没有髓鞘化，我们的大脑就会像连续拨号一样，速度慢得令人沮丧。据巴特克斯博士的说法，"想一想互联网就知道。轴突髓鞘使神经元效率更高；它会增加网络带宽。神经轴突能做得越多，我们的大脑也就能做得更多。" [11]

好了，现在我们知道大脑为什么转得更快了。但是，为什么髓鞘如此重要呢？

髓鞘的形成是一个人健康发展的一部分。随着我们的成长和学习，我们的大脑需要髓鞘的不断增长和发展。

根据圣地亚哥州立大学心理学家罗伯特·F. 麦克吉文（Robert F. McGivern）博士的研究，"如果你用一个非常年轻的大脑，比如说一个三四岁孩子的大脑，大脑就会围绕着经验来构建自己。你可以培养孩子学习早期阅读，那么大脑也会在阅读的那个部分形成自己

---

* 由巴西神经学家苏珊娜·赫库伦纳·乌泽尔（Suzana Herculana Houzel）博士的最新研究说明，人们常说有 1 000 亿个神经元，这个数字是夸大估计。她在一个独特、创新的研究过程中分析了健康人死后的大脑"脑汤"，结果发现人类神经元的实际数量接近 840 亿。

所需要的髓鞘"。这样的话，通过髓鞘的形成，就会使阅读在大脑中固化。

但是，这是怎么发生的呢？

每个婴儿出生时都有数十亿个脑细胞，而每一个脑细胞或神经元都有分支的附属物，称为树突，树突往外延伸，再与其他神经元相连接。当电子信号从一个神经元传递到另一个神经元时，神经元的突触就会受到刺激。随着这些突触的刺激一遍又一遍地发生，这些神经元的连接模式就通过髓鞘化而产生固化，从而就在这些大量使用的领域形成了髓磷脂，也就是髓鞘，有人称之为大脑"白质"的东西。

神经学家把这种现象称之为"雪山上的雪橇"：当我们第一次接触某事或是第一次学习做某事的时候，就像是雪橇在初雪上第一次滑过一样。在随后的不断尝试中，你的雪橇往往会跟随前面的痕迹。当我们一遍又一遍地重复"滑雪"的时候，在我们致力于这些活动的区域，大脑的髓鞘就形成了。

最近的脑成像研究已经证实了这种髓鞘形成过程中存在的固化现象，并且让我们看到，如果孩子的大脑受到适当的刺激，或对孩子的大脑刺激不当，都会产生体质上的差异。不适当的刺激，无论是反复连接不断或连接萎缩缺乏，都会导致使用它或失去它的情况。

语言学习就是这样的情况。如果让一个婴儿面对语言的复杂性，并致力于固化该语言形成的神经通道（雪橇在雪地上留下的痕迹），那么不但能使语言学习得以永恒持久、相对轻松，而且还系统规范。

但是，在关键的语言学习早期，如果没有语言的刺激，没有"雪地痕迹"，语言开发的窗口就会关闭起来，语言连接也会出现萎缩，大脑就失去了语言的硬件形成能力以及语言的髓鞘形成过程。

同样有趣的是，现在的脑成像也告诉我们，缺乏刺激的神经通路（如野孩子）不仅会导致神经系统的差异，还会导致一些发育问题。但是，过度刺激，如发光的荧屏、闪烁着的 iPad 和游戏机的屏幕等，同样可以破坏神经通路的髓鞘。

这是因为髓鞘非常脆弱，很容易受到破坏；少突胶质细胞，即产生适当的髓鞘形成胆固醇的脑细胞，是极易受损的东西，如头部外伤、环境压力、毒素、应激激素、某些药物、过度刺激等，都会破坏这种脑细胞。那么，由于这种过度刺激而造成髓鞘破坏的结果将会发展成什么问题呢？在关键的发展窗口，无论是专注能力、聚焦能力还是同情功能和辨别现实的能力，都会受到过度刺激的不利影响。

这就是巴特克斯博士的髓鞘模型的研究在新千年之初显得如此重要的原因所在。他说明了髓鞘化在大脑健康发展中起着极为重要的作用。同样重要的是，他还能够证明受损的髓鞘模式和各种大脑疾病之间的相关性。巴特克斯博士认为，正是这些髓鞘异常才引起了我们整个生命周期的各种神经精神障碍，从幼儿自闭症和儿童多动症到青少年精神分裂症和药物成瘾，再到老年人的老年痴呆症，一切的根源都在于此。

而且，巴特克斯能够证明这一点。他第一次用实验证明药物成瘾是会损害大脑髓鞘的。2002 年，他在《生物精神病学杂志》（*Journal of Biological Psychiatry*）上发表了他的研究结果。他将 37 名男性可卡因依赖者的大脑与对照组的 52 名非药物依赖者进行了比较，所有人的年龄都在 19 ~ 47 岁之间，结果明确表明了可卡因对大脑髓鞘造成的不良影响。[12] "如果你看一下数据的话，" 巴特克斯博士说，"你就会看到，年龄 40 ~ 45 岁的可卡因瘾君子与年龄 19 岁的青少年相比较，他们大脑的白质数量相同。"

在巴特克斯博士早期的研究中，他还发现健康的大脑会继续生长并能形成髓鞘，一直到 50 岁左右。他现在的研究表明，成瘾药物的使用阻碍了髓鞘生长和大脑的发育。巴特克斯博士最后总结说："在正常对照组发生的'健康的'老年性白质体积的扩大，在可卡因依赖者的大脑里是不存在的。"这些髓鞘数量减少的结果在使用其他物质（包括酒精、鸦片和大麻）来进行的研究中也反复出现过。

现在，在巴特克斯博士的研究工作 10 年之后的今天，我们从最近的几个脑成像研究中得出的结果也向我们证明了技术的风险。技术的使用可以同样以毒品的方式来改变大脑的结构和髓鞘的形成。

是的，一点没错，就是 iPad——你孩子的学校认为是一年级学生妙不可言的学习工具，会让孩子的大脑和瘾君子的大脑一模一样。

看看最近的研究：2012 年，由中国科学院的雷昊（Hao Lei）博士带领的一个研究小组发现，被诊断患有网络成瘾的人，其脑区的髓鞘（白质）完整性出现异常，涉及执行注意力、决策能力和情感生成。他们将 17 名网络成瘾者的大脑和作为对照组的 16 名健康受试者进行了比较，并做了相关研究。

他们的研究结果发表在《公共科学图书馆》（*Public Library of Science*）期刊上。雷昊博士说："该研究结果……表明，网络成瘾可能与其他物质成瘾有着共同的心理、神经机制以及冲动控制障碍。"[13]

换句话说，屏幕成瘾就像大脑中的毒瘾一样。

在2013年《公共科学图书馆》中，有一篇大脑成像研究的文章，题目为《青少年网络成瘾导致大脑连接功能下降》。该研究是针对12名被诊断为网络成瘾的青少年和11名健康青少年对照者进行的，最后得出的结论是"网络成瘾普遍与显著的功能连接降低相关"[14]。正如我之前所提到的，功能连接涉及大脑白质（髓鞘）形成。这项研究表明，玩游戏和所有重要的髓鞘形成减少都密切相关。

2014年9月，《公共科学图书馆》还发表了由黄宗耀等人 (Wee et al) 所做的大脑成像研究文章，题目为《破坏脑功能网络的网络成瘾：静息状态的功能磁共振研究》。该研究也发现了游戏玩家类似的髓鞘形成和连接功能下降的问题。[15] 研究人员表示："网络成瘾患者的功能连接明显遭到破坏，对额叶、枕叶和顶叶之间的区域造成的破坏尤为明显。我们的研究结果表明……网络成瘾造成功能连接的中断，而且重要的是，这样的中断破裂可能与行为障碍有关。"

★ ★ ★ ★ ★ ★

2011年，美国印第安那大学医学院也做了一个了不起的研究。在这项研究中，研究人员先后对受试者进行了大脑扫描。在研究开始时先做一次大脑扫描，在受试者玩暴力视频游戏一周之后再做一次大脑扫描。通过进行脑成像研究，研究人员们发现，短短一个星期的视频游戏之后，受试者的大脑就发生了巨大变化。[16]

是的，一周之后大脑就发生了巨大变化。

在这项研究中，选出28名健康的成年男性参与，年龄在18 ~ 29岁，所有的人在过去都很少接触暴力视频游戏。他们被随机分配到2个小组，每组14个人。第一组的成员被要求在家里玩10个小时的射击游戏，连续玩一周，第二周就不再玩了。第二组的成员在这两周内不玩任何视频游戏。在研究开始之时，这28名成员均接受了功能磁共振成像（fMRI）分析，并在一周和两周以后分别进行后续检测。

最后的研究结果表明，视频游戏组成员玩了一周的暴力游戏之后表现出了明显的变化，与他们自己的基线结果和对照组的结果相比较，游戏组成员的左下额叶激活较少，他们的前扣带皮层也激活较少。"我们是第一次发现，随机分配的年轻人在家里玩暴力视频游戏一个星期之后，他们的样本表现出在某些额叶脑区的激活相对较少，"王阳博士这样声称，"受影响的大脑区域对于控制情绪和攻击行为都很重要。"王阳博士是这项研究的首席研究员。

王博士提到的额叶脑区就是受药物成瘾影响的大脑区域；而现

在，研究人员是第一次表明长时间玩暴力电子游戏与随后大脑区域之间的变化有着直接的关系，而这一变化与执行功能相关。

非常有趣的是，在视频游戏组没有玩游戏的另一个星期，成员们的大脑执行区域恢复到接近对照组成员的状态。这似乎就是大脑的可塑性，它的反弹能力和修补能力显然都在起作用。但是，如果一个人继续玩暴力电子游戏，那将会怎么样呢？"这些发现表明，暴力视频游戏对大脑功能有长期影响，"王博士说，"而这些影响可能会在较长时间的游戏中转化为行为的改变。"[17]

所有与屏幕接触相关的最新研究以及出现神经生物学的这些变化激发了脑科学领域学者们的研究兴趣。伦敦国王学院的甘特·舒曼（Gunter Schumann）教授——一位生物精神病学教授，对英国广播公司说："这是第一次……研究表明，经常使用网络或玩视频游戏的人，大脑区域之间的神经连接发生了变化，他们的大脑功能也发生了改变。"神经学家和牛津大学教授苏珊·格林菲尔德（Susan Greenfield）男爵夫人认为，视频游戏成瘾甚至会导致孩子出现一种她所描述的"痴呆症"。[18]

在看脑成像研究的时候，有人不可避免地会问是先有鸡还是先有蛋的问题：到底是屏幕接触导致了大脑的改变，还是因为已经存在的和潜在的脑部异常才引发了游戏上瘾和长时间观看荧屏？由于大多数的脑成像研究（王博士的研究例外）都是着眼于游戏玩家的大脑，而不是在出现游戏问题之前对大脑进行基线研读，所以这个问题有待以后研究。

当然，我们知道在物质成瘾中可能存在恶性循环：有时候，人们有潜在的大脑异常或是化合物不平衡，就更容易进行自我治疗，继而就变得对某些物质上瘾，然后，成瘾进一步损害或破坏了脑神经解剖学和脑神经化学，而这样又会进一步使上瘾情况更加严重。

作家兼青少年精神病学家维多利亚·邓克利（Victoria Dunckley）博士对先有鸡还是先有蛋的问题是这样描述的："从总体上来说，在游戏和网络成瘾的研究中，鸡和蛋的问题都有其合理性，但是，研究说明，造成这一恶性循环的结果存在着双向的影响。换句话说，脆弱的大脑当然更容易对荧屏上瘾，而成瘾随后又导致精神神经方面的异常，这又加重了上瘾的情况。"

我们还记得吧，中国的王博士的确做了事前和事后的脑成像研究，而且该研究也的确显示出过度接触屏幕与大脑额叶区域异常之间的因果关系。因此，患有脑部疾病的人有可能受到游戏的吸引。既然这种情况属实的话，那么过度玩游戏使大脑结构发生改变看起来也是真的——甚至所谓的正常大脑也是如此。

既然我们通过多巴胺和髓鞘，探讨了神经生物学方面成瘾的情况。现在，就让我们看一看环境在成瘾的"完美风暴"中所起的作用。

老鼠乐园：上瘾与笼子

自然天性与后天培养的对决。大多数人从上学时就听说过这个说法，人性存在着两个相互竞争的理论：一个是生物决定论，另一个是后天生存的环境，该环境塑造了我们的学习行为或其他行为。近来，人们达成的共识是，不管男女，为了更方便、更全面地理解人性，我们必须拒绝"不是……就是……"的主张，用更加广泛、综合的"并且"模式取而代之，原因在于：正是自然天性和后天培养合而为之，才创造出一个"完美风暴"，来决定我们是什么样的人以及我们的表现如何。

20世纪70年代末，加拿大的布鲁斯·亚历山大教授进行了一项异常简单、但却富有启发意义的实验。我们生长的环境对塑造我们的个性和我们的行为到底有多么重要，在该实验中都得到了证明。亚历山大教授对20世纪60年代早期所做的老鼠成瘾研究持有怀疑态度。在这些早期的实验中，那些可怜的、毛茸茸的啮齿类小动物就放在斯金纳盒子①里面。这些盒子非常狭小，如同狭窄的囚禁笼子，盒子里面的小老鼠经常是饥肠辘辘，只要一遍又一遍不停地推动盒子边上的一个小杠杆，他们就可以得到盒子里的食物小颗粒。

在20世纪60年代的成瘾实验中，研究者将一只小白鼠拴在盒子的顶盖上，用外科植入针将一根管子插入其颈静脉。是的，这听起来就非常令人讨厌。当老鼠推动杠杆时，吗啡释放的美妙气味（在其他的实验中使用的是可卡因水）会立刻涌入小白鼠的血液中。

---

① 以行为大师 B.F. 斯金纳而命名。——译者注

毫不奇怪，这些被困住的可怜的小老鼠一旦触碰到带有吗啡的杠杆，就像在大西洋城玩老虎机上瘾的退休者一样无可救药地上瘾了。当时，药品导致成瘾的研究成了向毒品宣战的媒体运动的一部分，媒体大肆宣传毒品的罪恶；而对于大多数人来说，证据就是：毒品 = 绝望的毒瘾。

但是，亚历山大博士对这些结论深感困扰。如果成瘾的动力在于毒品，为什么不是所有摄入毒品的人都会上瘾呢？

他知道，在自然的状态下，老鼠是一种高度的群居生物，不是天生就被隔离在斯金纳盒子里的。是否有这样的可能性：以前的实验只是为了表明一只孤独的、被困的老鼠可能比一只"自由"的老鼠更有可能选择以麻醉的方式来逃避那种无法忍受的生存状态？

正如亚历山大博士所理解的那样，老鼠和人类一样，都具有强大的社会性，孤独、禁闭常常也会让人发疯、发狂。众所周知，如果隔离中的囚犯有机会服用令人头脑麻木的药物，他们总是会不失时机地服用。因此，亚历山大博士猜想，有没有可能是起隔离作用的斯金纳盒子而不是杠杆上的吗啡来促使那些被禁闭的老鼠对药品上瘾的呢？

考虑到这一点，亚历山大博士和他的同事们着手设计一项研究：用两组不同的老鼠，一组老鼠被放到斯金纳盒子中隔离起来，另一组老鼠则被放回到后来被称为"老鼠乐园"的地方自由嬉戏。"老鼠乐园"是一个很大的开放区域，里面摆满了老鼠喜爱的各种东西，如用于攀爬嬉闹的平台、藏身的锡罐以及练习翻转的轮子，一应俱全，应有尽有。哦，对了，是雌雄共处。显然，老鼠和人类一样，也喜欢性。

实验结果令人震惊：笼子里的老鼠都变成了瘾君子。但是，在"老鼠乐园"中行动自由的老鼠却不怎么上瘾。事实上，尽管这里给老鼠提供了药水，但是它们几乎都没有触碰过那些药水。因此，亚历山大得出结论，上瘾并不是药物的磁性、成瘾性的触碰刺激，而更多的则是与老鼠生活的情况相关；没有健康的社会化的生活和联系，老鼠似乎就更容易上瘾。[19]

但是，人又会怎么样呢？

正如亚历山大博士推测的那样，"人是不需要被放进笼子里就会上瘾的。但是，上瘾的人会不会实际上感觉'被囚禁'了呢"？

数年之后，他想看一看当时研究的结果是否可以用在人身上。出于伦理方面的考虑，他不能把人囚禁起来，然后为他们提供药物，而且大多数大学都对这样的实验表示异议。但是，他能够研究历史记录这一"自然的"实验：对原住民的殖民统治以及在保留地对他们进行镇压。

亚历山大博士意识到，美国和加拿大的原住民都被有效地置于他们自己的"斯金纳盒子"里，这就剥夺了他们传统的文化纽带和正常的社会化联系。他还发现，在殖民统治时期之前没有成瘾的记录档案。"由于当时成瘾记录少得可怜，所以无论是在书面还是口头历史上，都很难证明成瘾情况曾经存在过。但是，自从有生机的原住民被殖民以后，酒精中毒非常普遍，几乎是家常便饭。实际上，在殖民地的每一个青少年和成年人，不是酒鬼就是瘾君子，要么就是'在路上'——将要成为酒鬼或瘾君子，因为殖民地有的是酒和各种毒品。"

西方的研究人员过去曾将原住民酒精中毒发病率较高的原因归咎于"遗传基因的漏洞"。英国移民就会带有种族歧视意味地说什么"印第安人无法处理他们的烈酒"并坚持在保留地严格禁酒。然而，很显然，在保留地，酒精是唾手可得的，但本土文化也被保留下来，原住民能够轻而易举地把酒精融入他们的传统文化之中。在这种情况下，原住民有酒精消费和嗜酒成瘾的例子，但是没有广泛的酒精中毒现象。

今天，大多数成瘾专家已经拒绝了基因漏洞的解释。的确，"老鼠乐园"和对原住民的殖民统治都向我们证明，若这个社会的人被放在身体、心理或文化隔离的"笼子"里，他们将会更容易成瘾，包括行为成瘾，比如过度使用互联网。

根据亚历山大博士的研究，"从'老鼠乐园'成瘾实验的观点看，如今发生网瘾泛滥就是因为我们这个过度推崇个人主义、竞争过于激烈、疯狂无限、危机四伏的社会。这样的社会使大多数人都在社会与文化层面上感到孤立无助，所以他们吸毒成瘾或是在上千种习惯和追求中找到任何一种以求暂时的解脱，因为上瘾能让他们逃避自己的感情，麻木自己的感官，把体验上瘾的生活方式作为一个完美人生的替代品。"

根据这一观点，现今流行的发光屏幕，与其说是屏幕上瘾，倒不如说是我们的孩子在与他们居住的"这个过度推崇个人主义、竞争过于激烈、疯狂无限、危机四伏的社会"进行的一种隔离。

在我采访山姆·布朗少尉的时候，他曾谈到使用虚拟现实游戏治疗自己烧伤的经历。当山姆·布朗少尉描述他有那么多士兵朋友沉迷于电子游戏时，他也对另一件重要的事情做了深刻的观察："瞧，人们都在寻找生活的目标，而有些游戏就会给你提供生活所需，无论你是否有个与别人一样的使命光环或是其他任何东西，如果你没有一个目标，这些游戏可以填补这一空白。"他接着补充说，"在我受伤的最初几年里，没有对电子游戏着迷的唯一原因，可能就是我不能很好地利用我的双手去处理控制板。"

现在，有多少孩子感觉到生活漂泊不定、漫无目标呢？除了亚历山大博士提到的"竞争过于激烈"和"过度推崇个人主义"之外，孩子们还有其他的小压力，有与社会的脱节等问题，以及身边充斥着富有魅力的、令人上瘾的、可以逃避现实的发光屏幕。所以嘛，是的，这一点都没错！

就是技术上瘾。

根据最新研究，技术成瘾的青少年远远多于成年人。《滥用毒品和酒精的美国期刊》（*The American Journal of Drug and Alcohol Abuse*）发现，8.2% 的美国人患有网络成瘾的疾病；根据《网络成瘾：评估与治疗手册与指南》（*Internet Addiction:A Handbook and Guide to Evaluation and Treatment*）统计，超过 18% 的大学生互联网用户受到这种疾病的影响。

★ ★ ★ ★ ★ ★

对于一些临床医生来说，我们对虚拟技术上瘾的想法并不是一个新概念。早在 1999 年，彼得·格林菲尔德博士就出版了一本写得不错的小书《虚拟成瘾》（*Virtual Addiction*），这比近来的脑成像研究要早很多年，而且其强度和普遍性也比这一代 IT 技术大大提前。格林菲尔德博士不是利用脑成像研究，而是使用古老的临床标准来做评估的。他认为，许多人正遇到越来越多的技术发展的关系问题，甚至是对技术上瘾。

这是一个不应该被低估的重要观点。虽然脑成像技术可能会非常具有启发性，但是，精神病学家、心理学家以及心理治疗专家们诊断精神疾病的方式都是通过临床症状来诊断，而不是用脑成像来诊断的。需要指出的是，我已经确诊或治疗过数百名酒徒和瘾君子 [他们都是药物或酒精依赖者——根据旧版的《精神障碍诊断和统计手册（第 4 版）》的叫法]，我从来没有通过核磁共振成像 MRI 来做诊断。

我认为，公平一点来说，如果一个人正在使用一种物质或从事一种行为，并以一种强迫性的方式来做，以至产生了负面影响，甚至危及生命，那么，我们可以肯定地说，上瘾近在咫尺，那是迟早都要出现的问题。

在下一章中，为了得到第一手资料来深入了解令人上瘾的屏幕及其催眠的超级力量，我们将会拜见一位成瘾研究专家、神经学家，他也是一位从前玩视频游戏上瘾而现在正在康复之中的游戏玩家。

四　多恩博士访谈 *：神经学家与康复的电游玩家

我在写这本书的时候是第一次受邀去采访安德鲁·多恩博士，而且一见面我就被他深深地吸引了。我觉得他一定具有独到的见解，可以帮助我们更好地了解技术上瘾问题。多恩不仅是约翰·霍普金斯医学教育博士，而且有神经科学博士学位，还广泛地学习和研究过技术成瘾问题；此外，他还是一位正在康复之中的视频游戏迷患者。据我所知，既是神经学家又是康复之中的视频游戏玩家，他是唯一的一位。

但是，更令人印象深刻的是他的诚意。如前所述，他是美国海军的指挥官，也是美国海军和国防部成瘾问题研究的负责人。

让我感到无比惊讶的是，眼前这位富有同情心、身体健康、令人尊重的神经科医生以前是一个非常不健康的、体重超重的、充满愤怒之情的视频游戏迷患者。有趣的是，除了意识到玩电子游戏成

---

* 这些意见和观点的表达都是多恩博士自己的见解，并不一定反映美国海军和国防部的官方立场或政策。

瘾正在毁掉自己的生活之外，他还意识到了技术成瘾更加阴暗的其他方面。他开始慢慢意识到，许多参与暴力事件的退役军人（不是杀人就是自杀）都与玩暴力视频游戏脱不了干系，因为他们都是暴力视频游戏的玩家，而且他们都是通宵达旦地玩游戏。

我认为，他所讲述的玩视频游戏上瘾的经历能够帮助我们更好地了解一个聪明睿智的学医的大学生是怎么受到屏幕上瘾的诱惑的。下面的采访就是选编自我和多恩博士在一起的谈话记录，还有他在2014年9月17日接受维·威廉姆斯采访时所说的部分内容。两次采访都非常具有独到的个人见解，同样也非常具有启发性。

问：请告诉我一点你游戏成瘾的相关情况。还有你最终的底线是什么？

我在医学院上学时，大约16年前吧，真的是对视频游戏极度痴迷。大概持续有10多年的时间，包括整个在医学院求学期间，我每周都要玩50~100个小时的视频游戏。……当时，我是用那些游戏当作减轻焦虑的一种电子药物，以此来应对压力，让我感受一下令肾上腺素高涨的、人与人之间的在线竞争。

我每天玩游戏，把这当成了一种爱好。我第一次觉得有问题是……我睡眠不够。我的时间安排是这样的：我去上学，但是总是无所事事，只是看看那些失败者——他们不得不自己掏钱来上医学院，而我却有霍普金斯全额奖学金。因此我就有点狂妄自大，也有点傲慢。

　　我就这样早上去学校，大约下午5点回家，给孩子们（我们当时有两个小孩）做好晚饭，然后可能会哄妻子开开心，一点点而已，只和她待一会儿时间。她是一位护士，工作时间长而且工作节奏很快，所以得早点睡觉，晚上8点半她就上床休息了。于是，我就和她"甜蜜"一下下，然后溜出卧室。晚饭前，我已经玩了好几个小时了，接着又从8点半一直玩到早上4点半。清晨听见鸟儿唱歌，对我来说早已习以为常了……只睡几个小时，然后接着玩，就这样周而复始。我就是这样每天8个小时玩游戏，8个小时去学校。基本上可以说我有2份8小时的全职工作。

　　因此，我就是一个功能性上瘾的患者。但问题是，由于总是睡眠时间不足，我常常发怒，脾气暴躁。实际上，就是因为我动辄就对妻子发火并辱骂她，我的妻子才会离我而去。她是带着我们的孩子离开的，并且向法院提交了限制令。我认为问题就是我发怒暴躁，这都是因为我的臭脾气。所以，我答应她我会努力克制自己的脾气，知错就改。你明白的，我想求她回来。我们一起去了教堂，我答应她要改头换面，重新做人，并寻求婚姻方面的咨询。我把自己该做的、能做的、会做的所有事情都做了。

　　但是，当然没有提及电子游戏成瘾的问题。因为当时没有这方面的诊断，是吧？那时，我自己就是一名医学院的学生，尚且从来没有听说过有玩游戏上瘾这回事。所以，那时没有上瘾一说——就是一种爱好而已。我曾试图少玩一些游戏，缓解一下自己，但是，随后游戏瘾又会日积月累，不断增加。比如，后来我每天只打4个小时的游戏，但是，一旦游戏瘾上来了，4个小时就变成了6个小时，然后又变成了8个小时，然后是10个小时、12个小时。结果，还没有等你意识过来，我就像过去一样，彻头彻尾地陷了进去，一直玩个不停。

最终的结果是让人大失所望。就在2003年，我玩游戏上瘾的情况越来越严重了。我玩游戏已经有11个年头。由于在玩即时战略游戏时我要一直用手点击鼠标，我患上了腕管综合征。因为我玩的是《星际争霸》，所以即时战略是我的首选。我非常喜欢玩《星际争霸》《魔兽争霸》《魔兽争霸2》《魔兽争霸3》等电子游戏，而且一周都要点击鼠标玩80个小时。

我的手指因为点击鼠标而发疼，而且疼痛一直蔓延到我的整个小臂。我的皮质醇水平通过下丘脑垂体肾上腺轴（HPA轴）一路飙升。我越来越胖，因为我体内到处都是皮质醇，而且我又不锻炼身体，所以体内囤积了更多的脂肪。由于我的下丘脑垂体肾上腺轴（HPA轴）失调，就导致我更容易感染——我的脸上长满了青春痘，肥胖纹也开始出现了。最后，连我的腋窝也被感染了！

就这样，我除了腕管综合征以外，还有腋窝感染，并一直顺着我的手臂蔓延。最重要的是，由于玩游戏造成肾上腺素的急速流动，导致我血压上升——我的血压很高，胆固醇也很高。又因为我的血压很高，而且我一直坐着，结果，我的痔疮长得像核桃一样大。我的意思是说，我还年轻啊！我对此非常生气：为什么我会有像孕妇的妊娠纹一样的肥胖纹，还有痔疮呢？我们说的就是血淋淋的、令人痛苦不堪的痔疮。

就这样，我得了三合一的综合征。你知道的，我既有腕管综合征，又有腋窝感染，还有痔疮。我在退伍军人中心接受了外科手术。我完蛋了，老兄，我正在亲手扼杀我的事业！如果没有这些大剂量的止痛药，我就几乎不能再做手术，可能将来无法再做一名医生了。

所以，到了最后，我想，老兄，也许我不能再玩电子游戏了。但是，我仍然将之称为"业余爱好"——这个导致我患上痔疮、腕管综合征和腋窝感染的东西！就这样，终于在2004年，我才彻彻底底不再玩电子游戏了。

但是，没有想到我的游戏瘾在2007年又复发了。我的一个病人在我的书桌上丢了一个《魔兽世界》（WoW）的光盘。当时，我知道我更容易对即时战略游戏上瘾，但也是一个角色扮演游戏（RPG）的狂热分子。所以我想，也许我现在可以玩一玩，而且我现在完全可以控制自己，因为我现在是一个正儿八经的医务工作者——一名医生，我赚了很多钱，我的生活也没有太大的压力，所以，我不必为了钱而斤斤计较以逃避生活和工作。

哈，我真是大错特错！我就玩了一年的《魔兽世界》，结果我的老毛病又犯了。我的儿子当时正是十来岁爱玩的年纪，有一天我在家里看着他玩，因为我骂他跟不上我的节奏，所以他就号啕大哭起来。怎么能对他大喊大叫？这是我的儿子，他想做的事就是跟我在一起而已。但是，就因为我的狂怒暴躁——每当玩游戏时就暴露出来的上瘾特性，所有的坏习惯全又回来了。

所以，我开始注意到，我的婚姻又回到了以前的样子，我和我孩子的关系受到了伤害，我一直不断发怒，动辄就踢狗来撒气，睡眠也不足……因为玩游戏成瘾，我的脾气很不好，并且常常发牢骚、好抱怨。你知道，什么东西都是需要代价的。大多数沉迷于游戏的玩家都是拿睡眠来做交易的。睡眠首当其冲，这是玩家用来交易的第一件事。他们一贯熬夜，直到凌晨两三点钟。我也是这样的。

后来，我开始在开车的时候打瞌睡。有时候，我会开车上班。有一次，我朝着一个方向开了 60 分钟的车呢；还有一次，我开车时打瞌睡，5 分钟后醒来一看，竟然不知道自己在什么地方。我这样会没命的，你知道吗？

直到这时候，我才意识到我这是玩游戏上瘾了。这时，我才开始用"上瘾"（addiction）这个词。后来，我看见我的儿子在十二三岁时就玩游戏玩上瘾了。他会半夜三更偷偷溜出去玩《使命的召唤》。接下来，你知道那种滋味吗？就是你发现你熟悉的那个人与你有着同样的德性，这时候你会做何感想？那会让你恼羞成怒、极其痛苦，是吧？我就是这种感觉。看见我自己的儿子步我的后尘，着实让我恼羞成怒、极其痛苦。我真的对我自己的儿子做着与我以前同样的事情感到非常恼火！

我们最后让他远离游戏时，他简直就要爆炸了！儿子彻底变了，不再是那个没有安全感的孩子了——过去我不常对他发火的，我只要对他一发脾气，他就会跑到学校的厕所里去哭。现在，我们把他的游戏设备拿走以后，他又开始喜欢田径运动了。他现在已经被十五中学一分校录取了，他的自信心也提高了。他的一切都会好起来的。所以，我见证了玩游戏对他造成了多大的伤害。

所以我坚信，如果人们对游戏这件事上瘾的话，它就会毁掉你的生活。它几乎毁掉了我的生活，也几乎毁了我儿子的生活，差一点摧毁了他的信心并让他失去所有的机会。

＊＊＊＊＊＊

如上所说，多恩博士灵机一动，就想到了"数字药品"（digital pharmakeia）这个词，用它来形容因电子屏幕而产生的毒害及其对大脑产生的不良影响。他坚持认为，这种药物是促使体内多巴胺升降的兴奋剂，而且会刺激我们的下丘脑垂体肾上腺轴的高速运行。他还认为，有些电子屏幕药品的威力比其他药品的威力更强大。在这一系列的电子屏幕中，电视还算是比较微弱的刺激药品，接下来也许就是俄罗斯方块游戏，最后就是那些高度刺激的电子游戏，比如《魔兽世界》《使命的召唤》等。

多恩博士根据自己的亲身经历及其在军队的工作经验，认识到玩电子游戏成瘾而导致的睡眠缺乏将对人产生多么重要的影响。"如果酗酒，人们通常会在酒精的作用下昏倒入睡。但与此相反，电子游戏则需要玩家保持高度清醒，以便能够持续不断地玩下去。由于睡眠不足，就会出现下丘脑垂体肾上腺轴严重失调。"

而下丘脑垂体肾上腺轴失调则与抑郁、焦虑、精神崩溃以及心理障碍等各种精神疾病密切相关。多恩博士描述了经他治疗的一位海军陆战队士兵，这个人由于玩电子游戏而严重缺乏睡眠，最后变得嗜杀成性，甚至想砍掉别人的脑袋。根据多恩博士的描述，对于该士兵病情的治疗方案就是删除视频游戏，同时停止使用帮助睡眠的药物。因为他过度玩游戏，受到游戏过度的刺激，导致帮助睡眠的药物起不了作用。"就是睡眠和休息，才使他杀人的意念逐渐消散的。"[1]

如果游戏没有删除，电源没有拔掉，睡眠也没有补足的话，那个士兵会不会实施暴力呢？对此我们无法确定——人的行为难以预料啊。但是，多恩博士认为，许多自杀和他杀的创伤后应激障碍（通常被认为是一种与"炮弹休克"有关的精神方面的紊乱）患者都受到了暴力视频游戏和缺乏睡眠的影响。"许多士兵都是年轻人，进入军队时就已经是游戏玩家了。当他们驻守在基地时，按照规定是不能喝酒或吸毒的，部队会对他们进行测试，所以他们就会偷偷地玩视频游戏，而且一玩就是数个小时，以此作为一种逃避手段。只要给你一些战斗创伤，再加上睡眠不足，那么你的灭顶之灾也就到了。"

2013 年，臭名昭著的枪手亚历克西在华盛顿海军基地一连开枪打死了 12 个人[2]。这一枪击事件第一次让多恩博士更加注意到军人暴力与视频游戏之间的关系。亚历克西好像就有某些精神病症状（一听到声音，他就认为自己受到了电磁波的影响）。但是，他的确也是缺乏睡眠的游戏玩家。他会一天玩 16 个小时的超级暴力游戏《使命的召唤》，中间一直不吃不喝不间断。就在枪击事件发生的几周前，他还去过退伍军人医疗中心 VA 的急救室，为了取药来治疗他的失眠症。是不是睡眠不足和游戏成瘾导致他的精神病症状，才把他推向犯罪的呢？对此，我们永远无法得知答案。但是，我们知道多恩博士的一个有暴力杀人倾向的海军士兵病人在停止游戏、得到充足睡眠以后就变得正常了。

从神经学方面来讲，多恩博士用手掌和五个手指类比的方法来论证玩游戏对大脑产生的影响。"观察一下你的左手，拇指代表与视频游戏和使用技术的所有好处相关的皮质区域：快速的分析能力，改善手眼的协调能力，也许还能提高反应能力；食指则代表与沟通能力相关的皮质区；中指代表与家人和朋友的社会关系相关的行为；无名指代表识别自我和他人情绪的能力（移情作用）；最后，小指则代表与自我控制相关的皮层区域。"

从本质上来说，如果游戏过度，大脑只有一部分得到开发或是过度开发，比如拇指所代表的与快速反应和模式识别相关的区域。但是，这会在玩家的成长过程中造成一个潜在的失衡状态："随着大脑的成熟，最终的产物可能是一个年轻的成年人，他们在思维上笨手笨脚的：虽然拥有快速的分析能力和快速的反应能力，但在沟通方面的技能却不发达，与他人也没有什么联系，不仅不能产生情感共鸣，而且自我控制能力也很差。"

最后，多恩博士还提出了一个大部分人在玩游戏时不去考虑的问题：这可能是对国家安全的一个威胁，因为恐怖分子也开始转向社交媒体、互联网论坛和在线游戏，以此来吸引和招募新兵。根据多恩博士的说法，恐怖分子搞定游戏玩家易如反掌："网络成瘾的人都是孤立的、孤独的，他们都是些容易摘到的'果子'，只要用最少的精力，就能轻而易举地实现新兵招募的目标。"

★ ★ ★ ★ ★ ★

多恩博士描述了他如何一步步深陷游戏成瘾以及他的身心健康和家庭生活为此所遭受的痛苦结果。他的令人信服的个人经历听上去就和其他吸毒成瘾者的故事一样。即使经过了一段时间的节制，由于他认为自己能够控制自己，他的游戏瘾还是复发了，这和毒品成瘾的人的想法完全一样。

尽管有多恩博士这样的真实故事和越来越多的研究机构都表示像毒品一样的数字媒体会对大脑产生不良影响，但是现在还是有屏幕成瘾的"否认者"存在，其中既有普通老百姓也有心理健康专家，他们还没有完全了解这个问题的深度和严重性。是的，电子游戏对某些人来说绝对只是一种爱好，但是对另一些人来说却显然是一种嗜好、一种成瘾的精神疾病。

我们还应该记住，屏幕成瘾以及其他的临床障碍问题已经不仅仅限于是视频游戏带来的影响。在我们这个超级连接的世界，我们还有其他一些与屏幕成瘾相关的问题，比如社交媒体和接发短信等。

但是，你可能会问，这怎么可能呢？作为群居动物，一点点技术辅助连接怎么会有可能出现那么多问题呢？

五 巨大鸿沟：接发短信与社交媒体

"趁你们两个都睡着的时候，我要杀了你们！"那个怒目圆睁的 13 岁女孩这样大声咆哮着。在这之前，她先是对其父亲拳打脚踢，然后又用嘴咬她父亲的手臂。在不到一个星期的时间里，这已是海蒂第二次暴怒了，只是因为她的父母拿走了她的 Chromebook（一款由谷歌公司开发的笔记本电脑），不让她访问社交媒体而已。这也将是她第二次被带到精神病急诊室去看医生。

她的父母约翰和梅兰妮是第一次给我打电话，让我帮一帮他们的女儿海蒂。他们描述说，海蒂曾是一位甜美可人、幸福快乐、充满爱心的女孩，她的老师也曾说她是班上最讨人喜欢的学生。她本来有可能成为优等生。她喜欢踢足球，也喜欢徒步旅行，还喜欢和爸爸（就是她刚才咬的那个人）一起骑山地自行车去郊游。

约翰和梅兰妮这对夫妇住在新泽西州的郊区，都有大学学历，还有自己的高科技企业。作为父母，他们为女儿提供了衣食无忧的生活，然而他们平静的生活却被女儿的社交媒体成瘾打破了。"这一切都是从她上七年级的时候开始的，就因为当时她放学回家时带回了一个学校发的 Chromebook。"表面上看起来，学校是为了让学生们好好学习才发 Chromebook 给学生的，因为使用"谷歌课堂"要用到 Chromebook。但不幸的是，Chromebook 中安装了谷歌聊天室和各种各样的谷歌聊天社区。

自从这个披着"教育"外衣的特洛伊木马进入他们家以后，约翰和梅兰妮就发现海蒂越来越专注于 Chromebook 上的社交媒体聊天室，而且每天晚上都会花好几个小时一直待在各种不同的聊天室。由于聊天室是 Chromebook 平台的一部分，所以约翰和梅兰妮无法将其卸载。后来，海蒂开始沉溺于 YouTube 上的一些劣质的淫秽视频，并开始打《矩形方阵》（*Squarelaxy*）电子游戏。这个游戏也是一个让人上瘾的电子游戏，类似《我的世界》，是在线和其他玩家一起来玩。

最后，海蒂的父母发现，她竟然在网上与全国各地的陌生男孩聊天。当父母问她时，她承认她曾与德克萨斯州的一个男孩交谈过，那个男孩曾对她吹嘘说他在头天晚上已经用晾衣架杀了自己的母亲。紧接着，她还问父母说，她是否可以去德克萨斯州找那个男孩。约翰和梅兰妮越来越担心他们年仅 12 岁的可爱女儿正深受 Chromebook 的负面影响，所以他们就去请求学校的帮助。于是，学校建议他们使用一个叫作 OpenDNS 的过滤器，来阻止他们的女儿登陆那些有问题的网站。但是，精通技术的海蒂父母却发现，OpenDNS 过滤器简直是"毫无用处"，而且海蒂的问题还在不断升级。

自从海蒂有了 Chromebook，就开始整天忙着在社交媒体上聊天，并且对此上了瘾。一年之后，海蒂彻底变了。她以前是一个非常可爱、天真烂漫的小女孩，一有时间就喜欢与自己的父母待在一起，可现在却变成了一个讲究性感、满嘴脏话、暴力恐怖的小坏蛋，并把自己的父母扣押为人质。更可悲的是，她现在已经是因精神疾病而两次住院的小女孩。目前，我正在与约翰和梅兰妮一起努力，想方设法来寻找针对海蒂的治疗方案，而这对父母现在也顾不上自己的担心恐惧了。

　　有些人可能会这样质问："令人惊奇的"社交媒体连接怎么会让这个小女孩出现如此严重的问题呢？

★ ★ ★ ★ ★ ★

　　著名的畅销书作家乔安·哈里（Johann Hari）正站在那个著名的"红点"位置上，这个"红点"对于"TED 演讲会"（TED Talks）的广大观众来说是众所周知的。此时此刻，哈里正看着窗外伦敦大不列颠皇家学院那个拥挤的大礼堂。

　　他正就成瘾问题发表他那极具说服力的、大受欢迎的 TED 演讲（有近 400 万人的观众）。他探讨了一个新的成瘾范式，强调人际关系的重要性，并大量引用了布鲁斯·亚历山大教授的研究发现及其老鼠乐园的研究工作。乔安·哈里在总结自己的讲话时说，他开始渐渐理解到"与网瘾相对的不是清醒节制，恰恰是相互联系"[1]。话音刚落，人群中就爆发出雷鸣般的掌声，观众都为他起立鼓掌。

　　没错，就是社会联系。这不仅是我们人的最重要的组成部分，而且也是我们的幸福健康的关键因素。然而，就在几分钟前，在哈里的谈话中，他望着人群说："这可能听起来很奇怪……我一直在谈论如何断开联系，因为联系是成瘾的主要驱动力，而且，我说'成瘾'会越长越大。这听起来仿佛也很奇怪，因为我们人类社会一直就是最有联系的社会，这一点当然没错。"

他说得对。我们人类确实是有史以来最有联系的社会：每一秒钟，我们会发送 7 500 多条短信，发送 200 多万封电子邮件，在照片墙上发布 1 394 张照片，在 YouTube 上观看 119 000 多个视频。[2] 我们一直不停地接发短信、接发短信、接发短信，好像我们的生活离了短信就过不下去似的。美国人每秒钟要发送 69 000 条短信，每天要发送超过 60 亿条短信，而在全球范围内，这个数字是每天发送短信 230 亿条，每年发送的短信就是 8.3 兆亿条。[3]

而且，我们都猜测，越是年轻人，发的短信就越多。根据皮尤研究中心 2011 年的一项调查显示，年龄在 18 ~ 24 岁的手机拥有者，平均每月正常交换信息 109.5 条，每月超过 3 200 条短信，而在成年人群中的手机用户通常平均每天发送或接收 41.5 条消息，中年的手机用户平均每天发送或接收的信息只有 10 条。[4]

至于社交媒体，根据 2015 年《数字、社交和移动通讯》（*Digital Social and Mobile*）的报告，超过 20 亿人拥有活跃的社交媒体账户。谁会想到那个笨拙的年轻人马克·扎克伯格竟在 2004 年在哈佛的宿舍里改变了这个世界？除了社交媒体之外，这个星球上现在还有 30 多亿的人都是活跃的互联网用户。

　　这真是一个无比庞大的连接网络。能有一种硬件来使人和社会连接起来，这应该是件好事；我们应该带着微笑四处走一走、看一看。

　　可是，为什么我们现在都笑不出来，反而是如此沮丧、如此孤独？情况本来不应该是这样的。我们的联系越紧密，我们就应该越快乐、越充实才对。事实上，我们却不是这样的。哈里在他的 TED 演讲中指出，"我们现在是有史以来最孤独的人类社会"。

　　最近的研究也证实了这一理论：随着社交媒体和技术的发展，我们的联系越来越频繁，可我们却变得越来越孤独沮丧。

　　2014 年，吉恩·M. 特文格（Jean M.Twenge）博士有一项研究发表在《社会指标研究》（*Social Indicators Research*）杂志上。特文格是圣地亚哥州立大学的心理学教授，是《唯我世代》（*Generation Me*，2006 年）的作者以及《自恋流行病》（*The Narcissism Epidemic*，2010 年）的合著者。他分析了来自全国各地的近 700 万名青少年和成年人的数据，结果发现，与 20 世纪 80 年代相比较而言，现在有更多的人觉得自己有抑郁症的症状。[5]

　　根据这项研究，与 20 世纪 80 年代的同龄人相比，现在的青少年罹患睡眠问题的可能性要比那时候高出 74%，而青少年去看精神健康问题专家的可能性则要高出 2 倍。

　　另一项研究表明，今天患抑郁症的可能性是 1945 年的 10 倍，而成年女性和女孩患抑郁症的可能性则是男性的 2 倍。[6] 更令人沮丧的是，世界卫生组织（WHO）预测，到 2020 年，在全球范围内，抑郁症将成为仅次于因心脏疾病而致残的第二个原因，[7] 因为在过去的 50 年里，光自杀率就增加了 60%。[8]

这一次，我们似乎觉得也没有道理：如果我们都是群居动物，天生需要相互联系，那么我们为什么会联系越多越孤独沮丧呢？有人应该对此解释一下吧。

让我们先来看看我们对相互联系的需求。我们都知道，如果我们得不到身体与心理上的接触，我们就会生病。事实上，我们可能会发疯的。

这就是发生在莎拉·索德身上的事情。[9] 2009 年的 7 月，这个 32 岁的美国人与其他两个人在伊拉克库尔德山区徒步旅行。她和她的朋友在不经意间误入了伊朗边境，结果被伊朗部队逮捕了。她们被指控从事间谍活动，然后被囚禁在德黑兰的叶温监狱中。在她被释放之前，她有一年多的时间很少与人接触或者根本就没有与人接触。

据莎拉说，被单独监禁两个月之后，她就开始失去理智了。她开始幻听到幽灵的脚步声，看到虚幻的灯光在闪烁，而她每天的大部分时间都是趴在地上听着从门缝里传进来的声音。"在我视野的外围，我开始看到闪烁的灯光，只要是把头扭过来，却发现那里什么也没有。"她于 2011 年在《纽约时报》上发表文章写道："有一次，我听到有人在大声尖叫，我觉得有一名友善的警卫把手放在我的脸上，试图想唤醒我，直到这时候我才意识到，那些尖叫声原来是我自己发出的。"

独处对我们来说很不适宜。生物学家一致认为，人类之所以进化为群居动物，就是因为与他人共同相处对我们自己的进化颇有益处：一群人在一起要比独自一个人的游牧生活具有更多的生存机会。这就导致了一个硬性固定的社会联系或部落联系，这反过来也有助于确定群组成员的社交与情感生活。

作为社会的生物，我们主要是通过与他人的接触和社会文化背景才找到生存的目的和意义，并加强我们的情感状态的。如果没有本群组的成员作为一面镜子来帮助我们审视我们的感情以及自我概念，那么我们过不了多久就会像照哈哈镜一样丑态百出，彻底乱了套，因为扭曲的认知和非理性的思维会使我们看起来都像得了精神病似的。

几个用人类做的实验也证实了隔离会导致这种精神错乱的效果。其中最为臭名昭著的实验就发生在 20 世纪 50 年代，在蒙特利尔的麦克吉尔大学医学中心，该实验不仅把人隔离开来，还剥夺了实验者的感官。[10]

最初的研究动机只是希望更好地了解俄罗斯和韩国的军方所谓的"洗脑"。心理学家唐纳德·赫布（Donald Hebb）博士和他的研究人员征募了一些志愿者。志愿者大多数都是大学生，每天可以得到 20 美元，要做的就是把自己关在隔音的封闭小隔间里好几个礼拜，不能与其他人接触。

研究人员的目的就是想消除社会接触和知觉刺激，以便了解受试者在离开社会、完全孤立时会如何表现。为了让志愿者能尽量少感觉到、看到、听到或触摸到东西，研究人员让他们佩戴半透明的护目镜、棉手套、硬纸板袖口等，硬纸板甚至超过了他们的指尖。志愿者们还不得不躺在 U 形泡沫枕头上以便隔音。此外，小隔间里还安装了空调，空调发出连续不断的嗡嗡声，来掩盖任何其他声音。

仅仅几小时之后，赫布博士的志愿者们就开始渴望刺激了。许多人开始说话、唱歌或朗诵诗歌，来打破这种单调枯燥的隔离生活。后来，许多人都变得高度情绪化，而且十分焦虑，以致无法进行简单的数学和单词联想的测试。

但是，出现焦虑、不安和认知错乱的效果还不是最糟糕的情况。研究人员发现，在刺激降低到最低限度的隔离之下，人类发生的最令人震惊的事情是精神病。受试者们开始产生幻觉，仿佛看到了各种各样的光点、线条或形状。最后，这种幻觉变得更加离奇古怪：受试者竟然报告说他们要么看到松鼠肩上扛着麻袋一起前进，要么看到松鼠戴着眼镜、排着整齐的队伍沿街游行。测试的对象似乎无法控制他们到底看到了什么：一个男生说他只是看到了一些狗，而另一个人则说那些都是小孩儿。

除了产生了幻觉以外，一些受试者还出现了幻听。例如，他们说听见了音乐盒的声音或唱诗班唱诗。还有触觉的幻觉：有个人感觉到他的手臂被手枪射出的子弹击中了，还有一个人伸手去摸门把时感觉自己触电了。

由于结果如此令人不安，研究人员不得不缩短实验的时间。由于受试者变得十分茫然、十分苦恼，该实验难以继续进行下去。

赫布教授本来希望对受试者观察 6 周的时间，但是最终只有几个人能在隔离室里持续停留超过两天，没有一个人能够持续停留一个星期。后来，赫布教授在《美国心理学家杂志》（*American Psychologist*）上发表文章写道，实验的结果"让我们感到非常不安……在你自己的实验室里发现，只是把平常的景象、声音和身体接触从一个健康的大学生身上仅仅移开那么几天的时间，就可以把他彻底击垮"。

2008 年，临床心理学家伊恩·罗宾斯（Ian Robbins）与英国广播公司合作，重新进行了赫布教授的实验。该节目叫作"完全隔离"实验真人秀。[11] 在节目中，6 个志愿者被放在隔音室（以前是核燃料库）里，在里面待了 48 个小时。实验的结果也是非常相似的。志愿者们同样变得万分焦虑、情绪极端、偏执狂躁，心理功能严重恶化。而且，像赫布教授的实验志愿者一样，他们也都有点发疯，并且出现了幻觉。

其中一个志愿者是著名的喜剧演员亚当·布鲁姆，他在里面待了 18 个小时之后就开始多疑起来，担心自己会被困在那个掩体里出不来。24 小时之后，他又开始不停地走来走去。据罗宾斯博士报道说："被禁闭时，这种行为不仅仅经常出现在动物身上，在人的身上也是一样常见的。这是为你的生活提供体能的一种方式。"

不到 40 个小时，布鲁姆就开始头脑不清了。他还栩栩如生地描述自己看见了 5 000 个牡蛎空壳："我可以清清楚楚地看到牡蛎壳上的珍珠熠熠发光。"随后他又解释说，"然后我觉得，房子好像从我的身子下面被掏空了似的。"

另外两名志愿者也描述了他们的幻觉。一个名叫米奇的邮递员说看到成群结队的蚊子和战斗机在他头上嗡嗡直叫，吓了一大跳；另一个学生克莱尔还是学习心理学的呢，她过去对小轿车、蛇和斑马都不怎么介意的，但是现在却突然觉得要是房间里还有其他的人就非常害怕。

我们也知道，人类的"表亲"——那些灵长类动物，就像我们人类一样，它们在隔离的情况下也是表现不佳的。最生动的例子之一就是 20 世纪 60 年代的猕猴实验。威斯康星大学麦迪逊分校的心理学家哈里·哈洛用恒河猴做了一个实验。在该项实验中，他把新生的恒河猴与其他猴子的社会联系隔绝几个月，在某些情况下甚至会隔绝好几年。30 天之后，这些猴子变得"非常不安"。经过一年的隔离之后，猴子的社交能力就被"彻底破坏或毁灭了"，它们没有任何形式的互动。[12]

因此，我们已经看到，孤独可以把一个人逼疯（猴子也是一样）。但是，这还不仅仅只是孤独的问题。在儿童的关键发育时期，如果没有得到正确的人际交往和培养，还会导致儿童深层次的情感问题和心理问题。

精神病学家约翰·鲍比（John Bowlby）所做的影响深远的工作使我们了解了这一点。20 世纪 30 年代，他在伦敦的儿童指导诊所治疗了许多情绪不安的孩子。鲍比在诊所里观察到，一旦孩子们与妈妈分离，他们就会异常痛苦；甚至当孩子们受其他人照顾时，他们的焦虑之情依然没有丝毫减少。[13]

从以上所有这些研究中，我们可以清楚地看到，我们需要社会联系，正如我们需要氧气一样，这些都是人类生活的必需品。但有趣的是，我们人类似乎也有一些其他的基本心理需求，比如奖励，也渴望新奇的事物。

我们就从"渴望新奇的事物"开始说吧，也就是喜新厌旧。进化生物学家已经认识到，我们对新事物的探索具有一定的生命延续意义。正如威妮弗蕾德·加拉赫（Winifred Gallagher）在她的书《新鲜感：我们理解新奇与变化的需要》（*New:Understanding Our Need for Novelty and Change*，2011 年）中指出的那样，从生物学上讲，我们人类的大脑天生就渴望新奇的事物，而这又反过来帮助我们在灾难性的环境变化中幸存下来："我们对于新事物和不同情况的反应天赋使我们与其他的生物区别开来，这在 80 000 年前就拯救我们免于灭绝，而且促使我们从长期的狩猎—采集生活的积累中进步发展，人类通过农业时代、工业时代，已经进入到信息时代。"[14]

加拉赫指出，从婴儿可以爬行开始，其实就是在寻求新的变化。这一特点激发了我们创造生命、维持生命和提高生命质量的创新能力，比如从最初的弓箭到后来的冰箱，再到现在的电脑。不幸的是，正如加拉赫指出的那样，这种天生的、对新奇事物的渴望却在信息时代变得让人不知所措。现在，每一个超级链接、微博、短信、电子邮件和照片墙抓拍的实时照片都可以让我们有机会体会到新鲜感；而且，酒鬼在烟酒类商店里随处可见，巧克力爱好者在威利·旺卡面包店里比比皆是。所以，人们要想得到大量的体验新奇的机会或是追求过度刺激的感觉，已经是步履维艰，不那么容易了。

那么，人类对奖励的需求又是怎么回事呢？

我们知道，人类喜欢多巴胺激活的奖励——那是相当喜欢。第三章已经指出，我们通过"多巴胺之痒"激励了进化的过程。人们为了追求一定的生命延续而喜欢上吃饭与性活动，这就是因为多巴胺能让我们感觉良好的缘故。但是，我们也发现，数字刺激同样让我们感觉非常良好，我们的多巴胺奖励途径也就随之产生。

那么，现代的数字技术满足了人们对人际关系、奖励和渴望新奇事物的需求之后又会置我们于何地呢？

答案其实很简单：那就是上瘾。或者，至少说我们容易受到屏幕成瘾的潜在影响。据怀布罗博士说，"我们的大脑喜欢寻找即时的奖励。有了技术就可以满足对新奇的渴望。所以，你就从本质上对新奇上了瘾"。随着短信和社交媒体更新所引发的"多巴胺之痒"，它们取代了以前获得快乐的方式。[15]

这就是问题的根源所在。现在，许多成年人和孩子已经患上短信强迫症，就是接发短信上瘾，习惯于使用社交媒体。殊不知，正是因为大人和孩子都痴迷于接发短信和社交媒体，这虽然打通了我们"多巴胺之痒"的奖赏通道，但却无情地浇灭了我们对于新奇感的无限渴望。

而且，像所有的瘾君子一样，一旦上了瘾，就很难摆脱。

短信效应

在马里兰大学 2010 年的一项研究中，要求 200 名学生持续 24 个小时放弃所有的媒体，包括接发短信。结果，其中有许多学生想中途退出并表现出渴望接发短信和深感焦虑的迹象。"接发短信以及与我的朋友保持即时通讯联系，给我一个恒定的舒适感觉。"一个学生如是说，"当我没有这两种'奢侈品'的时候，我就感到非常孤独，犹如生活与世隔绝了一样。"另一个学生则说得更直接："我清楚自己就是上瘾，而且这种依赖令人作呕。"[16]

根据 2015 年皮尤研究中心做的一个千年交流习惯调查研究，表明"过去 10 年来，短信的数量已经急剧增加"，很多喜欢接发短信的青少年出现了成瘾的症状和行为。该研究结果就发表在美国心理学会的《大众媒体心理学》（*Psychology of Popular Media*）杂志上。事实上，研究人员指出，这些十几岁的青少年与患有强迫症的赌徒有很多共同之处，其中包括因为上瘾而失去了睡眠，由此引发了诸多问题，而且他们会为了掩盖他们的所作所为而不断撒谎。[17]

更加令人震惊的是，对 400 多名 8 ~ 11 年级的学生进行调查研究，结果发现他们中间只有 35% 的孩子有过面对面的交流经历，相比之下，多达 63% 的青少年是通过短信进行交流的，他们每天平均收发短信有 167 条之多。

这项研究还阐明了强迫性接发短信与只是发送大量文本的区别。由于接发短信的频率本身并不等同于强迫症，就像药物数量并不总是与上瘾画等号一样。问题的关键是，这种物质或行为对于一个人及其生活产生的影响。

凯利·李斯特－兰德曼（Kelly Lister-Landman）博士是该研究的第一作者，他解释说："接发短信的强迫症表现为：想方设法减少短信的收发却一直失败，不让他收发短信就会激起他的自我防御，无法收发短信的话就会感到非常沮丧。"基于这些标准，虽然男孩与女孩接发短信的频率相同，但是，该研究表明，因接发短信而产生相关问题的女生明显多于男生：按照"短信强迫症标准"，有12%的女孩遇到了这个问题，而有同样问题的男孩只有3%——其比例是4：1。

这就表明，虽然男孩和女孩收发短信的频率相同，但是，女孩却对短信行为有更多的情感或心理方面的依恋，因此也就更难控制短信的收发行为。就拿饮酒来说吧，如果两个人的酒量一样，但是，其中一人如果毫无节制地喝酒或是对饮酒的事情说谎，那么这个人就会被认为有更加严重的饮酒问题。很显然，收发短信的女孩也是一样，她们与收发短信之间的关系更加复杂一些。

强迫性接发短信甚至导致了一种被称为"短信脖"（text neck）的疾病，甚至还有一个医疗研究所专门来研究治疗"短信脖"。按摩师迪安·菲什曼（Dean Fishman）博士发明了"短信脖"这个词，他在佛罗里达州的普兰泰申城创建了短信脖研究所。在那里，他看到许许多多的年轻患者都在不停地抱怨因为使用手机而感觉到自己的颈部、背部、手臂和肩膀疼痛难忍。[18]

菲什曼博士说："有病痛的孩子们无论何时进入我的办公室，总是在看手机。"不仅如此，他还意识到他们都摆出一个打电话的姿势："确切地说，他们都摆出了'头部前倾'的姿势，但是他们的父母好像对'头部前倾'这个术语不以为然。在我称之为'短信脖'之后，我们得到了大家的响应，于是决定干脆对这一名称进行一个商标注册，旨在帮助人们改变其手持移动设备的方式。"

短信强迫症也会导致其他问题。就在 2015 年的皮尤研究中，我们发现强迫性接发短信与不良学术行为之间存在某种联系，而在更早一些的研究中发现，在所谓的"超级短信"现象（每天收发 120条短信）与行为问题、心理问题之间也有联系。根据凯斯西储大学医学院 2010 年所做的一项研究，有 20% 的青少年存在"超级短信"现象。[19] 而这些青少年则被证明，其发生行为问题和心理健康问题的风险更高：他们酗酒的可能性是普通人的 2 倍，41% 的人更可能使用非法药物，他们发生性行为的可能性增加了近 3.5 倍。而且，令人担忧的是，他们每个人可能有 4 个或更多性伴侣。

这些统计数据表明，更多的短信会导致更多的行为问题。那么，我们对此应该怎么看呢？针对这一统计数据，我会给出几种不同的看法。首先，如果一个人有点"强迫性"或是对短消息上瘾，这就表明那个人有冲动控制失控的问题。那些更难控制自己冲动的人在其他方面自然也会更加冲动，比如尝试吸毒、酗酒成瘾、性生活无度，等等。这就像遇到一个体重超重的人，我们就可以推断他除了有甲状腺问题以外，还可能有其他的自我控制问题，或者有什么强迫性行为的倾向。事实上，我们从谢弗博士的成瘾综合征模型中得知，上瘾的个性会以多种方式表现出来。因此，通过上述分析我们知道，短信强迫症不是"导致"其他问题的行为，它仅仅是冲动型人格类型的反映罢了。

然而，我们也可以通过另一个观点来看待这个问题。根据社会学习理论，我们的行为都是模仿我们的同龄人。如果和我同龄的人不是在接发短信就是在使用社交媒体，那我会怎么做呢？显而易见，我接触某些问题行为的可能性就会增加。

例如，如果我和 10 个孩子一起出去玩，其中有一个孩子抽烟，而且还有多个性伴侣，他对我的影响是微乎其微的。但是，通过社交媒体，我与几百个孩子一起出去玩，如果其中的 40 人或 50 人都有多个性伴侣，那会怎么样呢？或者说，他们都在服用维柯丁或是阿普唑仑镇静剂，那会怎么样呢？这个人数更多、范围更大、更有潜在麻烦的团体对我的影响就一定会大得多。

社交媒体与实际联系的幻觉

但是，比起对新的数字连接方式上瘾，更令人不安的也许是电子连接似乎并不能满足我们对于真正的人与人之间接触的根深蒂固的需求。事实上，似乎已经产生了一种社会联系的错觉，通过一种介质可以让我们的多巴胺受体持续保持高度警觉，因为我们就像巴甫洛夫的狗一样，期待接下来那 "呼"的一声会给我们提供新奇之感与无限乐趣，那极有可能会是一条短信、一条即时通讯消息、一条推特、脸谱网的更新或照片墙上的照片。

也许，这就像乔安·哈里在他的 TED 演讲中所说的那样： "我越来越认为我们之间的联系——我们认为我们拥有的联系——是对人际关系的拙劣模仿。"他接着解释说： "如果你在生活中遇到了危机，你就会注意到，你在推特上的追随者们不会过来和你并肩作战，脸谱网上的朋友们也不会来帮你转危为安。真正能够助你脱困的是那些与你有过深入接触和面对面交流的真实的朋友。"

哈里的见解得到了牛津大学的人类学家和进化心理学家罗宾·邓巴（Robin Dunbar）博士的支持。[20] 大约在 20 年前，邓巴博士提出了一个直到现在还非常著名的理论，即一个人可以有约 150 个熟人，但只和约 5 个人保持亲密关系，因为我们的大脑根本无法一下子管理更多的人了。150 也被称之为 "邓巴数字"，是 "任何人可以保持的稳定关系的极限"的一种测量标准。

邓巴博士是在研究灵长类动物的打扮习惯和社交群体时推断了这一理论。20 世纪 80 年代，邓巴开始研究灵长类动物之时，马基雅弗利的智力假说（现在被称为 "社会脑假说"）非常盛行。根据这一理论，一个较大的灵长类动物，由于生活在一个复杂的社会群体之中，它就会开发一个较大的大脑——有一个特别大的新大脑皮质。社会群体越大，其大脑皮质就越大，特别是大脑额叶。从理论上讲，如果大脑皮质的大小是一个社会群体大小的因变量，那么，根据新的大脑皮质的大小，我们就应该能够预测到特定灵长类动物或特定人群的规模大小。

邓巴博士运用数学计算出新的大脑皮质体积与大脑总体积的比例，推算出群体规模的大小，并且得出了那个神奇的数字"150"。他的研究表明，只要是超出 150 这一数字，那么数量就会太多，我们的社会脑就无法处理和运行。

实际上，邓巴数字代表了几个不同的数字范围，而数字 150 代表了一般的熟人与朋友的最高节点。从这个最高节点算起，根据一个精确的公式（邓巴称为"三规则"的比例法），这个数字会发生变化：往下就是大约 50 个朋友，你们经常见面，但不是最亲密的朋友；再往下就是 15 个可以去求助的朋友，是你可以信任的人；最后是 5 个最亲密的朋友，是最信任的人，是在最严峻的情况（例如在凌晨 3 点遇到危险）下可以随叫随到的人。

令人惊讶的是，邓巴博士发现，这些数字在整个人类历史上一直没变过：一个典型的狩猎—采集类型的社会团体的大小就是约 150 人，和古往今来任何一个小村庄的平均规模差不多。

有趣的是，现在的社交媒体并没有真正对此产生影响。在印第安纳大学，布鲁诺·阿尔维斯（Bruno Gonçalves）和他的同事们做了一个调查研究，想看一看推特用户是否可以保持这样的关系数量。结果他们发现，人们能够管理的个体数量依然在 100 ~ 200 人，这就是人们可以与之保持稳定联系的人数规模。[21]

然而，重要的是那个 5 人的小圈子，那些人才是与我们保持面对面联系的亲密朋友。邓巴把这个小圈子归为他所谓的"共同体验"效应的本质：陪你一起欢笑、一起哭泣的人，和你一起参加社交活动、一起吃饭的人，与你一同体验生活的人，在你们之间有一个不断深化的社会纽带，这是社交媒体无法复制的。

在社交媒体上，你可以和"脸谱网朋友"们"分享"某些东西、一起"喜欢"某些东西，也可以观看同一个黑猩猩跳舞的歇斯底里的 YouTube 短片，但是，这和你们在一起做同样的事情是有本质的区别的——这就是邓巴所说的分享经验的"同步现象"。让我们看看社交媒体之外的情况：从加强我们的社交纽带的角度来说，我让你去看一下我上周刚看过的一部有趣的电影和我们一起观看了这部电影是完全不一样的。

从友谊的生理方面来说，脸谱网上的朋友也可能是永远无法取代的。在过去几年，邓巴和他的同事们一直在关注身体接触的重要性。"我们低估了触摸在社交领域里是多么的重要。"他曾这样说道。他已经发现，在灵长类动物精心打扮的过程中，其内啡肽系统就会被激活。现在，我们知道人的情况实际上也是相同的。在一系列的研究中，邓巴和他的同事们发现，轻轻触摸就会引起内啡肽反应，这对于创建人际纽带是非常重要的。根据邓巴的说法，我们的皮肤有一组神经元，即使轻微的抚摸都会有所反应，但不是任何类型的接触都会有反应，这在所有哺乳动物中都很常见。

邓巴博士说："我们认为，皮肤神经元的存在就是为了在精心打扮之时触发内啡肽反应。" 就像多巴胺刺激饮食和生殖一样，由于身体接触而释放的内啡肽，似乎就是以物质刺激的方式来鼓励人情味和保持相互联系的。但脸谱网上的朋友却不能复制这样的纽带联系，他们不可能拍拍我们的后背，也不能揉揉我们的膝盖，更不能给我们一个大大的拥抱。

邓巴还担心，我们的数字新世界将对儿童的发育产生负面的影响。从过去对社交互动的研究中，我们知道，早期的童年经历对发展大脑中那些和社交、感情共鸣以及其他人际交往技巧有关的区域至关重要。如果我们过早地剥夺了孩子间的互动和接触，而让他们主要通过屏幕来进行社交，那么，孩子们在社交、情感共鸣以及其他人际交往方面都得不到充分的发育发展。

这些靠数字技术培育起来的"屏癮儿童"长大以后会怎么样呢？"这是一件无法估计的事情。迄今为止，我们还没有见过这样的一整代人，因为这些使用脸谱网来进行人际交往而成长起来的'屏癮儿童'还没有成人呢。"邓巴博士接着说，"但可以肯定的是，我们的社交活动将来可能越来越少，这会是一场灾难。我们需要更多的社交，因为我们所处的世界现在已经变得如此庞大。"

是的，颇具讽刺意味的是，处在社交媒体时代的我们将会在社交方面遇到更多成长障碍。正如哈里所指出的那样，我们已经创建了一个仿真的联系。脸谱网上的 500 位朋友使我们误以为自己拥有了社交联系，其实我们却牺牲了现实中真正的友情。

那么，这对一个人而言，尤其是对一个孩子而言，如果在现实生活中没有社交，感到有些孤独和悲伤，那将会发生什么呢？在这一情况下，这种仿真联系的假象实际上造成的危害要比其好处多得多。这个以社交媒体为真正的、有意义的社会联系的伟大神话已经被一些相关研究揭穿打破，这些研究表明社交媒体与情绪障碍和心理健康问题的爆发都密切相关。

脸谱网虽然拥有 12.3 亿的活跃用户，但并没有使这些用户产生幸福感，却导致了"脸谱网抑郁症"这一现象，即脸谱网上的"朋友"越多，抑郁症的可能性就会越大。另外还有一个双重的打击：如前所述，如果一个人花在社交媒体上的时间越多、收发的短信越多，那么，他不但可能会得抑郁症，而且还有技术成瘾的可能性。这只会加强隔离的状态，使人进一步远离健康的社会活动和真实的、有意义的面对面社交。

前面提到的凯斯西储大学医学院，他们不仅对大学生过度接发短信的情况进行了研究，而且也调查研究了网络互动过度的现象（指每天在社交网站上互动超过 3 个小时）。有 11.5% 的学生符合"网络互动过度"的标准，其罹患抑郁症、药物滥用的概率更高，睡眠不好，有压力，学习成绩差，还有自杀倾向等。所有这些现象都与网络互动过度脱不了干系。这些都不是什么好结果。而且，网络互动过度的孩子的父母都比较放任孩子——这也许不怎么令人震惊。

这样就使情况更加糟糕：在这些网络互动过度的青少年中，有 69% 的孩子可能已经发生过性行为，有 60% 的孩子可能会有 4 个以上的性伴侣，有 84% 的孩子可能使用过非法药物，有 94% 的孩子可能参加过打架斗殴。

据首席研究员斯科特·弗兰克（Scott Frank）博士说："这项惊人的研究结果表明，当收发短信不受限制、保持联系的其他方法广泛流行时，这对青少年的健康会产生非常危险的影响。"他接着还说："这对家长来说应该是敲了一次警钟，他们不仅自己不能在开车时发短信，以保证孩子的安全，而且也要阻止孩子们过度使用手机和一般社交网站。"

考虑到这一警告，让我们先来看看"脸谱网抑郁症"的动态吧。2015 年，休斯顿大学发表在《社会与临床心理学杂志》（*Journal of Social and Clinical Psychology*）上的研究证实，脸谱网的使用会导致抑郁的症状。[22] 这是一种情绪日益低落的生理机制吗？就是一种被称为"社会比较"的心理现象。

笔者则称之为"同学聚会效应"——这是一种非常自然的现象。想想看，我们都会不由自主地拿自己与同龄人或以前的同学进行比较；如果他们都活得十分精彩，生活得非常充实，而我们却墨守成规、一成不变，我们就会感觉很糟糕。

脸谱网上尽是些"快看我啊"的呼喊。那些精彩的假期瞬间，以及温馨可爱的婴儿照片，足以使一个本来就情绪低落的人更嫉恨、沮丧。

根据这项研究的作者梅丽·斯蒂尔斯（Mai-Ly Steers）的观点："这并不是说脸谱网直接导致了抑郁，但是，本来就抑郁的情绪，加上在脸谱网上消磨大量时间，不断拿自己与他人进行比较，所有这些加在一起，结果就导致了抑郁。"

2014 年有一项 "脸谱网的情感后果：为什么明知脸谱网会导致情绪越来越低落，人们却仍在使用它？"的研究，其成果就发表在 2014 年的《人类行为中的计算机》（*Computers in Human Behavior*）期刊上。奥地利因斯布鲁克大学的研究人员托拜厄斯·格瑞特米娅（Tobias Greitemeyer）和克里斯蒂娜·萨希格罗（Christina Sagliogou）对三组参与的学生进行了三项不同的研究。[23]

他们的第一项研究表明，人们在脸谱网上待的时间越长，他们的情绪就会越消极。第二项研究提供了"导致这种效应的证据，即与两个不同的对照组相比，上脸谱网会导致情绪恶化"。实验组的学生被要求上脸谱网，而对照组的学生则只是浏览互联网，不能浏览任何其他的社交媒体网站。

为什么研究人员会认为脸谱网让人们感觉更糟呢？他们指出，原因就是前面提到的"社会比较"的影响："看起来，与浏览互联网相比，大家认为脸谱网没有什么实际意义，用处也不大，而且更浪费时间，结果还导致了情绪低落。"当事后问到参与者们的感觉如何以及觉得自己上网"有何意义"时，研究人员们却发现，其"意义"直接与心情有关。

萨希格罗说："实际上，其意义就是对心情的影响。如果你认为你做的事情不是非常有意义，那么你就不会有什么好心情，这一点其实并不奇怪。"

但是，如果脸谱网让人们觉得自己像坨垃圾，那么他们为什么还继续使用呢？

这是个 64 000 美元的问题，也是第三项研究试图回答的问题。虽然参与者之前上脸谱网的感觉并不好，但是他们仍然希望上过脸谱网之后能心情好些——即便事实恰好相反。研究人员称其为"情感预测错误"。这类似于想着"吃巧克力蛋糕会让我感觉很棒！"，然而吃过蛋糕之后却如此令人沮丧，自己的希望被现实击了个粉碎。

在让人上瘾的领域，我们对这一现象非常了解。我这样来解释吧：有些东西刚开始会让我们在短时期内感觉良好，如巧克力蛋糕、脸谱网、海洛因等。它们会诱惑我们，因为它们都能更多地激起我们体内的多巴胺。曾经让人感觉良好，所以我们就会更注重因多巴胺激增而感觉良好的短期记忆（这被称为"愉快回忆"），而下意识地忘记不那么愉快却更近期的使我们感觉良好的现实活动。从神经学的角度来看，我们知道多巴胺的诱惑有时会破坏我们额叶皮层的合理性，我们对这一点本应该心里有数。

事实上，最近的研究表明，脸谱网可能导致社交网络成瘾。最近有一项研究，其参与者与所有物质成瘾的诊断标准都吻合。2014年，纽约州立大学在奥尔巴尼进行了一项研究，有 253 名大学本科生参与完成了问题饮酒评估标准的修改工作。结果，在这 253 名受试者当中，发现有 10% 的人存在"在线社交网络使用失调"——这是他们自己想出来的说法，就是说他们都有与使用脸谱网有关的类似上瘾的问题。这一问题包括表现出离群索居、强烈的愿望、耐受性增加的各种迹象——所有这些都是物质成瘾的表现。[24]

以下还有更多与脸谱网相关的研究：

　　都柏林大学的夏洛特·罗瑟琳·布利兹（Charlotte Rosalind Blease）有一篇题为《朋友"太多"，喜欢的"太少"？进化心理学与"脸谱网抑郁症"》的文章，发表在 2015 年的《普通心理学评论》（*Review of General Psychology*）杂志上，她在该文中提供了脸谱网抑郁症的研究综述。[25]

　　布利兹认为，脸谱网用户可能对抑郁症的"因果触发器"更为"敏感"，其表现就是用户的线上"朋友"数量越大，用户从这个广泛的朋友圈中阅读更新的时间就越多，用户越是经常这样做，其更新的内容就更容易自吹自擂。

　　除了前面提到的"社会比较"效应之外，布利兹还指出了一些极端负面的影响。比如，脸谱网的用户一旦离开网络，可能会导致他们自卑、萎靡不振。追溯到 2004 年，心理学家约翰·苏勒提出了"网络抑制解除效应"的说法，即人们在网络上互动时更容易鲁莽冒昧、嘲弄别人、自私刻薄、争强好斗，与平时为人截然相反，如果是匿名发帖的话，这一效应将会更大。[26]

　　我们知道，人们相见时都会表现得更为礼貌一些；人与人之间的距离越大，人就越表现得残酷无情、恶言相向。同时，眼神交流可以加深人与人之间的情感联系，而且也很难一边看着某人的眼睛一边说些伤情感的话。这就是为什么有些人会选择通过短信来结束两人之间的关系：这样做会更容易些，因为可以避免面对面的冲突。就像背着人，或匿名，或在博客中留言，就比当着一个人的面说他的不是更容易些。

坏女孩、社交媒体与自杀事件

正如前面已经指出的那样，孩子们对数字产品的爱好似乎存在着男女之别：在这个充满极富诱惑力的荧屏的崭新的电子世界，如果说视频游戏是男孩子们的数字可卡因，那么社交媒体和接发短信就是女孩子的电子可卡因。在沉溺于接发短信和网络聊天的人中，女孩子占了大多数。

不幸的是，社交媒体着实激发了年轻女孩原有的活力。同时，不安全感也被放大了；由于社交媒体降低了社交的质量，增加了孤独感，所以，像坏女孩一样网络霸凌攻击行为在虚拟世界里不断出现。所谓的"脸谱网抑郁症"和频繁出现的女青少年自杀都与社交媒体网络霸凌有关，所有这些都是这一社交媒体现象的副产品。

在过去的几年中，我已经做了大概 24 个自杀风险评估；一个始终不变的结果是，那些抑郁和自杀的年轻人都是一直沉浸在社交媒体上的社交媒体爱好者。事实上，我遇到的很多有自杀倾向的年轻人，他们都告诉我说，之所以有自杀的想法，就是因为感到用手机发送色情短信不对或被自己最关键的朋友出卖，而这些麻烦都源自社交媒体——不是网络霸凌。

"我不想再活下去了。"

"为什么呢？"我问那个头发染成蓝色的小女孩，她就坐在我桌子的对面。

"有个男孩，我喜欢他，我和他约会过……他在照片墙上发了一张我的照片，是我以前送给他的，是一张裸照……现在，网上都是我的照片，每个人都在取笑我，我再也受不了了。"

这些就是俗称的"荡妇页面"，是网络给青少年所戴的"红字"。一个年轻女孩被迫发送了裸体照片，结果这些照片出现在可公开浏览的网站上，该女孩受到了学校的所有男孩和女孩的羞辱。社交媒体似乎使妇女运动倒退了好几代。

最后，在我确定这个蓝头发女孩不是我们所谓的"执意自杀"患者之后，我又和她的父母取得了联系，她最终退学了，前往一所私立学校就读。

有些病例的情况可能更为紧急，需要到精神科住院治疗。最近，我就遇到了这样一个病人。

艾米丽最近转学了，正在努力适应她的新学校。她曾是一位漂亮、爱社交的女孩。表面看起来，她似乎调整得相当不错。然而不幸的是，为了与同学们打成一片，她开始与那些坏女孩交往，还开始沉溺于社交媒体。她被迫在照片墙上把自己的裸照发给她那英俊而虚伪的新男友。可悲的是，虽然他们的恋爱关系没维持多久，但是那些裸照却一直存在着。没过多久，每个人都得到了艾米丽的裸照。

但是，与那个蓝头发女孩不同，让艾米丽徘徊在生命边缘的并不是她的私密照片被大量传播，而是她母亲让她停止使用所有社交媒体。艾米丽坐在我的办公室的时候，她的母亲给她发短信说，她正在赶来我这里接孩子回去，而且还说艾米丽将永远无法使用手机和电脑。

艾米丽坐在我的办公室里，她开始发抖、哭泣、呼吸不畅；我一边试着让她平静下来、保持呼吸，一边努力安慰她说一切都会好起来的。但是，她的呼吸情况愈发糟糕，整个人恐慌得全身颤抖。

在喘气的间隙，她还哭着说："现在我就剩一人了……独自一人，孤苦伶仃！"说着说着，她开始前后晃动，身体也还在颤抖。她不断地重复着"完完全全……独自一人，完完全全……独自一人"。她这个样子看上去令人心碎。你可以明显地感受到，对她来说，失去手机就代表着生存的痛苦以及被完全孤立的恐惧。等她母亲到来的时候，艾米丽已经明确表示，她打算一回家就上吊自尽。正因为如此，她被送进了精神病医院，在那里关押了好几个星期，并被使用精神病重症患者的药物进行治疗。

令人可悲的是，她在精神病医院青少年病区的时间并不愉快。在那段可怕的经历中，她就像一个在公园里散步的女孩，突然被人半路打倒。就在精神病医院那里，她被另外三个坏女孩扑倒在地，猛烈殴打，而那三个女孩是重度精神病患者，用以治疗她们心理疾病的药物足以击倒一头大象。艾米丽的母亲当时就在身边，对于在自己小女儿身上发生的事，她感到无比害怕。似乎就在一眨眼的工夫，曾经漂亮可爱、人见人爱的小女孩突然之间就变成了一个遭人殴打、过度用药的精神病患者。这一切都是因为她对可能会不能使用手机而成为"孤家寡人"害怕得没了魂儿。

显然，她的手机是她的生命线和她社交的纽带。显而易见，她之所以沉迷于她的手机，就是因为手机为她提供了一种缓解焦虑的慰藉。

这让我想起了那些抗焦虑的药物，如阿普唑仑和氯硝西泮制剂，它们都是双刃剑：这类药物对减轻焦虑非常有效，但也会让人高度上瘾。除非是焦虑的深层原因（如心理创伤、消极的自我概念）得到治疗，否则，随着对药品的依赖不断增加，服用者的焦虑会更加恶化。

同样，社交媒体可能会暂时缓解一个人的孤独感，但是，它并没有满足对实际的、深入联系的潜在需要。由于没有真正的友谊，才会对手机和各种社交媒体网站更为依赖。一旦拿走了那根"拐杖"——那条虚假的社会关系的生命线，你就会和艾米丽一样精神崩溃。

不幸的是，像艾米丽这样的案例，在高校，甚至是在中学，都越来越普遍了。而且可悲的是，确实已经有一些青少年自杀了，他们的自杀与社交媒体密切相关，或者说社交媒体就是导火索。

但是，必须搞清楚，在任何时候，一个人自杀身亡，都必然有一定的情感或精神上的弱点，如果受到社交媒体的羞辱或欺凌，该弱点就更容易使人受到负面的影响。话虽如此，我们也该明白，社交媒体依然可以引起精神上的爆炸。

下面就是此类案件的一些真实例子。

梅甘·梅尔（1992—2006）

梅甘是一个超重的女孩，她一直在慢性肾上腺皮质功能不全和抑郁症中痛苦挣扎。2006 年，她曾短暂地获得过幸福，一个名叫乔希·埃文斯的 16 岁男孩在聚友网上请求加梅甘为好友。虽然他们两个人以前从来没有见过面，也没有在电话中交谈过，但是两人还是经常在网上保持联系。据梅甘的妈妈说："梅甘一辈子都要与自己的体重和自尊进行斗争，现在，她终于遇到了一个男孩，她觉得他真的认为她长得很漂亮。"

但到了 10 月，乔希开始给她发送一些残酷的消息，说他不想再做梅甘的朋友了。发来的消息越来越伤人，乔希最后的留言是"这个世界没有你会更好"。随着网络霸凌的不断升级，事情变得越来越糟，梅甘的同学们和聚友网上的"朋友"都开始写一些更伤人的留言。

梅甘在自己卧室的壁橱里上吊自杀了。梅甘的妈妈在梅甘离开电脑 20 分钟后发现了她。梅甘是在第二天去世的，再过三个星期就是她的 14 岁生日。令人震惊的是，一位邻居在那年的深秋时节告诉梅甘的父母，那个乔希根本就不存在——聚友网上的那个账户是由一个名叫洛丽·德鲁的邻居、德鲁的 18 岁的员工阿什莉·格雷奥斯以及德鲁的十几岁的女儿三个人共同创建的，德鲁的女儿过去曾是梅甘的朋友。

一年以后，这件事开始受到全国的关注。尽管该县的检察官拒绝对此提出任何刑事方面的指控，但是联邦检察官却指控洛丽·德鲁犯有阴谋罪以及由于未经授权访问受保护的计算机而违反了《计算机欺诈与滥用法案》等三项行为。2008 年，一个联邦大型陪审团起诉了洛丽·德鲁所犯的全部四宗罪行，但是美国地方法院法官乔治·吴在 2009 年的 8 月撤回了定罪诉讼，宣判洛丽·德鲁无罪。

　　除了建立梅甘·梅尔基金以外，梅甘的母亲也与司法机关密切合作，帮助密苏里州立法机构在 2008 年 8 月通过了《参议院法案818》，这一法案被大家称为"梅甘法律"。2009 年的 4 月，来自加利福尼亚州的美国国会代表琳达·桑切斯提出了"梅甘·梅尔网络暴力防治法"提案。不幸的是，这个法案没有通过。

杰西卡·洛根 (1990—2008)

　　杰西卡·洛根曾是西克莫高中的毕业班学生。她也把自己的一张裸照送给了男朋友。不幸的是，在这对恋人分手以后，她的照片就被发送到数百名青少年手上，在辛辛那提地区的至少 7 个高中内传开了。而且，这一网络霸凌通过脸谱网、聚友网和短信息不断升级。杰西卡再也无法忍受这种虚拟的嘲讽辱骂，她在参加完另一个自杀男孩的葬礼之后也上吊自杀了。

霍普·维特塞尔 (1996—2009)

　　还有一个与杰西卡·洛根相似的案例。年仅 13 岁的女孩霍普·维特塞尔曾送给男朋友一张自己乳房的照片，却没想到男朋友把她的这张照片分享给了佛罗里达州的 6 所学校内的不同的学生。没过多久，聚友网上就出现了"霍普页面"，引起网络霸凌。霍普无法忍受这种嘲笑，上吊自杀了。

杰西卡的父母亲艾伯特·洛根和辛西娅·洛根起诉了西克莫高中和蒙哥马利警方，指控他们办事不力，没有保护他们的女儿免受裸照事件带来的欺辱与骚扰。2011年的4月，杰西卡的父母也对希尔斯伯勒县的学校官员提起了诉讼，指控他们明知霍普曾有自杀的想法却未能采取适当的行动对其加以保护。

2012年的2月，俄亥俄州州长约翰·卡西奇签署了《众议院法案116》，该法案也被称为"杰西卡·洛根法案"。该法案是针对网络霸凌而设立的，并且扩大了反骚扰的各项政策。

瑞安·哈利根 (1989—2003)

瑞安是一个特殊学校的学生，一直都是学校恶霸欺负的目标。2003年2月，瑞安把那个横行霸道的男孩揍了一顿，骚扰从此结束了。而且，不打不成交，瑞安现在与以前欺负他的恶霸成了朋友。

不幸的是，当瑞安与他的"新"朋友分享了一段有点尴尬的个人经历后，那个男孩就开始散布谣言说瑞安是个同性恋。这件事一直持续到2003年的夏天，瑞安通过"美国在线"公司的即时通讯软件（AIM）找到了一个漂亮的、受人欢迎的女孩做自己的女朋友。但是，他后来了解到，这个女孩和她的朋友们让他觉得女孩喜欢他，这样她们就可以取笑他，让他说出更多尴尬的私事，然后女孩就可以把这些故事复制到AIM网上，与她的朋友们一起交流分享。

2003年10月7日，瑞安就在自家的浴室里自杀了。瑞安的父亲在儿子去世后发现了一个文件夹，里面都是他在AIM网上的交流信息，从那个夏天开始一直到他去世。他的父亲这才意识到"现在的技术是被当作武器来使用的，而且，与我们小时候使用的简单技术武器相比，现在的技术更加有效得多，其影响也更加深远得多"。

由于当时没有相应的立案法律依据，无法提出刑事指控，但是，瑞安去世 7 个月之后，佛蒙特州州长吉姆·道格拉斯签署颁布了《欺负防治法（117 法案）》，瑞安的父亲约翰·哈利根也撰写了该州的《自杀防治法（114 法案）》，通过后直到 2006 年 4 月都没有修改过。

阿曼达·托德（1996—2012）

2012 年 9 月 12 日，阿曼达·托德做了一个 YouTube 视频，题为《我的故事：挣扎、欺凌、自杀、自我伤害》。在视频中，这个加拿大不列颠哥伦比亚省的少女用幻灯片讲述了她自己被敲诈、欺负的可怕经历。阿曼达在 7 年级的时候在视频聊天室遇到一个陌生人，那个陌生人先诱骗她在摄像头前袒露一下自己的乳房，然后就企图以此来敲诈阿曼达。此后，该照片开始在网上不停地流传，她的脸谱网信息也公开了，还配上了露乳的照片。

阿曼达的母亲卡罗尔·托德解释说："阿曼达发送照片的那个人一直在互联网上跟踪她。每次阿曼达转学，他都会像卧底一样潜伏下来，并设法成为阿曼达脸谱网的朋友。"

阿曼达在 YouTube 网上发布的这个记忆鲜活、令人心酸的视频剪辑受到了 1 700 万人的关注。

2012 年 10 月 10 日，阿曼达发布 YouTube 视频一个多月后，她就上吊自杀了。事后，加拿大的CTV新闻报道说，立法者们都在考虑，请求建立一个预防各种欺凌的国家策略。

社交媒体、脆弱女孩与性侵者

当然，早在社交媒体出现之前，社会上就有性侵者、歹徒与恶棍的存在，这些人往往会伺机占女孩们的便宜，尤其是当女孩们感到有点失落、不安的时候或是当女孩子与父母吵过架以后。但是，这些心怀叵测、蠢蠢欲动、伺机作案的人都是有模有样、真实存在的人，因此小心谨慎的家长们都能看出来，比如在操场上挤眉弄眼的男人呀，过于热情的店员伙计呀，在大型商场无事闲逛的猥琐之徒什么的。

但是，现在他们就出现在你女儿的卧室里，他们已经穿过你家的前门，穿过家长的防护盔甲，大摇大摆，登堂入室，"坐"在她的膝盖上——利用她的笔记本电脑。现在的那些性骚扰者与性贩子们不再仅仅在大街上引诱受害者，他们可以通过照片墙、脸谱网、Kik、Tagged（社交网站）与推特等网站和聊天软件把成千上万的年轻女孩的信息发到网上。这种事情越来越多，因为WhatsApp（手机通讯小程序）和阅后即焚贴吧上的消息会随着时间的推移不断消失，性侵色鬼的电子轨迹也就没有了。

"如果仅仅其中的一个女孩回应了……坏人就可以很快从那个

女孩身上赚取数千美元的报酬。"安德瑞·鲍威尔这样说道。鲍威尔是"美丽女孩"（FAIR Girls）的创始人和主管人，这是美国的一个非政府组织，旨在帮助全世界的被贩卖的女孩。[27]

《赫芬顿邮报》最近做了一期报道，讲述了一个名叫霍普的17岁女孩的故事。"所有这一切都是因为我在一个社交媒体网站上发了一个'我恨我妈妈'的帖子而引起的。"她回忆说，"当时有个女人给我回复了一条短信，她告诉我说，我可以去和她待在一起，我们还可以去参加聚会什么的。没想到，不到45分钟的时间，那个女人就出现在我面前。于是，我就跟她走了。"[28]

随后，霍普就被送到了一家汽车旅馆，人贩子的男同伙还在旅馆的房间里打她，给她下药，然后又转手倒卖她，逼她卖淫——有时候，一天的嫖客竟然多达20人。经过3个星期的折磨，在8个州颠沛流离之后，这个女孩才终于获救。她说："从此以后，我再也不是以前的那个霍普了；我也永远变不回那个女孩了。"

可悲的是，全世界每年有数以百万计的女孩遭遇到霍普这样的悲惨经历。据联合国国际劳工组织统计，全球有将近2 100万人是人口贩卖的受害者，这是一个价值1 500亿美元的产业，估计其中有450万的人被迫从事性工作。

据"美丽女孩"的安德瑞·鲍威尔说，他们在华盛顿哥伦比亚特区和马里兰州所帮助解救的受害者，其中大约90%的人都是在网上被买卖的。年轻女孩经常会受到性贩子的引诱，他们在社交网站上联系她们，邀请她们参加聚会，约她们在商场见面，或是只做个朋友什么的。

我采访了阿纳斯塔西娅·卡罗特索斯，她是"希望之家"的执行董事。这是一家专为性贩卖的受害者提供居住地的机构，受害者们在这里能够感觉到人身安全，可以在这里安心疗伤。卡罗特索斯是一位身材高大、引人注目的女士，她有社会工作专业硕士学位，热衷于帮助这些年轻的女性受害者。

"在我国，现在有一种迅速传播、生长、发展的流行病。我们实际上是通过网站后台来'销售'我们的孩子。有成千上万的未成年孩子的身体被拍卖，她们的生命正在受到摧残。许多获救的儿童描述说，她们一天要被不同的男人强奸20次。"

卡罗特索斯继续描述女孩被引诱的过程："一些女孩因为离家出走、生活窘迫而被皮条客承诺的食物、住房和家庭生活所诱惑。其他的诱惑都发生在互联网上，她们想着在网上可以交到一个好的男朋友。他是一个隐形人，女孩在网上与之相聚，看不见他的脸。他对她（或他）非常好，关心她，倾听她谈论父母，以及学校的朋友、同学、老师等各方面的问题。他是一个愿意倾听的人、一个善解人意的人、一个懂你的人、一个说他还能做得更好的人。"

但是，那些只不过都是诱惑而已。"接下来，他就会索要一张照片，然后就会再要一张。通常情况下，他起初索要的照片不会有明确的色情暗示，但是到后来，他的要求会一点一点慢慢涉及更多的性。他会一直花言巧语、乔装打扮来引诱受害者。当他们见面的时候，他就已经征服、控制了她。因此，在他们见面时，他会告诉她，他对她的情况无所不知、无所不晓，简直是了如指掌。接下来，他可以让她的家人知道这一切——还有那些照片，羞耻感会让她很难回头，无路可退。一旦你钻进了兔子洞，你就很难感觉到自己还可以转身退回来。"

我问她是否曾经担心人贩子和皮条客来找那些已经逃脱的女孩，答案却是令人心碎的："不，这个我们倒是不害怕。我们不怕，是因为那些人贩子不会来找已经逃出来的女人。不幸的是，许许多多其他潜在的受害者却不会'为了自己的利益而战'。"由于在网上游来荡去的受害者几乎是层出不穷、前赴后继，那些人贩子和皮条客要找女孩来替补、备用真是易如反掌、毫不费力。

令阿纳斯塔西娅无比愤怒的是，Backpage 等臭名昭著的性交易的网站都被允许继续经营。他们以第一修正案为庇护，网站的广告则经常使用各种代码来表示不同的年龄，他们还会寻求法律的"保护"。

但是，并不是所有的法律都已沦陷。2015 年，纽约总检察长办公室就宣布要与脸谱网合作，以帮助打击儿童性贩卖，其中包括技术援助，以帮助执法人员找到肇事者，并对受害者实施救援。而且，北达科他州的女众议员克莉丝蒂·诺伊姆也写了一个法案，在国会呼吁《停止广告推销受害者法案》（保护法），这将会赋予执法机构资源与能力，来起诉那些帮助网络性贩子做广告的公司。

女众议员克莉丝蒂·诺伊姆说："在这个国家所有的性交易中，有76%是发生在互联网上的。而我们国家有 5 000 多个不同的网站，每天都有贩卖儿童和妇女进行性交易的现象。"

　　诺伊姆指出他们的利润动机："Backpage 网站通过贩卖卖淫者可以赚取数百万美元的利润，而他们做这一交易的时候就是打着某种提供三陪服务的幌子。"

　　她提出的立法意向却遭到了许多言论自由团体的反对。但是，在网站上，广告商几乎不加掩饰地推销孩子和性贩卖的广告，这是很难防范的。Backpage 网站的律师已经承认这就发生在他们的网站上。

　　几年前，在纽约街头有一则非常著名的商业广告，是美国摄影学会专门面向父母们而做的："现在是 10 点钟——你们知道自己的孩子在哪里吗？"如今，对这个问题能否做出肯定回答仍是一个问题；如果卧室里有一台电脑，而你的孩子却不是一个人，那可能就会有潜在的危险。现在，美国摄影学会为了适应新千年的需要而推出的新广告是："现在 10 点钟了——你们知道自己的孩子在和谁一起上网吗？"

★　★　★　★　★　★

　　我认为，大多数通情达理的人都能理解，如果短信作为一种沟通方式，社交媒体作为一种保持联系的方式，两者都应在我们的社会中占有一席之地。但是，如果你想让孩子健康快乐，那么，让他们在生活中与血肉之躯的人保持相互支持、相互关怀的关系是非常重要的。

如果孩子们必须要有脸谱网账户或是必须要有一部能发短信的手机（有些家长会给孩子们选用不能发短信的"哑巴"手机），那么至少也要等到孩子进一步发育成熟，不太可能沦为技术成瘾、脸谱网抑郁症或过度收发短信的牺牲品才行。即使如此，也有研究表明，在新的社交媒体和短信的世界中，密切监测你家孩子的上网习惯和虚拟朋友也是至关重要的。

但是，孩子在学校时，家长该怎么办呢？显然，一旦小家伙待在学校内，家长就无法监控孩子们使用手机或电脑的情况。那么，这时候家长到底应该做些什么呢？

打电话还是不打电话？这是个问题。

学校里的手机问题

当然，小孩子在学校或是在教室里是不需要手机的。父母们让孩子们带着手机上学，是为了能够与他们保持联系。这个说法实在是荒唐可笑。几十年来，家长都是给学校打电话，以便联系自己的孩子。而现在，在"和爸爸妈妈保持联系"的幌子下，带着手机去上学的孩子们就可以尽情地用手机给朋友发短信、播放音乐、观看YouTube视频、发推特、在照片墙上发照片、随心所欲地玩视频游戏。

不幸的是，老师们的态度是眼不见、心不烦，这就使手机可以出现在学校的任何建筑物里，只要不是在教室里玩手机就行，所以师生之间还是陷入了一场"把你的电话收起来"的持久战。

在过去的几年里，学校对于这个问题的相关政策一直在变化。早在2006年，在美国最大的一个学区内——纽约市，纽约市长迈克尔·布隆伯格就禁止110万名学生在所有的学校使用手机。但是，这一政策却引发了种族主义的危机。由于只有那些拥有金属探测器的学校能确保没有手机进入学校大楼，这些学校一般来说都位于较贫困的社区，拥有更多的有色人种的学生，因此较贫困社区的大多数孩子每天早晨都会在运送食品的卡车或酒店里查看自己的手机，其结果是建立了一个有利可图的手机托管系统，一天一美元；而在比较富裕的社区，因为学校没有安装金属探测器，孩子们都会带着手机偷偷溜进自己的学校，而且非常老练地把手机藏上一天而不被老师发现。

2015年3月，纽约市长比尔·德·布拉西奥与教育局长卡门·法尔莉娜联合起来推翻了前任布隆伯格市长的禁令，他们认为这样做会缩小贫富差距，减少不平等因素。赶快让手机短信开始吧！

但是，最近来自大不列颠的研究却清楚地表明，一旦允许手机在学校里出现，就会对学生的学业造成一些负面影响。该研究还进一步表明，对那些已经被边缘化的贫困学生和特殊学校的学生来说，他们则会受到最为不利的负面影响。自2001年以来，路易斯·菲力浦·贝兰德（Louis Phillippe Beland）和理查德·墨菲（Richard Murphy）先后调查了英国的91所学校，结果发现学校关于手机问题的政策都发生了变化。他们的研究结果由伦敦经济学院的经济绩效中心予以发布，该研究将这些数据与全国 16 岁学生所取得的成绩进行了对比。该项综合研究覆盖了英国 130 000 名小学生。[29]

研究人员发现，如果学校禁止学生使用手机，那么该校学生的考试分数就会提高 6.4 个百分点。有趣的是，手机对学困生（主要是那些贫困生和特殊学校的学生）的影响更为重大：他们的平均成绩竟然上升了 14 个百分点。

"结果表明，无论手机政策如何变化，成绩差的学生更容易因手机而分心，而成绩好的学生则会在教室里集中精力。"研究人员如是说。总之，他们估计，禁止手机的结果使学业成绩"相当于一学年增加了 5 天的学习时间"。

英国的研究人员在其研究著作《不良沟通：手机对学生表现的巨大影响》（*Ill Communication: The Impact of Mobile Phones on Student Performance*）中甚至对纽约市长德·布拉西奥提出学校可以解除手机禁令的愚蠢计划给予了尖锐的批评："德·布拉西奥解除手机禁令以减少不平等，这实际上可能会适得其反。允许手机进入学校，受伤害的恰恰就是学习成绩最差以及家庭收入最低的那些学生。"他们还补充说，"学校可以通过禁止在学校使用手机而大大减少成绩差距，因此，纽约允许在学校里使用手机，可能无意中增加了不平等的结果。"

不幸的是，纽约市的这个手机解除禁令成了一种全国性的趋势。丽兹·库伯（Liz Kolb）是密歇根大学教育学院的助理教授，也是《从玩具到工具：学生手机与教育的连接》（*Toys to Tools: Connecting*

Student Cell Phones to Education）一书的作者。他说道，5 年前有手机禁令的学校中，现在有近70%的学校正在改变他们的禁令政策。

"起初，改变手机禁令的学校就像多米诺骨牌效应一样，是一个接一个地缓慢地出现，而现在，我们看到的却是如滚滚波涛一样，势不可挡。"库伯解释说，"其中的一部分原因是，现学校里有这么多学生都带手机，我们很难对抗这样的潮流。"

然而，也有一些学校不愿意举白旗，就此俯首臣称。在大不列颠，就有一些学校朝着相反的方向发展。

在 2001 年进行的一项调查中，英国还没有学校禁止手机。但到了 2007 年，英国就有 50% 的学校已经这样做了，而到了 2012 年，大约有 98% 的学校，要么不允许学生在学校操场上使用手机，要么就是要求学生在每天早上上交手机。[30]

除了以学习成绩下降为由之外，一些评论家还表达了他们对学生在课堂上使用手机的政策的密切关注。他们认为，在上课时间使用手机增加了网络霸凌和色情短信的数量，还增加了考试作弊的机会。

然而，主要问题最终还是学生的注意力。格雷格·格拉汉姆教授在阿肯色中央大学教授写作，他是国家写作项目的一位教师顾问。根据他的观点，"老师们正在与手机争夺学生们的注意力。当然，这是一个庄严的、令人尊敬的斗争，但是在过去，学生们唯一能做出的选择只不过就是看看窗外、传传纸条或者互相吐吐口水而已。而现在，大多数老师都会告诉你说，今天的斗争却要困难艰巨得多；

这个问题已成为老师们开会、午休时必谈的话题之一"。[31]

就个人而言，我曾在公立学校工作多年。作为一个心理医生，我曾坐在数不清的教室里仔细观察学生。在观察的过程中，我有机会看到各种各样滥用手机的情况：孩子们在课堂上经常用他们的手机不停地发短信、戴着耳机听音乐或是玩电子游戏。我已经亲眼看到一些愤怒不已、几近崩溃的老师不遗余力地在课堂上引导孩子们把他们的手机收起来放好。更为糟糕的是，我还看到有些深感沮丧或愤世嫉俗的教师已经变得十分冷漠，对手机视而不见，眼睁睁地允许学生们保持开机状态，随心所欲，爱干嘛干嘛。

"我不断努力，试了又试。但是，最终我不得不彻底放弃。"这是一位受人尊敬的高中理科老师告诉我的，"在课堂上一直不断地说'把你的手机收起来吧'，这样会占用很多的课堂时间，结果耽误了其他真正想学习的学生。所以，我最终只好决定，我必须把重点放在那些想学习的孩子们身上。"

我问她，每次上课时平均有多少学生有滥用手机的问题。她回答说："这不一定。有时候有 5 个孩子，有时候是 10 或 12 个孩子。在一个 25 人的班级里，我只需要专注于那些真正想学习的孩子。"

就在这个理科老师工作的那所郊区中学里，我与该校的校长进行了一次会谈。我知道他是一个很有思想的人，也是一个受过良好教育且富有关爱之心的管理者。然而，当我向他展示了他们学校绝大多数老师的抱怨以及伦敦经济学院的研究结果，说明如果手机从课堂上消失，考试成绩就会提高时，他的回答着实让我大吃一惊。

"尼克，我们不能改变当前的文化潮流；学生的家长们也不会允许的。"

"改变文化？这只是一个不到 10 年的'文化'，手机出现在课堂并不是什么历史悠久的文化传统啊。"

然后，我提请他注意，禁止在课堂上使用手机可以提高考试成绩："如果向家长们展示研究结果以证明这一点呢？考试成绩将会全线提高——全线提高 6%，而那些特殊学校的孩子以及社会经济背景有严重问题的孩子的考试成绩可以提高 14%——这些孩子们最不会处理来自手机的诱惑了。"

他依然坚持自己的立场说："我们不能这样做。"然后，他实际上是在指责老师，说："我真的相信，一位伟大的老师能够非常有效地驾驭自己的课堂，其能力会压倒任何一部让人上瘾的手机的吸引力。"

"这一点你想错了。手机这东西对孩子们来说就像是引人入胜的数字魔方；我才不在乎凯蒂·派瑞老师站在教室前面的独轮车上教授什么代数呢。对有些孩子来说，手机的吸引力真的是超级强大。"

就在我与该校长谈话时，他的助理也一直在办公室里，在我们谈话的整个时间段里都在查看手机上的短信。

其实在这件事上以及很多其他情况下，问题不仅仅出在校长们身上，而且还渗透到学区办事处以及负责监管学校的管理者身上。有些人明白了其中的利害，所以就在小学阶段开始减少电子屏幕，而从中学阶段就开始禁止手机。但在这个学区，其监管者以前就是一个技术教师，她的任务已经非常明确：该地区将要全力以赴大肆提倡技术，与此相反的研究都要受到诅咒。这就意味着大力推广智能交互式白板、Chromebook、以计算机为基础的课程体系，并在会议上鼓励教师们"给孩子们发短信来布置作业"，允许学生们使用技术。

有些家长听说，老师们能用短信方式给学生布置家庭作业或者孩子们会使用手机来研究课题的时候，他们的感觉是多么美妙啊。但现实情况是，在学校里，因手机而分心的负面影响要远远超过手机带来的所谓的好处。

但是，这并不能阻止科技公司用欺骗的手段来推销自己的产品。最近，我参加了一个应用程序的演示推销会，老师和学生都可以使用该应用程序。这是一个非常枯燥乏味的会，一个过于热情的主持人向古板严厉的老师粉饰该应用程序的好处。然后，主持人演示了如何使用该应用程序的问题库向学生提问，接着就在房间里走来走去，扫描学生们在智能手机上做出的答案。

这就是说，聚集在此处的教师都扮演着学生的角色。当然，他们在回答问题的时候时常会出些小差错，或是对技术不大熟练，结果就引发了此起彼伏的咯咯笑声和哈哈大笑。就是从这些有硕士学位的成人教师群里发出的。可以想象的是，这种具有破坏性的乐趣将提供给容易分心的 16 岁青少年学生。我坐在后面看着，心想：所有这些智能手机的使用，难道只是为了让一个老师可以问一个预先编好的问题吗？

　　难道我们真的是距离苏格拉底的辩证理想太过遥远，以至于需要邀请这个让人分心和上瘾的数字药物走进我们的教室，来扫描一个答案吗？难道我们真的需要一个智能手机来教 20 个孩子坐在圆圈里吗？根据格雷格·格拉汉姆的观点，一个真正的教育家，而不是一家科技公司的销售代表，"从来没有——也不会有——一个比近在咫尺的面对面的学习环境更加充满活力了。我们应该尽一切可能来保护这个永恒的环境，使其注意力不被分散，也不会受到任何干扰"。

　　无论学区的政策如何，到底孩子们是否可以持有手机以及是否被允许把手机带到学校，最终的仲裁者都应该是孩子的父母。如果父母允许孩子带手机上学，那么他们至少应该对孩子的手机进行必要的限制。

　　我们将在下一章中看到，在一些情况下，如果儿童表现出一些临床疾病的迹象，他们需要的可能就不仅仅是一个手机禁令那么简单了。

六 临床疾病与"屏瘾儿童"效应

几年前，有一个一直在我这里治疗的年轻人，他名叫罗伯特，患有阿斯伯格综合征——高功能自闭症谱系障碍。罗伯特出生在美国南部，在他 13 岁时，他的母亲突然去世，随后他就搬到了北方，和他可爱的祖母住在一起。

当我见到他时，他已经是一个非常温和的 16 岁男孩了。但是，他与人交往的能力很差。例如，他不会用眼神与人进行交流，不知道如何与人进行对话。他还会做出一些非常奇怪的举动，结果无法适应学校的生活。比如：他会随身携带一只毛茸玩具猴子；他有时候会爬到书桌下面，并且拒绝爬出来。还有一件事：罗伯特是一个失控的视频游戏瘾君子，对《最终幻想》系列角色扮演游戏十分着迷。

在学校里，他一直用掌上游戏机玩游戏；在家里，他有一台电脑，一到家就在电脑上玩游戏，一直玩到睡着为止——他经常在电脑桌上睡觉。他可怜的、年迈的祖母总是想方设法地不让他玩游戏，但都无济于事，最后她哭着说："我也不能彻夜不眠地不让他碰电脑啊！"在学校里，他总是在一边默不作声，也从不参与团体心理辅导，除非主题涉及视频游戏，每当这时候，他就会端坐在椅子上，对游戏的各种细枝末节侃侃而谈，语速极快。

罗伯特对学习缺乏兴趣，所有的课程都不及格。终于，他的祖母关掉了家里的电脑，彻底断了他的念想。他生了好几天的气，但最后还是平静了下来。在学校里，这个可怜的孩子曾试图去借用其他学生的电子设备。这对社交能力不怎么样的他来说可是一个不小的挑战。他没什么朋友，不能清楚地表达自己的意愿，经常是喃喃自语着，眼睛看着别的方向。罗伯特曾在学校崩溃过三四次，他站在自己的书桌上，不是尖叫就是用头撞墙。事后，我才意识到他当时正经历着被强行"戒掉"荧屏的痛苦。

我试图找出一种方法来与罗伯特建立联系。我注意到他擅长写东西。当然，他虚构的故事涉及外星人和幻想世界。但是，这个孩子可以写东西啊。所以，我就请他给我写一篇科幻小说，故事的情节和人物都要非常完整。果然，他来的时候就带来了一份非常详细的手稿，是用放大镜才可以看见的手写字，里面还配有插图。

他开始用生动的方式给我讲述他的故事。这时，我有了一个重大发现：当他说话时，他是看着我的眼睛的。他已经不接触电子产品大约一个半星期了，竟然开始与人有眼神接触了！在小组活动中，我请他给其他孩子讲述他自己写的相当迷人的星际传说。在小组中，他还是有点笨拙。但是，现在他说得更加流利了，而且还时不时地停下来听取别人的反馈意见。所有这些都是他进步巨大的标志。

有一次，我注意到罗伯特正看着我书架上的一本《指环王》，我就把这本书从书架上拿下来递给他，他不知所措地看着我。

"读读这本书吧，我想你会喜欢的。这是一本魔幻小说，很像你的《最终幻想》视频游戏，但是，你必须要阅读它才行。"

当他感谢我时，我发现他的脸上带着一丝微笑——这又是一个重大发现。

罗伯特做得相当不错。在没有接触电子产品的几个月中，他的社交技巧进步十分显著，他继续坚持阅读托尔金以及他自己所写的科幻故事。

又过了一些日子，他的祖母把游戏机还给了他，因为他在学校里进步很大。他确实也遇到了一些挫折，但是他大大提高了自己的社交能力，而且能够顺利毕业了。

他的玩具猴子现在坐在我的书柜里，成了一个装饰品。每次看见这只猴子，我都会会心一笑。每次回答"嘿，K博士，那个毛茸茸的猴子在你的书柜里干什么？"时，我也会情不自禁地微笑。

电子屏幕综合征

维多利亚·邓克利博士大胆地进行了尝试，做了以前的儿童精神病学家没有做过的事情。通过与数百个患有各种精神病、发育不良和行为障碍的孩子一起工作，她意识到了一些非常深刻的问题：这些不同的疾病可能都有相同的根本原因。也许儿童多动症、叛逆性障碍、睡眠障碍、抑郁症、双相情感障碍等情绪障碍、行为问题等，甚至是那些患有自闭症的儿童，可能都是因为本身存在某一潜在的综合征问题。

当她查看1994—2003年的数据时，她发现，被诊断为儿童双相情感障碍的孩子增加了40倍；在1980至2007年间，儿童多动症的诊断增加了近800%，而在过去的20年中，给儿童服用的精神药物类的处方也在急剧增加。[1]

这到底是怎么了？难道这一情况只是因为人们现在有了更多的意识才有了更多的诊断？还是真的因为现在有更多的孩子在遭受精神痛苦？如果真是这样的话，那么导致这些临床病例居高不下的原因可能会是什么呢？邓克利博士怀疑，可能是一些共同的环境压力造成了这些疾病的迅速传播和大量增加。她推断说，即使所有这些疾病都不是完全由环境压力造成的，但是缓和的环境因素是否会造成这些疾病的扩大呢？

当她观察孩子们的生活，试图从中找出孩子们可能具备的共同特性时，结果有一个东西脱颖而出，最终浮出了水面，那就是荧屏。

她对荧屏这个问题研究得越多，心里就越明白，这就是电子屏幕综合征（ESS）。邓克利博士相信，电子屏幕这种非自然的刺激，无论其内容如何，都会对尚在发育之中的儿童造成严重的伤害，对他们的神经系统和心理健康造成不同程度的损害，包括认知水平、行为举止和情绪情感等。

因此，她开始把电子屏幕综合征定性为一种紊乱失调症。也就是说，儿童不能以适当的或健康的方式来调节自己的情绪、注意力以及兴奋度。

邓克利博士推测，那些一直与屏幕互动的孩子会受到屏幕的过度刺激，而孩子的神经系统会进入要么战斗要么逃跑的模式，结果导致了情感失调以及各种各样的内分泌生理系统紊乱，而这些受到破坏的系统就会产生或者加剧各种疾病，如儿童多动症、抑郁症、叛逆性障碍和焦虑症等。

但是，电子屏幕综合征不仅仅局限于患有明显精神疾病或行为障碍的儿童。邓克利博士观察到，所有的孩子都在某种程度上受其影响，甚至所谓"适度"接触荧屏的孩子们都有一些"轻微损伤"的迹象，比如慢性过敏、注意力不集中、全身不适、冷漠无情、时常处于一个"在线又困倦"的状态（就是说，虽然他们在线时情绪激动、激战正酣，但却身心疲惫、焦虑不安）。

其中的许多孩子在临床诊断的临界点之下，但是仍有许多令人不安的症状："我看到许多孩子，他们遭受着感官超负荷、恢复性睡眠不足之苦。他们不顾医生的诊断，依然使自己的神经系统处于过度刺激的状态。……这些孩子容易冲动，喜怒无常，而且注意力不能集中。"

医学界有一个亘古不变的原理（安慰剂效应除外）：如果治疗有效，那就说明有病。也就是说，如果某种疾病有一个特定的治疗方法，我们就可以根据相应的治疗办法，合理地推断出患者的疾病。如果一种抗病毒药物可以减轻症状，我们就可以推断这是病毒导致的疾病；如果抗生素能起作用，那么我们就怀疑这是细菌感染。

同样的道理，邓克利博士开始证明她的电子屏幕综合征假说理论。如果荧屏确实就是这些不同的疾病障碍潜在的罪魁祸首，那么去除这一理论环境的"毒素"应该就能缓解她目前正在治疗的几百个孩子中的一些孩子的症状。

在过去的 10 年中，她开始实施 4 ~ 6 周的"技术斋戒"——移去所有的电子屏幕，并在 500 多个孩子、青少年和年轻的成年人中实施这一措施。对于那些严格遵守规定的人来说，其效果是十分惊人的：对于有潜在的精神障碍的电子屏幕综合征患者，"技术斋戒"在 80% 的时间都是有效的，而且一般来说至少能减轻一半的症状；在那些没有潜在的精神障碍的患者中，她发现"症状完全缓解"[2]。

为了说明拿掉屏幕对于促使有问题的孩子转变有多么惊人的成效，邓克利博士详细记录了一个她治疗的病例。

小迈克是一个真正的问题少年。在他接受治疗的前一年，这个五年级的小学生已经对作业越来越反感，而且越来越叛逆，越来越喜欢寻衅闹事。如果告诉他不要做什么事，特别是不要玩电子产品，他就会勃然大怒，还会破坏学校的公共财物。他经常会到处乱扔班里的椅子，还会随意乱敲桌子，这种暴怒举动对其班级造成了巨大的威胁。[3]

这个 10 岁的孩子已被诊断为患有轻度的自闭症和多动症，也有双相对话障碍。学校不知道该怎么办，就坚持让小迈克接受精神病评估。幸运的是，他被介绍到邓克利博士那里。

　　她发现，小迈克从 7 岁就已经开始玩视频游戏了，每天要玩好几个小时的非暴力游戏。通常情况下，他从学校一回到家就开始玩游戏。当他和家人外出的时候，他就和姐姐或爸爸一起玩智能手机；而在学校里，他每天都有"电脑时间"，经常在电脑上看卡通片。

　　但是，在过去的一年里，情况变得更糟了：他变得更不耐烦做家庭作业，除了玩他的电子游戏，没有其他的兴趣爱好。此外，他的叛逆行为已经开始逐步升级，暴力和愤怒也与日俱增。虽然他有可能被诊断为患有双相情感障碍，但是他们家族中没有这个疾病史啊。

　　邓克利博士在给他开具药物处方之前，先建议他进行一个为期 4 周的"技术斋戒"，其目的有二：一是为了评估电子屏幕在他的行为中所起的作用，二来也可以帮助他重新复位和调整、放慢他的神经系统。很显然，这个神经系统已经有点刺激过度、兴奋过度了。他的家人支持这一决定，拿掉所有的屏幕（包括电视）4 个星期。为了给他规划没有屏幕的生活，他们给他买了积木和拼图，还组织了打网球及公园郊游等活动。

　　一个月之后，小迈克只在家里犯了一次老毛病，在学校一次也没犯过。此外，邓克利博士重新评估了他的用药需求，认为他当时已经没有药物治疗的必要了。一年之后，这个一度几乎每天都要发怒的小男孩一点好斗的迹象都没有了，这不能不令人惊讶。

　　现在，他能够慢慢开始使用一些电子产品。他不玩电子游戏，但是会在周末看些电视节目（不是动画片）。他在学校还是会使用电脑，不过，他的父母要求他不要每天都用电脑。

以往，为了减轻孩子们的攻击性，也是出于对他们自身安全的考虑，在 100 例类似的病例中会给 99 例服用一些强力的神经药物，甚至是给他们服用抑制精神亢奋的镇静剂或安定药。正如任何心理医生都会告诉你的那样，一旦药物治疗的旋转木马开始运行，好运就算到了头。

幸运的是，小迈克被介绍给了邓克利博士，避免了与一大摞药物处方为伍的遭遇；他所需要的就是拿掉那些过度刺激的屏幕，因为这些屏幕提高了他的兴奋恒温(调节)器，而他自己无法将其关闭。

海军的多恩博士还谈到了超级刺激的电子屏幕和视频游戏，它们激活了 HPA 轴和肾上腺素。一旦孩子们进入非战即逃的模式，他们的血压就会持续上升，而他们却无法重置自己的肾上腺恒温器。

在过去的 14 年里，我一直致力于处理青少年在情绪、认知、行为或发育方面遇到的各种问题，我有机会作为特殊教育委员会(CSE)的千人委员成员之一，参加了该委员会专门为这样的问题少年召开的各种会议。而且，我也像邓克利博士一样，在过去的七八年时间里发现了一种模式——一种关联：有许多青少年都是因为对荧屏上瘾而致残的，无论是玩视频游戏、玩手机还是沉迷于社交媒体。

我开始跟踪调查研究这些数字，结果发现有 90% 的学生都被认为要么是注意力出现问题，要么就是行为、情绪或发育出现问题，而这些问题的出现完全都与问题重重的电子屏幕相关。就在最近的一次特殊教育委员会的会议上，有一个非常聪明的男孩被诊断为患上了高功能多动症和轻微的自闭症。他在学校里表现较差，在所有的课上都会睡着。这一嗜睡的倾向十分严重，而且还鼾声雷动，深感困惑的老师都难以把他叫醒。

男孩的家长说，曾给孩子预约过医生，做一次呼吸暂停睡眠研究，现在也正在和医生预约。我问了这个男孩一个显而易见的问题："你是不是在熬夜做什么事啊？"他的母亲点了点头。这时候，男孩的眼睛突然亮起来，他神采奕奕地提到了一个特别的视频游戏，他玩了好几个小时："我就是酷爱这个游戏！我简直爱死它了！我实在是爱不释手，我真是太喜欢这款游戏了，一直玩到早上三四点都停不下来。我真是情不自禁，难以自拔啊！"

令人震惊的是，男孩的妈妈却看着我问道："难道你认为游戏跟这事有关系吗？你认为这是问题的一部分原因吗？"我说，那很有可能，并建议她做一个实验："先把男孩的电源插座拔掉 4 周的时间，我们看看将会发生什么情况。"虽然男孩大声抗议，而且狠狠地瞥了我一眼，但他的妈妈却同意了。她说："今晚就开始吧，不许玩游戏！"不到一周的时间，该男孩就不再上课睡觉了，他的学习成绩也大大提高了。

然而不幸的是，在通常情况下，荧屏对少年儿童的影响可不仅仅只是剥夺了睡眠，问题实际上要严重得多。我曾采访过尚特尔·伯尼尔（Chantelle Bernier）博士，她是美国西海岸的儿科职业治疗师。她描述说，有严重精神问题的儿童正呈现增加的趋势，同时她也注意到，屏幕正在对这些孩子造成不良的影响。她还说，她有一个病人，一个年仅 9 岁的小男孩，却因自杀未遂而住进了医院。

　　这个孩子一直沉迷于玩《侠盗猎车手》游戏。他一连玩了好几个小时都不曾睡觉，开始出现幻听，仿佛有人命令他去杀死自己全家。这个声音一直萦绕在他的耳边，直到最后他抓起了一把刀，企图把自己杀死。结果，该男孩被送进了医院，进行住院治疗，并给他服用了抗精神病的药物。很显然，这样只会使他的情况更糟糕。

　　还有一个病人，是一个非常聪明的玩家，今年 17 岁，伯尼尔博士说他很有思想且相当敏感，这个孩子也是被介绍到她的医院来的，因为他开始出现嗜杀的苗头——就是把别人杀死的想法。为了使自己对这些想法脱敏，他曾看过一些非常暴力的黄色刊物。当他的养父试图让他关掉电脑时，他勃然大怒，抓起一把猎人用的大砍刀，开始在自己的房间里东杀西砍、虚张声势。随后，当他的养父逃离房间时，他又拿着大砍刀去追杀老人。

　　还有一个问题也让伯尼尔博士感到目瞪口呆、瞠目结舌。她所在的医院竟然要给这些住院的孩子们发 iPad，这么做除了会加重孩子们的精神病症状以外，也会在身体层面上给孩子们造成进一步的伤害——整天坐在病床上不停地玩视频游戏，孩子们出现了抽筋的现象。

　　她给医院的工作人员和孩子的家长讲述了 iPad 以及视频游戏的不良影响，最后终于成功地取消了这一技术应用。同时，她还举办了其他活动来取代 iPad 以及视频游戏，例如瑜伽、正念、制作工艺品、写日记、走迷宫等。孩子们开始过起了一种按部就班的生活，也获得了成就感，看到了自己的巨大进步。

据邓克利博士说，她在患有电子屏幕综合征的人群中所看到的少年儿童，不是"群情激昂、跃跃欲试"、极易愤怒，就是情绪低落、沮丧抑郁、对人冷漠，对这种令人不安的现象她已经是司空见惯了。当然，想杀人和自杀的情况都是极端现象，但是大多数心情暴躁、习惯性易怒的孩子仿佛都是处在一个"在线又困倦"的状态，尽管他们表现得异常激动、高度兴奋。长期处于这种异常激动、高度兴奋的状态，会严重影响人的记忆力和与人相处的能力，因此这些孩子也就极有可能在学业和社交方面力不从心、痛苦挣扎。

通常情况下，这些孩子都被诊断患有严重的疾病，如重度抑郁症、双相情感障碍、多动症等。而且，他们都有可能被使用医疗大处方。但是，在决定进行医药疗法之前，我们还是先采用"技术斋戒"的办法来治疗吧。

为了让神经系统完全重新启动（reSTART），邓克利博士坚定不移地提倡彻底戒除技术的使用，而不是慢慢减少。根据她的实践经验，减少技术根本起不到任何作用——针对这种导致临床症状的失调问题，如果不采用较为激烈的方式，根本得不到稳定的治愈效果。

目前盛行的"数字戒毒诊所"或"技术斋戒"方法就像邓克利博士以及reSTART康复中心的技术成瘾康复机构的做法一样。相比而言，我的做法与他们的做法（突然完全停止使用"毒品"）还有一点差别。作为一个成瘾研究专家，我开办了一个全国最受尊重的戒除网瘾的康复诊所。我认为，我们需要借鉴戒毒治疗社区学到的经验教训。戒毒所不是一下子让瘾君子突然完全停止使用毒品，因为瘾君子有可能会激烈反抗、相互攻击。我已经说过，因为突然把所有电源插座拔掉，有些孩子就炸开了锅，导致局面难以控制。

治疗酗酒和毒瘾的原始办法就是将瘾君子扔进一个干巴巴的"大铁罐"里，或者更为糟糕的是将其扔进一个类似"蛇坑"的精神病院。现在，当我们给瘾君子戒毒时，我们会循序渐进地慢慢来，因为这样做更加人性化，也能消除上述的不良行为。如果一个人逐渐减少饮酒，慢慢节欲时，他就不会再拳打脚踢或歇斯底里地大声尖叫了。

同样，我们在做"数字戒毒"的时候也应该循序渐进，让年轻人慢慢减少玩游戏的时间，最后彻底停下来。例如，每天减少一个小时看屏幕的时间，一周之后就会把屏幕彻底关闭。不过切记，在这段时间里一定要用健康的活动来取代屏幕，这一点是非常重要的。你不能只是削减孩子看屏幕的时间，而让孩子们坐在自己的房间里无所事事。你要带他们去公园或者给他们布置一些具有创意性的工作让他们去完成，这样才行。

要让年轻人看屏幕的时间下降至零，至少需要 4 周的时间，因此我们在此建议禁止看荧屏玩游戏的时间要达到 4 周才行，才能让他或她重新设置自己的生物活动之钟，而有些孩子则需要几个月的时间方能做到这一点。显然，在我们现在的屏幕文化中，完全不接近荧屏是不可能的，即便只是长期地少接触技术也是相当困难的。只有极少数人可以远离网络，不受外界的影响，过着苦行僧般的生活，而大多数人都不可避免地要与屏幕、技术接触。

经过"技术斋戒"之后，一旦孩子的大脑重新复位，家长要监控孩子，以确保之前的症状不复发，以及确认自己的孩子可以使用电子产品的时间。在"技术斋戒"之后的治疗目标就是要鼓励孩子把握好一个健康的技术关系，学会分辨"数字蔬菜"与"数字糖果"之间的差别，以避免后者带来的害处。"数字蔬菜"就是健康地使用屏幕和技术，比如写一篇论文什么的；而"数字糖果"就是《我的世界》和《糖果粉碎传奇》等，是超级刺激的、多巴胺激活的数字兴奋剂，没有任何"益处"可言。

有趣的是，最新的《精神障碍诊断和统计手册》（第5版）中收录了一种新的儿童精神障碍疾病，是一种破坏性情绪失调症（DMDD）。[4] 其症状表现为，孩子长期处于暴躁易怒的状态，动辄就发脾气。这些症状对我们来说非常熟悉，因为我们一直从事这方面的研究，致力于拯救那些患有屏幕瘾或电子屏幕综合征的儿童，他们受到了荧屏的过度刺激，情绪就变得十分异常。

除了破坏性情绪失调症以外，许多研究人员和临床医生认为少儿多动症爆炸性增长的罪魁祸首也是荧屏。下面就让我们来看看其中的一些观点吧。

荧屏对多动症的影响

现在，美国有 600 万名儿童被诊断患有多动症。也就是说，在 10 个孩子中就有 1 个孩子患有这种病。

这到底是怎么回事呢？

有些人试图敷衍搪塞过去。他们会解释说，所谓的少儿多动症正在流行，只不过就是因为现在荧屏的数量较多，对这种疾病的诊断率较高，而对其认识也较清楚明了而已。但是，其他人对此持有不同的意见。

我们在第一章中就说过，如果要对接触过度刺激屏幕的孩子产生影响，就需要不断使用刺激的画面来吸引他们的注意、保持他们的兴趣。当然，发光的荧屏可以使小乔尼和小苏西安静下来，这样就会使爸爸和妈妈的生活更轻松一点——在短期内仿佛是这样的。

苏珊·林恩博士是哈佛医学院精神病学讲师、《消费中的孩子》一书的作者。她这样写道："这是真的，如果你带着孩子开车出去旅行，或是乘坐公共交通工具，或者带他们去做年度体检，只要你给孩子提供一个荧屏设备，那么，在你排队等候的时间段里，可能就会感觉更舒适一些，或是感觉更容易管理他们。但是，这样的方便是有代价的。这样会助长孩子对屏幕的依赖，并且有碍他们养成观察、投入周围世界的习惯。"

另一种说法是，一旦孩子们养成了对《侠盗猎车手》游戏的兴趣，想让他们坐下来做什么代数作业就都不可能了。

果不其然，现在有充足的研究表明，在童年和青少年时期接触电子游戏和电视屏幕已经成为注意力问题的一个重要的有害因素。另外，有一种理论认为，经常体验兴奋刺激的东西会使孩子难以适应不那么兴奋的东西。除此以外，其他人还推测，因为大多数的电视节目或视频游戏涉及快速的焦点变化，如果经常接触屏幕，可能会危及孩子持续关注任务的能力，而这些任务不是那么引人注目，比如像学校的功课和作业等。

2010 年，爱荷华州立大学在《幼儿科学》（*Pediatrics*）杂志上发表了一项名为《直面电视和视频游戏以及注意力问题发展》的研究报告。在 13 个月的时间内，他们对 1 323 名儿童进行了评估。[5] 结论是什么？结论就是无论是看电视还是玩视频游戏，都与儿童的注意力问题增加密切相关；特别是 6～12 岁的孩子，如果每天花 2 个多小时玩电子游戏或是看电视的话，他们在学校就会遇到注意力不集中的麻烦，其中有 1.6～2.1 倍的人更可能有注意力问题。真是出乎预料、意想不到啊！

"实际上，我们现在看到的儿童多动症要比 20 年前看到的多 10 倍。"迪米特里·克里斯塔基斯（Dimitri Christakis）博士说："我认为，无论是视频游戏还是电视节目，值得关注的是，它们的节奏过度刺激，结果导致了注意力问题。"克里斯塔基斯博士是华盛顿大学的儿科学副教授，也是该项研究报告的合著者，他长期从事屏幕效果的研究工作。

研究人员认为，节目的节奏对增加注意力问题的风险是十分显著的。根据该研究的合著者克莱格·安德森（Craig Anderson）博士所说，"该风险的确足够大，确实值得家长们采取行动了"。安德森博士建议孩子们每天只需要一两个小时的屏幕时间，这与美国儿科学会推荐的荧屏时间相一致。但是，克里斯塔基斯博士则不同意这个观点，他说："我的感觉是，两个小时的时间实在是太多了。"[6]

从 2004 年开始，克里斯塔基斯博士就在早期的研究中发现，1～3 岁的孩子看的电视越多，到 7 岁时，他们的注意力出现问题的可能性就越大。事实上，这项研究表明，小孩每看 1 个小时的电视，其注意力问题的风险就比不看电视的孩子增加 10%。因此，3 个小时的电视时间就使转化成注意力问题的可能性增加了 30%。

自从该研究结果发表以来，需要考虑的情况已经真相大白、众人皆知。最近的研究表明：平板电脑和互动媒体对注意力的负面影响更为强大。此外，从 2004 年以来，儿童的屏幕时间已成倍增加。根据凯撒家庭基金会（2010 年）的统计， 8～18 岁的孩子，每天要在荧屏前花费 7.5 个小时——待在电脑、电视或其他电子设备屏幕前。这个时间估计还不包括孩子额外花 1.5 个小时发短信或是花0.5 个小时用手机交谈。事实上，这是一个孩子醒着的时候的大部分生活状态，他们观看屏幕的时间比他们花在睡觉上的时间还要多。

知道了过度刺激的荧屏对注意力的抑制效果以及对孩子大脑的影响，儿童多动症的盛行还有什么奇怪的吗？

克里斯塔基斯博士是这样说的："当你的内心变得习惯于高水平的输入状态，那么，现实就极有可能变得枯燥乏味、非常无聊。"

简而言之，这就是我在临床工作中看到的情况，我曾与几百个十几岁的青少年在一起工作过。你知道，现实的情况就是非常无聊。这怎么能与新鲜离奇、高于生活、生动逼真、过度刺激的《魔兽世界》或者与火速发射、超级刺激的群发短信相提并论呢？看一看以前的儿童节目，比如《罗杰斯先生的邻居》，节目中的明星同年轻观众的说话方式都是深思熟虑、慢条斯理的。再看看现在那些价格低廉、粗制滥造的电视节目，比如《数学城小兄妹》和《海绵宝宝》，场景剪辑的速度那么快，音乐、音效的声音那么大，节奏也是那么疯狂。那么，一直观看激烈、疯狂的节目和耐心细致地观看一些富有思想、语速缓慢的节目，对小孩的个性会产生什么不同的影响呢？

当然，也有人不同意这种因为超刺激的技术而导致多动症的理论。这些否认荧屏危害的人士也承认这项研究。他们意识到，虽然观看屏幕与生活中注意力较差有着显而易见的联系，但是他们依然采用先有鸡还是先有蛋的老生常谈，其目的无非就是想表明，有些家长是为了让焦躁不安、疑似多动症的孩子安静下来才把自己的孩子置于电视机之前。

德克萨斯大学的杰奎琳·加米诺（Jacquelyn Gamino）博士是儿童多动症研究的领军人物，他简明扼要地指出"到底孰是孰非"。

有科学素养的人都会提出一些有效的问题，而我们在早年也学过如何辨别相关性与因果关系。可以肯定的是，我们知道注意力是基于兴趣的，多动症儿童可能确实受到了视频游戏的吸引，因为这些游戏足够刺激，结果成了孩子的兴趣中心。况且，游戏的刺激不仅可以自我治疗，而且还能促进孩子们多巴胺的增加，也许这些孩子本身就缺少多巴胺呢。

但是，荧屏是否引起了多动症儿童对刺激画面的渴求呢？

我会提供几个论据，以此来说明荧屏确实造成了注意力的障碍，而不是说两者仅仅是有关而已。

首先，我们的大脑成像研究表明，额叶皮层（用来控制冲动——多动症的主要成分）由于接触荧屏画面刺激而受到了损害。

印第安那大学医学院的王博士曾做过这样的研究，先让非游戏玩家每周玩 10 个小时的电子游戏，然后再与他们自己原来的基础结果进行比较，结果表明，他们的左额下叶以及前扣带皮层的细胞激活都较少，与对照组相比较也较少。而这些东西都是大脑区域控制冲动和情绪的调节工具。[7]

"这是我们第一次发现，随机分配的年轻成人，在家里玩了一周暴力视频游戏之后，他们的样本表明，在某些额叶脑区的激活就较少。"王博士还说，"受到影响的大脑区域对于控制情绪和攻击行为是非常重要的。"

其次，除了脑成像研究以外，我们还有前面提到的邓克利博士的临床工作以及我自己的临床观察结果。利用"技术斋戒"的方法，当屏幕从孩子们的生活中消失时，我们看到他们的临床症状就有了显著减轻，包括与多动症相关的一些症状，从而证明了那个古老的格言"如果治疗有效，那就可能有病"。

最后，我们都有自己的常识和观察力。基于我们对于儿童的成长与发育情况的所有了解，如果我们过度刺激他们脆弱的神经系统和尚未发育完全的大脑，无论如何都会导致一些问题，这难道有什么说不通的吗？

我们有孩子的人或是曾与孩子打过交道的人，难道没有发现孩子们很容易就会受到过度刺激？而后，为了保持现状、静坐不动，他们就需要一直不断地受到刺激吗？

许多家长都陷入这样的误区，他们认为，当自己的孩子目不转睛地盯着屏幕看的时候，就说明孩子展现出保持深刻专注的能力。毕竟，他们在屏幕上保持着像激光一样的专注力。他们怎么可能会有注意力问题呢？

但是，这种对屏幕入迷的注意力实际上就是一个注意力问题。

作为纽约大学儿科学专业教授，佩莉·柯来斯（Perri Klass）博士曾为《纽约时报》（2011年5月9日）撰文写道："事实上，一个孩子专注于荧屏的能力，虽然不是别的什么病，的确就是注意缺陷多动障碍——多动症的实际特性。"

她还补充说，孩子们对电子游戏和电视的那种专注的注意力不是那种帮助他们在学校或其他地方能够茁壮成长的注意力。根据纽约大学医学院的儿童精神病学副教授克里斯托弗·卢卡斯（Christopher Lucas）博士的观点，那样的专注是有问题的："这不是那种在没有奖励的情况之下而产生的持续不变的关注，而是需要频繁地、断断续续给予奖励的一种注意力。"[8]

正是那些频繁的、不断的奖励创造出令人上瘾的诱饵，然后在典型的恶性循环中进一步使这个注意力问题永久存在，反过来又进一步危及孩子的冲动控制和避免一直粘在屏幕上的能力。事实上，我们所看到的荧屏时代的儿童就是一群由高度荧屏饮食喂养的孩子，他们对于荧屏都有激光般的关注，但对其他事情则几乎没有任何耐心。

除了对学校生活普遍缺乏兴趣以外，我们还看到，这些孩子们玩起来也缺乏耐心。许多体育评论员都发出哀叹，需要耐心的棒球运动的人气日渐下滑，观众少了，参与这项运动的美国儿童也少了，而那些节奏较快的运动，比如橄榄球、足球和篮球，已经在美国迅速普及。有许多孩子都抱怨说，打棒球真是太慢啦。

几年前，纽约大都会的棒球传奇人物达尔·史卓贝瑞在接受采访时被问道，现在美国的年轻孩子打棒球的人数为什么不像过去那么多？他伤心地回答说，对于现在的孩子来说，他们都是玩电子游戏长大的，所以玩棒球似乎太无聊。就连他自己的儿子，小达尔·史卓贝瑞，在马里兰大学也是选择打篮球。他在接受采访时说："我过去很喜欢棒球，但它对我来说有点无聊。我当时当门将，只是站在那里，显得非常无聊。我更喜欢（在球场）来回奔跑。我喜欢这个奔跑的动作。"[9]

如果你真的希望孩子发育良好、茁壮成长的话，那就让他们在生活的最初几年里摆脱荧屏的干扰吧。在这些关键的发育阶段，让他们做一些创造性的游戏。积木永远都是美妙的选择，因为积木能鼓励孩子们的创造力，而手眼协调能力还可以培育染色体接合度的生长。让孩子们探索周围的环境，给他们提供体验真正大自然的机会。烹饪和音乐这样的活动也能帮助儿童成长发育。但是，最为重要的是，让他们体验无聊、体验厌倦，然后让孩子学习如何自己克服无聊，再没有什么比这更健康的方式了。而这便是肥沃的土壤，可以培养他们的观察能力，培养他们的耐心，开发他们的想象力——这是孩子们在发育过程和神经接合过程中最重要的技能。孩子们小时候就应该生活在没有荧屏的环境中，因为他们以后会有足够的时间来应对各种各样的屏幕。

屏幕和抑郁

我们在上一章里谈到了脸谱网抑郁症，但是，最近的其他临床研究也将抑郁症与互联网使用的增加联系在了一起。以下是相关例证：

- 2012 年，密苏里州立大学的一项研究表明，在 216 名儿童中有 30% 的互联网用户显示出抑郁症的迹象，而这些抑郁、沮丧的孩子都是网络的热衷用户。
- 2014 年，《综合精神病学》（*Comprehensive Psychiatry*）杂志上刊登了一项研究报告，该研究调查了 2 293 名 7 年级的学生，结果发现，网络成瘾加剧了抑郁沮丧、敌对状态和社交焦虑。

- 2014 年，在巴基斯坦做过一项有 300 名研究生参与的调查研究，结果发现网络成瘾与抑郁和焦虑存在着确切关系。"这一结果说明，过度使用网络会使学生沉迷其中，其结果导致了使用者的焦虑和抑郁。一个人越是沉迷于网络，他在心理上就会越来越抑郁沮丧。"

- 2006 年，韩国的一项研究也发现，抑郁和自杀意念的增加都与网瘾相关。生活在同一个城市里的 1 573 名高中学生参与了该项研究，他们先后完成了《网络成瘾量表》的自查自测报告、韩文版的《儿童诊断访谈时间表》（主要是儿童抑郁症的简单调查问卷）以及《自杀意念调查问卷》（初级版）。

- 1998 年，卡内基·梅隆大学进行的一项研究发现，如果网络使用超过 2 年，人们就与抑郁症增加、感觉寂寞、失去"真实世界"的朋友等现象密切相关。

屏幕和电磁场（EMFS）

每当我们考虑屏幕的负面影响时，我们总是忽视由手机和屏幕发出的辐射。我们每天都沐浴在无线电波和电视波中，并在这样的世界里长大。也许，就像鱼儿不知道水的存在一样，我们人类也不知道无形的电波总是会时时刻刻穿过我们的身体。

但是，我们发现，由屏幕和手机发出的电磁场（EMFS）与其他的电子波有点不同，而且还更加危险。

我们先说一下手机吧。

世界卫生组织（WHO）多年来一直否认使用手机会有任何不良的影响。2011 年，该组织终于把手机的不良影响摆上了议事日程，启动了手机研究项目，并且宣称手机的辐射可能会导致癌症。该机构现在还列出了与使用手机相同的"致癌危害"目录，如铅、电源废气、三氯甲烷等。[10]

电源废气？三氯甲烷？我的天哪！在由屏幕引起的诸多问题中，儿童的多动症和技术成瘾还可能是最不需要担心的两个。

来自手机的辐射类型被称为非电离射频（RF），它远不像功率非常低的微波炉发出的 X 射线。你知道吗，微波炉中的辐射只不过是在攻击我们的卷饼，而手机的辐射类型则对我们的大脑有类似的影响。基思·布莱克（Keith Black）博士担任洛杉矶雪松—西奈医学中心的神经病学主任。根据他的观点，"如果用最简单的术语来形容微波辐射，那么电子波对于大脑的辐射基本上就与食品在微波炉中烧烤的情况相似"[11]。

我们的手机不需要很长的时间就能使我们的大脑细胞突然裂开、突然爆炸、突然崩溃。2011 年，美国国家卫生研究院的研究人员进行了一项研究，结果表明，手机辐射只用 50 分钟的时间，就能"增加大脑细胞的活跃性"；而"增加活跃性"，其实就是"烹饪烧烤"的学术说法，用"增加大脑细胞的活跃性"来表述，只不过是听起来美妙一点罢了。

殊不知，我们的脑细胞虽然只用 50 分钟就可以显示被微波加热的迹象，然而，受到微波烹饪的大脑，却需要好几年的时间才会开始出现故障的迹象："当你关注癌症，尤其是脑癌的发展时，通常要花费很长的时间才能注意到癌细胞的发展。我倒认为这是一个不错的主意，这会给公众一些警告，让大家知道长期接触手机的辐射可能会致癌。"华盛顿大学生物工程研究教授黎允文博士如是说，他研究辐射已有 30 多年了。

布莱克博士十分赞同这种观点，他说："我们最大的问题就是，大多数环境因素造成的严重后果，我们需要经过几十年的接触之后才会真正意识到。"而且，除了辐射致癌以外，布莱克博士同时指出，也许，我们还容易受到其他的辐射效应："除了导致癌症和肿瘤的发展以外，辐射可能会有一大堆其他影响认知记忆功能的不良后果，因为我们通常使用手机时，就把手机放在耳朵旁边的记忆颞叶上。"

嗯，好了，好了，别再说了。什么脑癌呀，肿瘤呀，认知障碍呀。嘿，你瞧，我还可以用手机自拍呢！

有一个由 31 位科学家组成的研究小组，其成员来自包括美国在内的 14 个国家的研究人员，曾对手机安全问题进行了同行评议研究。在这之后，世界卫生组织终于做出了这样的声明："哦，是的，顺便说一句，手机会导致脑癌。"

从 2010 年起，世界卫生组织的研究团队查看了国际上大量的手机与癌症方面的研究结果，研究人员这时候才发现，使用手机 10 年以上的参与者，其大脑胶质瘤的数量就增加了一倍，胶质瘤也是一种肿瘤。研究人员还发现了其他的明显证据，证明手机用户在听神经方面的脑肿瘤也有所增加。

世界卫生组织宣布了该研究结果之后，促使欧洲环境署也进行了更多的相关研究，并声称手机可能像"吸烟、石棉和含铅汽油一样，都使公共卫生安全面临一个巨大风险"。

而现在，有些家长则认为，给自己的小家伙配备智能手机不失为一个了不起的良策。针对有此想法的所有家长，布莱克博士则揭示了一些非常发人深省的观点："儿童的头骨和头皮都较薄，因此，辐射能轻而易举将其穿透并深入到儿童和年轻人的大脑深处。他们的脑细胞分裂的速度更快，所以辐射的影响也会大得多。"

那么，这又引出了一个问题：任何貌似真实的教育效果抑或什么"保持联系"的功能，值得让人去冒患上脑癌的风险吗？

事实上，现在有一个整体的运作举动，就是鼓励人们使用防辐射的中空管耳机和手机，尽可能地让手机远离人们的身体。就我个人而言，由于职业的原因，我需要花费大量的时间打电话，我发现空心管耳机不失为一个天赐之物。我的朋友卡罗琳·菲耶罗（Caroline Fierro）博士也是一个医疗健康博士，就鼓励她的客户说，不要在自己的卧室或身体的任何地方存放手机；她还告诉他们说，如果你的确要把手机放在卧室的话，那就把它放在一个防辐射的铅盒里。

这是对成年人的忠告。给孩子们的建议则比较简单，那就是别给他们手机。不要把一个发光的小微波炉放在他们的小脑袋和薄弱的头骨旁边。

那么，使用平板电脑和计算机产生的电磁场又会怎么样呢？

计算机和手机一样，会产生低频（LF）和射频（RF）的电磁场（EMFS），而这两种类型的电磁场都有潜在的危害。所有的电脑，无论什么样的技术，都有一个 5 ~ 60 赫兹或更高赫兹组成的相对强劲的电磁场 EMF 辐射体。

电磁场不仅仅来自电脑屏幕；电子计算机内部本身也产生强大的电磁场。研究表明，只要电磁场接触超过 2 毫高斯（mg），就开始危害生物有机体；如果长期接触并达到较高水平的话，从 2 毫高斯及其以上水平开始，就已经与癌症相关，并影响到免疫系统。

你一般把台式电脑放在多远的地方？在 3 英尺以外的距离，计算机通常测量的电磁场是从 2 毫高斯至 5 毫高斯不等；如果电脑离你 4 英寸或是更近的话，计算机测量到的电磁场是 4 毫高斯，最高可达 20 毫高斯。[12]

但是，平板电脑和笔记本电脑甚至要比台式电脑的辐射影响更加严重。

平板电脑是通过 WiFi 以及蜂窝数据连接到互联网的，由此发射的电磁辐射就和笔记本电脑一样，还有来自手机的蜂窝数据传输辐射。这就意味着你现在受到了两个辐射源的打击，还有第三个辐射源来自平板本身：平板电脑从其各种组件和电路内部发射的极低频（ELF）辐射。台式机也有低频辐射，但是，我们通常离台式电脑不是那么近（虽然它记录的是可远离人体 18 英寸）。

相比之下，笔记本电脑和平板电脑与台式电脑不同，它们的更大问题就是其设计本身就要非常靠近人体，这就更增加了平板对人体的辐射。实际上，许多人都是把笔记本电脑或平板电脑放在他们的大腿上来使用的，而这是最坏的使用方式。这样一来，人体会最大限度地接触电脑发出的电磁场——尤其是对生殖器官的危害最大。有研究表明，电磁场对精子会造成损害，从而影响男性的生育能力；而对于女人来说，其危害性更大，因为受损的卵子永远无法被取代。

研究人员也在探索其他电磁场危险。哈佛大学已经研究了接触电磁场与自闭症之间的潜在关系。根据研究发起者的观点，该研究结果暗示，电磁场充当了正常生物同步中断的罪魁祸首，这被认为是加剧自闭症频发的因素。

2009 年 8 月，哥伦比亚大学的研究人员发表了一篇论文，描述电磁场是如何干扰和分解 DNA 的。[13] 早在 2000 年，匈牙利的研究就记载了电磁场造成了细胞和细胞器结构与功能不可逆转的改变，而细胞器就是专门让细胞运行的亚基。更令人不安的是，这也引发了与细胞死亡相关的形态学信号。从 2005 年起，意大利人做了一项与匈牙利的研究结果相关的独立研究，结果证明，电磁场导致了人体重组细胞的凋亡或编程性细胞的死亡。[14]

我们过去都知道，我们的屏幕一直都在发光；现在，我们也意识到，屏幕不仅仅让我们满脸发光，也让我们的孩子一样满脸发光。不幸的是，这可不是什么健康的红光啊。

★ ★ ★ ★ ★ ★

我们已经研究了与发光荧屏相关的心理、临床、发育以及身体方面的一些问题。但是，发光的荧屏对于人的行为又会有什么影响呢？孩子们在屏幕上看到的内容能决定孩子的行为方式吗？

这一争论已经持续了数十年，我们将在下一章里看到结果。

七 有样学样：大众传媒的负面影响

孩子们在屏幕上看到的东西真的会影响他们的行为吗？

是的，答案是非常肯定的。我们都知道，商业广告能让孩子向大人索要任何东西，比如《快乐的晚餐》和《忍者神龟》的动画人物玩具。凯蒂·派瑞（Katy Perry）的衣着打扮影响着无数 13 岁之前的女孩的时尚品位。但是，有许多人会问这样一个问题：含有暴力内容的电子媒体，比如某些电子游戏和电视节目，是否会让孩子更好斗、更暴力呢？

政治家和宣传团体当然也是这么认为的。2005 年，当公众对《侠盗猎车：圣安地列斯》里明显的暴力内容发出强烈抗议之后，美国参议员希拉里·克林顿（Hillary Clinton）也对视频游戏中的暴力内容和性内容表示关注，还提出了一项议案。该议案认定，向未成年人出售"成人级"或"只适合成年人"的电子游戏是一种违法行为。

有人认为这些游戏只是一种"沉默的无意识流行病"，就把《家庭娱乐保护法案》提交给了参议院的商业与科技委员会。尽管这位前美国第一夫人尽了最大的努力，但是在参议院第 109 次代表大会结束时，该提案最终没能生效。

对有问题的媒体内容，人们试图判定其非法、进行审查或贴上问题标签，但这毫无新意。20 世纪 90 年代，科特·柯本（Kurt Cobain）和电影《网络迷宫》就是青少年的精神支柱，就如同莫妮卡·莱温斯基（Monica Lewinsky）在遇到比尔·克林顿（Bill Clinton）之前只是华盛顿特区的一张新面孔，当时就引起了激烈的文化大战，而且人们的愤怒之情一直延续到了今天。

在这种文化战争的分歧之中，主要是两派之争。一派是由蒂帕·戈尔（Tipper Gore）和詹姆斯·多布森（James Dobson）率领的，他们认为你要有"家庭价值观"，他们自己就是所谓的关注家庭价值观的斗士；而另一派则是由嘻哈偶像倡导的"行为文化"。两派之间针锋相对时出现了嘻哈两人组合（2 Live Crew）阵营，他们一方面高度赞扬创造性表达的美德以及言论自由，另一方面则痛苦地扭曲艺术的界定，用普遍流行的、充斥着种族辱骂、亵渎和厌女情结的歌词来保护语言。

因此，蒂帕阵营与嘻哈两人组合之间的 PK 成为人们必看的电视节目，他们所代表的文化特性具有十足的舞台效果。持有家庭价值观的斗士们认为，内容是至关重要的，而在文明社会的媒体中，某些语言和形象根本就不应该被大家接受。毕竟，孩子们都在看、都在听，而且，最为重要的是，他们都在模仿啊。这样的事情肯定会影响他们敏感的小心灵，而他们自己的思维就不翼而飞了。

鲁瑟·坎贝尔（Luther Campbell），亦称为"卢克·天行者"，是嘻哈两人组合中的头面人物，他则不同意上述看法。但是，嘻哈两人组合还是遭到了价值观斗士们的围攻；由于他们唱的歌曲，比如《流行音乐猫》和《我欲火中烧》与他们的专辑《下流至极》一样糟糕，所以，人们都把他们视为色情产品的代言人；而美国家庭协会（AFA）聘请的律师杰克·汤普森（Jack Thompson）★则呼吁佛罗里达州的州长鲍勃·马丁内斯（Bob Martinez）一定要发表声明，宣布他们的嘻哈音乐是淫秽下流、令人可憎的。

1990 年，县巡回法院的法官梅尔·格罗斯曼（Mel Grossman）发现，指控淫秽猥亵犯罪的理由确实存在。就在这一年的 3 月 15 日，在美国佛罗里达州西部城市萨拉索塔，有一名 19 岁的唱片店店员因出售一盘《下流至极》专辑而受到重罪指控，而且被逮捕了。

1990 年的 6 月，该《下流至极》专辑成了美国第一张被依法裁定为"淫秽"的音乐专辑。此项裁定由美国地方法院法官何塞·冈萨雷斯（Jose Gonzalez）做出。因此，之后出售该专辑就是一种违法行为。从此，唱片连锁店以及独立的个体商店都停止销售这一颇有争议的唱片专辑。佛罗里达州当地的一个零售商查尔斯·弗里曼在该禁令执行两天之后就被捕了，因为他把一张该唱片卖给了一名微服私访的便衣警察。紧接着，就有嘻哈两人组合的三名工作人员

★ 在下一章里，我们也会看到同一个律师杰克·汤普森，他负责 2003 年的《侠盗猎车》谋杀案的审判以及随后的索尼诉讼案，案件中的德文·穆尔是亚拉巴马州的一个少年犯，他因杀害 3 名警察而被判刑。

相继被警方逮捕，因为他们在佛罗里达州的好莱坞富特利俱乐部演唱了该专辑中的一些歌曲。

坎贝尔，亦称为"天行者"，搞不明白他和他的音乐为什么都会受到如此攻击。他说，人们应该把重点放在更重要的事情上，比如像"贫穷和饥饿"之类的问题。因此，他决定进行反击，以防更多的淫秽罪指控，也希望为他的专辑翻案。坎贝尔的律师在 1990 年 3 月 16 日就此提起了诉讼，要求在佛罗里达州的劳德尔堡联邦地方法院重新宣布该唱片不是淫秽的专辑。

1990 年，坎贝尔在《洛杉矶时报》的一次采访中说他的音乐是"成人喜剧"，而不是什么色情音乐，许多评论家对此根本不明白。坎贝尔说："这些人表现出来的样子就好像是我发明了露骨的性感物似的。""难道他们没有听说过理查德·普赖尔（Richard Pryor）或安德鲁·戴斯克莱（Andrew Dice Clay）？……怎么突然之间大家都在拿我说事，这是为什么？"坎贝尔接着说，"我对此事的感觉就是，嘻哈两人组合与雕塑裸体雕像的雕塑家没有什么不同。我们不是色情狂，在我们的头脑中，我们就是艺术家。"但是，佛罗里达的州长和美国地方法院并不赞成坎贝尔的幽默感，也不赞同他的艺术观。

坎贝尔及其音乐继续受到持关注家庭观点的狗仔队的监视，令人尊敬的唐纳德·怀德蒙家庭协会依然将其诉病为"色情"。与此同时，全国媒体正在对坎贝尔及其音乐群起而攻之。《洛杉矶时报》评论说，嘻哈两人组合的法律战就是一场"极为详细、争夺激烈的职业拳击赛"。

假如这是一场拳击比赛的话，那我们就不妨说嘻哈组合的所有人员现在都获救了、复活了。嘻哈两人组上演了 15 轮激烈无比的复出赛，之后他们就复出乐坛、东山再起，因为美国上诉法院在第 11 轮巡回上诉期间推翻了冈萨雷斯法官于 1992 年所做的"色情淫秽"的裁决。在该次审判中，哈佛大学教授小亨利·路易斯·盖茨（Henry Louis Gates Jr.）极力为该组合的歌词进行辩护。盖茨辩论说，该县认为淫秽的那些歌词材料，其实在非裔美国人的方言、游戏和文学传统之中有着重要的根源，因此那些材料不但不是什么淫秽之作，反而应该受到保护才对。

结果不出所料，法院同意了该次审判。借助纷纷扰扰的争论，《下流至极》这张专辑竟然销售了 200 多万张。

同时，蒂帕·戈尔及其家长音乐资源中心 (PMRC) 也有一种胜利之感：1990 年，美国唱片工业协会（RIAA）为了提醒家长预防一些潜在的少儿不宜的内容，把一个黑白相间的警示标签贴在那些被视为过度淫秽或引用不当的唱片上，上面写着"育儿忠告：歌词露骨"。

因此，虽然嘻哈组合的工作人员被允许继续演唱他们的歌曲，但是他们的唱片以及从此发行的所有其他可疑内容的唱片的封面上都贴有大大的"育儿忠告"标签。*

尽管嘻哈组合打赢了这场官司，但是问题却依然存在：他们的

---

* 20 年之后，在 2014 年，鲁瑟·坎贝尔更为谨慎小心，说如果采访可以重来一次的话，嘻哈组合可能不会那么极端吧。"有些说过的事情，我就不应该再说了。"他解释说，"有些案件中，有些人的确热心过了头。"

音乐如此粗俗，是否会对美国的年轻人产生负面的影响呢？

毕竟，文字、歌词和图像都会严重影响年轻人的思想，而年轻人容易受到影响也不是什么新鲜事了；几十年来，大众传媒一直让家长们胆战心惊、防不胜防：从"大麻热潮"到"骆驼老乔"，从"摇滚音乐"到"玛丽莲·梦露"，从"埃尔维斯说唱"到"窃取这本书"，媒体上接二连三播出的这些东西一直在挑战着家长们紧绷的神经。

甚至，就连我们心爱的漫画书，曾经一度也作为媒体的靶子。20 世纪 50 年代，参议院的一次听证会正在调查漫画书在青少年犯罪中所起的作用。在听证会上，法医科学家弗雷德里克·沃瑟姆（Frederic Wertham）公开谴责漫画书里的"暴行层出不穷"。他特别谴责说，其中有一个标题体现了虐待狂的幻想，那将会"特别有害于儿童的道德发展"。

沃瑟姆警告参议院有关漫画书中野蛮残暴的内容，其用意到底是什么呢？请大家看一下线索吧：他穿着红色斗篷，胸前有个大写的字母"S"。是的，一点没错。我们那个无所不能、令人爱戴的超人曾经涉嫌腐化了这个国家的青年，不经意间促进了他们的不端行为。

20 世纪 60 年代，电影业因为一些有争议的电影而受到过类似的审查，比如严格审查电影《灵欲春宵》的性主题和亵渎语言。至此，美国电影协会（MPAA）不再沿用以前自我审查的旧系统，而开始采用电影分级系统，美国至今仍在使用这一分级系统。

1966 年，尽管迈克·尼科尔斯的电影是当年最卖座的电影之一且广受好评，曾获得 13 项奥斯卡提名，但还是有公众对他的电影感到不满，因为某些内容需要标注为成人内容，其等级只适合于家长观看。

1975 年，电视产业长期对可疑内容进行审查，还提出过"家庭收视时间"，但不久即被废止。"家庭收视时间"是由联邦通信委员会（FCC）确立下来的政策。根据该项政策，每家网络都必须在黄金时间的第一个小时播出"有利于家庭生活"的节目。但是，经过诉讼之后，该政策在 1977 年就被法院推翻了。

尽管联邦通信委员会是由联邦政府授权的，但"家庭收视时间"是公众针对电视上大量的色情和暴力内容而强烈呼吁的。1974 年，一个特别的电影场景让公众炸开了锅：美国全国广播公司播放的由琳达·布莱尔主演的电影《生而天真》中有一个女同性恋轮奸的场景，甚至在白天播放的电影广告中使用了一个活塞手柄的形象，这是多么令人不安的场景啊。

一个 9 岁的女孩竟然被她的同龄人用一个装苏打水的玻璃瓶强奸了，有些人因此而指责这部电影中的这个场景，因为媒体可能会影响人在现实生活中的行为，该场景才被迫从电影中删去。而加利福尼亚最高法院在奥利维亚起诉美国全国广播公司时则宣布说，这部电影不是什么淫秽片，而美国全国广播公司也不可能为那些犯了轮奸罪的孩子们的行为承担责任。

然而，虽然美国全国广播公司发现他们在司法程序上可以不承担法律责任，但是，心理学领域已经能够证明媒体是会影响人们的行为。尽管不算那些明显的例子，比如电视广告引起了人们的购物欲或培养了人们的饮食习惯，依然还有大量的研究表明电视上的暴力内容可以增加观众的攻击意识。

2014 年，通过对 1957 年至 1990 年之间发表的 217 项研究进行分析，心理学家乔治·康斯托克（George Comstock）博士和裴海仁（Haejung Paik）博士发现，观看电视暴力在短时间内对人的发生真实的身体暴力的效应已经由弱变强。他们发表在《传媒研究》（*Communication Research*）杂志上的研究结果显示，"电视暴力与攻击性行为之间存在着正向的、显著的关联"[1]。

当我们了解媒体的影响时，康斯托克博士的观点都不可小觑——他获得了斯坦福大学的博士学位。目前，他是雪城大学公共传媒学院教授，也是《电视与美国儿童》（*Television and the American Child*）一书的作者，他也曾是美国卫生局的科学顾问委员会成员，还是电视与社交行为高级研究助理。

还有一个较早（2005 年）的有关媒体与暴力的研究综述，也可以支持康斯托克博士的研究。这是诺丁汉大学医学院的凯文·D. 布朗（Kevin D. Browne）博士和伯明翰大学的凯瑟琳·汉密尔顿 - 吉亚克莉丝（Catherine Hamilton-Giachristis）博士发表在《柳叶刀医学期刊》（*The Lancet*）上的研究报告。[2]

他们的结论如何呢？

该研究的重点在于回顾了他们所支持的立场，即接触媒体暴力就会导致攻击行为、对暴力无意识以及缺乏对暴力受害者的同情，特别是少年儿童，情况更是如此。根据布朗和汉密尔顿两位博士的观点，"一贯的研究证据都表明，电视、电影、视频以及电脑游戏中的暴力影像在年幼的孩子中间，尤其是在男孩子中间，对于他们的觉醒意识、思想和情感都有很大的短期影响，增加了他们的攻击性或是恐惧行为的可能性"。

然而，许多人在提及媒体对行为的影响时却不以为然，只是翻翻白眼，说道："我在电视上看了很多谋杀案，我却没有杀过任何人！"这是我听到的普遍反映。

金·凯瑞宣称他不再看自己的电影《海扁王2》了，因为在新镇中学枪击事件之后，他对电影中的暴力内容感到很反感。《海扁王》系列漫画的作者和电影的执行制片人之一马克·米勒却在2013年8月23日的《纽约时报》的文章中回应说，他从来不会这样认为，"因小说中的暴力而导致现实生活中的暴力不会比哈利·波特的魔法在现实生活中创造的男巫师更多了"。

多么可爱的比喻啊。但是，除了荒谬之外，这一点也不准确。

因为上述两位博士的研究确确实实将暴力内容与攻击性行为的增加联系了起来。事实上，在2000年7月的国会公共卫生峰会上，本国的六大公共卫生团体（美国医学协会、美国精神病学协会、美国儿科学会、美国心理学协会、美国家庭医师学会和美国儿童与青少年精神病学学会）的负责人全部都签署了《娱乐暴力影响儿童的联合声明》：

"在这个时候，超过1 000项研究报告（包括来自美国卫生局办公室、国家精神卫生研究所以及我们的医学和公共卫生组织的领导人，还有我们自己的成员进行的众多研究）都压倒性地一致指出，媒体暴力与一些儿童的攻击行为之间存在着因果关系。基于30多年的研究，公共卫生界得出的结论是，观看娱乐暴力可能会导致攻击性的态度、价值观和行为的增加，特别是少年儿童。"

这个措辞强烈的联合声明接着说："它的影响是可测量的、持久的。此外，长期观看媒体暴力，可能在情感上导致对现实生活中的暴力视而不见、心理脱敏。……观看暴力视频可能还导致实际生活中的暴力。如果年龄较小的儿童过早接触到暴力节目，他们在以后的生活中就会比没有接触暴力节目的儿童有较高的暴力倾向和攻击性行为的趋势。"

这个维护我们公共健康的杰出小组也给那些在娱乐业中老是唱反调的人"注射"了一针"清醒剂"。数十年来，这些人一直试图怀疑、争辩暴力媒体对儿童的不良影响。

"有一些娱乐界人士认为，暴力节目是无害的，因为没有研究证明暴力娱乐与儿童的攻击行为之间存在必然联系；年轻人知道，电视、电影和电子游戏都只是幻想罢了。不幸的是，他们在这两个方面全都错了。"

该声明在最后把矛头指向互动媒体（即电子游戏）的潜在影响："虽然很少有研究论述暴力的互动娱乐（如视频游戏和其他交互式媒体）对年轻人的影响，但是初步的研究已经表明由此造成的负面影响可能会比电视、电影或音乐造成的影响更为严重。"[3]

请记住，这些对于互动媒体的研究都处于刚起步的阶段，而对视频游戏可能产生"更为严重"的影响的警告是在 16 年前就提出的。从那之后，数以百计的同行评议的研究已经完成，确认了暴力视频游戏与攻击性行为的增加之间的联系。

也是在 2000 年，美国联邦调查局发布了一份学校枪击案的报告，指出媒体暴力确实是此类枪击事件的一个危险因素。[4] 2003 年，国家精神卫生研究所的一组专家召开了一次媒体暴力专题研讨会，并在美国卫生局局长的要求下发布了媒体暴力对青少年影响的综合报告，同时还肯定了媒体暴力就是"暴力与暴力攻击的一个重要因素"。[5]

2007 年，美国联邦通信委员会发布了他们自己所做的有关暴力电视节目的报告及其对儿童的影响，而且他们同意美国卫生局局长的观点，认为让孩子们接触媒体暴力会增加他们的攻击行为，这一点"证据确凿"、毋庸置疑。[6] 2009 年，我们在美国儿科学会的朋友在《儿科杂志》（*Pediatrics*）上发表了一份研究报告，该报告陈述说"接触媒体暴力，包括电视、电影、音乐以及电子游戏等，对于儿童和青少年的健康有重大风险"[7]。

为了更好地衡量其重要性，该报告还补充说："科学证据的权重已经使儿科医生们心服口服，有超过 98% 的儿科医生……都表示说他们个人相信，媒体暴力确实影响儿童们的攻击行为。然而，美国的娱乐业，美国的公众人物、政客、家长们却都不愿意接受这些研究结果，也不愿意采取行动。该争论现在应该结束了。"

我认为，我们大家都心知肚明，美国的娱乐业，包括电子游戏制造商们，为什么不想认可这些研究成果——毕竟，其中有数十亿美元的利润啊。

但是，为什么孩子们的父母对此也会反应迟钝呢？

这真是令人难以置信。在所有的研究成果面前，至今仍然还有家长看不明白，还让孩子们连续几个小时不停地打电子游戏《使命的召唤》，这可真不是件好事。

当然，这并不是说某人在电视上看见科杰克用枪打坏蛋，或一玩电子游戏《使命的召唤》就会出去向某人开火，打上几个回合。这仅仅意味着，正如我们从社会学习理论中所了解的那样，我们是通过观察事物来学习的；我们受行为模式的影响，无论是在现实世界还是在媒体中，情况都是这样的。媒体对我们的影响程度取决于其他中介因素（精神 / 情绪因素、智商因素、环境因素以及其他对抗因素的影响等）。

在国会的公共卫生峰会的联合声明中还有一种观点，认为导致攻击与暴力增加的因素有很多而电子游戏可能只是其中之一："我们绝不认为娱乐暴力是导致青少年攻击行为、反社会态度和暴力的唯一因素或最重要的因素。……有许多其他因素可能都会导致这些问题。"

俄亥俄州立大学的教授布拉德·布什曼（Brad Bushman）博士对攻击行为中媒体的作用颇有研究，而且其研究成果也颇丰。他写道："在我认识的研究人员中还没有人说过媒体就是攻击与暴力的唯一危险因素或者是最最重要的因素。这通常是各种因素而形成的高潮。"

根据布什曼博士的观点，虽然电子游戏不是引发暴力的唯一因素，但是它起码是一个"放大器"。

大卫·沃尔什（David Walsh）博士是一位儿童心理学家，他与别人合作，共同撰写了一个研究报告，该研究把暴力的视频游戏与攻击行为连接在一起。他这样解释多种因素的观点："不是每一个打了暴力电子游戏的孩子都会出现暴力行为，这是因为他们还没有受到……其他危险因素的影响。暴力是一个危险因素的组合。"

如果我们能够开始了解，接触暴力视频游戏就是一种危险因素，结果会导致暴力行为。或者，如果我们采用布什曼博士的术语，即媒体暴力作为一个放大器，那么，我们也就会明白，这样的攻击危险放大器，在其他因素的基础上，就会以不同的方式影响不同的孩子，就像任何攻击的放大器，可能会影响任何不同的成年人一样。

例如，我们随机抽了三个成年人，他们每天早上都要喝两杯心爱的星巴克摩卡拿铁咖啡。从研究中我们知道——你们自己也可以通过体验了解——咖啡因作为一种兴奋剂，也可以导致攻击行为的增加，并且可能成为攻击的放大器。

这时候，我们一定不能说星巴克粉丝就是杀人狂，这仅仅意味着食用咖啡因的人可以放大或增加其攻击水平。于是，我们就说我们随机抽的这三个极度兴奋的星巴克粉丝的体内的咖啡因都有所增加，当他们开车去上班时，三个人都被野蛮的司机撞飞了。尽管他们三个人都因咖啡因的增加而具有潜在的攻击性，但是这并不是说他们三人就真的做出了攻击的反应或者实施了攻击或暴力的行为，因为还有其他的因素在起作用。

在这三个喝过咖啡的人中间，其中有两个人在开车上班的时候可能只是咬着自己的舌头，把方向盘抓得有点紧而已。而第三个开车的人可能在早上与自己的另一半争吵过、拌过嘴（另一个攻击放大器），而且，让我们这样说吧，他也可能是为工作而担心，还可能为自己将要失业而倍感压力。也许，肇事司机三的处理问题的能力本来就较差，而此刻因为大脑突然短路，所以就神经质地做出了攻击反应。

因此，咖啡因、工作压力以及早上的争吵，所有这些都充当了那个本来就有攻击倾向的人的攻击"放大器"，最后把那个人推向了爆发的边缘。

然而，其他喝了咖啡并增加了攻击情绪的司机并没有去追那个撞飞他们的肇事司机，因此我们就可以得出这样的结论：咖啡因在第三个司机的路怒症中并没有发挥作用？不，我们当然不能这样下结论。事实上，它很可能就是一个因素，但是我们当然不能说这是唯一的因素或者甚至是最重要的因素。这当然并不是咖啡因的过错，就像我们不能说是家里的争吵或工作压力导致了"路怒事件"，这两者的道理是一样的。但是，他们却都是导致司机爆发路怒的因素，这是不言而喻、显而易见的。

★ ★ ★ ★ ★ ★

研究员沃尔什博士还指出，青少年本身发育的漏洞也使他们更容易受到某些危险因素的影响："大脑的冲动控制中心，就是大脑中使我们能够思前想后的那一部分，管理着我们冲动的欲望，大脑的这一部分就在我们前额的后面，叫作前额叶皮层。人在十几岁的时候，大脑的前额叶皮层正处于建设过程之中。事实上，直到 20 岁，这一部分也还没有彻底发育成熟。"

沃尔什进一步解释说，如果一个人本身就有额外的危险因素，比如出身于贫困家庭、遇到了情感问题或压力过大等，这时候，他就会比较冲动，而控制能力则会减弱："因此，当一个处于大脑发育期中的年轻人本身已经非常生气，他又花费数小时来排练暴力行为，然后他就会把情绪压力带入现实之中，那么他就有可能自然而然地回到以前熟悉的暴力模式，因为他曾那样反复练习过，也许已经练习过成千上万次了。"

当我们谈到游戏的影响时，重复玩也是非常重要的因素。而且，确实有研究表明，一个人坐在那里玩暴力游戏的时间越长，他的攻击性行为就增加得越多。[8]

不断玩视频游戏就是攻击行为不断增加的一个关键动力。拉塞尔·休斯曼（Russell Heusmann）博士是密歇根大学的心理学家，根据他的观点："重要的问题就是重复。我认为，任何孩子可能都玩《侠盗猎车》或是玩过几次射击游戏，这不会有太大的影响。但是，如果他们日复一日不停地玩游戏，一直玩好几年的时间，那么任何了解观察学习能力的心理学家都会发现，很难相信这样不会对其学习产生重大影响，也很难相信这样不会增加暴力攻击的危险。"

虽然，大多数的研究人员对此都已达成了共识，他们一致认为玩暴力电子游戏与增加攻击行为之间有着非常牢固的关系。但是，也有某些研究者，比如克里斯·弗格森（Chris Ferguson）博士，则持有不同看法，他认为"增加攻击性"不仅是一个不甚精确的概念，同时也是一个难以量化的因素。

弗格森博士是美国斯泰森大学的一名教授和媒体效应的研究者，他也是对"增加攻击性"的那些研究论点最直言不讳的批评者。因为弗格森曾写过一篇力挺游戏的文章，发表在 2011 年 12 月 7 日的《时代》杂志上，题目是《视频游戏不会使孩子变得暴力》。而且，该文又被其他力挺视频游戏的文章和博客引用了几十次，所以他俨然已成为游戏玩家们的宠儿。实际上，只要你在什么地方可能看到类似《电子游戏与实际暴力之间没有关系》的标题，克里斯·弗格森的名字一定会同时映入你的眼帘。

根据弗格森博士的观点，研究增加的攻击性根本就没有什么实用价值："我们假设，你玩了一次暴力电子游戏，这会使你的攻击行为增加 0.5%（就像某个研究所表明的那样）。你会注意到这一点吗？我认为你注意不到。把它放在具体情况中来说，如果你明天比今天感觉自己的幸福多 0.5%，那实际上又意味着什么呢？这是一个微不足道的影响……如果说我自己儿子的攻击性，今天比昨天多了 0.5% 的话，那我也不会去注意的。"

但是，我们在前面已经注意到，有研究表明，攻击行为的影响会随着时间的推移和不断重复而增加。而弗格森博士的研究，所谓

"攻击性增加0.5%"，说的只是让参与者玩15～30分钟的电子游戏，然后马上对其进行攻击性的评估测试（如何做以后再说）。我们不会期望在15～30分钟内就看到整体的个性变化。但是，如果孩子沉浸在电子游戏中，情况又会怎么样呢？如果孩子在虚拟的地堡里玩个不停呢？

如果我们明白，攻击性就是受到游戏时间和不断重复影响的一个连续区，那么，我们会说所谓的暴力临界点指向哪里吗？在这个连续区里，哪一点才是那个愤怒的孩子变得暴力，具有攻击和杀人倾向的临界点呢？我们说的就是2012年发生在康涅狄格州的新镇惨案，那个情绪愤怒、反复无常的小孩亚当·兰扎射杀了新镇中学的20名儿童。他就是先从"只有一点点"攻击性开始，然后慢慢变成杀人狂和暴徒的。

虽然，爱荷华州立大学的道格·金泰尔（Doug Gentile）教授大张旗鼓地回应说，他赞同多种危险因素的观点，但是，他也恰如其分地暗示，我们一定要小心谨慎，不要条件反射，本能地只是指责其中的原因之一，尤其是在新镇惨案这样的悲剧发生之后。

他又指出："一旦我们遇到这样可怕的悲剧，它真的会扭曲我们对这个问题的思考方式。……我们大家都认为有一个所谓的罪魁祸首。'这是什么原因呢？'哦，从来都不是这个原因吧。其实，发生任何类似的事情，永远都不是只有一个因素造成的。从来不存在唯一的原因，因为人都是非常复杂的。"

金泰尔教授说得没错。新镇惨案的后果立刻引发了人们的大量评论，有不少人指责是电子游戏导致了这一本不该发生的悲剧；然而，我们也不应该在一个更大的、更复杂的动态因素中低估电子游戏的影响。

有趣的是，医生兼流行病学家加里·斯卢特金（Gary Slutkin）博士则认为，现实生活中的暴力已经蔓延成为一种传染性疾病，而玩暴力视频游戏则是作为引发该病的一个危险因素。

"消除暴力"是一个创新型组织，该组织已经成功地减少了世界主要城市和国家的枪支暴力。斯卢特金博士作为该组织的奠基人，他使用的是一种消除暴力健康治疗模式，而这一方法是他在与传染病抗争的时候学会的，他现在用这种方法来根除暴力。而第一人称射击游戏与传染病的原理非常相似，就是减弱人的心理免疫系统，并且改变暴力（疾病）在人的身上扎根的可能性。

虽然，我们可以争论媒体对人的影响程度，但是，如果我们实事求是地看待这一研究，那么我们就不得不承认媒体虽不是万能的，但确实会成为导致攻击行为增加的一个潜在的影响因素。

但是，正如国会公共卫生峰会声明所指出的那样，在塑造能力和影响水平上，所有的媒体并不是一模一样、完全平等的。从本质上来说，这就是本书的全部前提；现在这个新的虚拟媒体因其普遍性、互动性、现实性和强度，要比之前的大众媒体的影响更大，且具有更大的个性塑造的影响力。在这个新的虚拟媒体领域里，电子游戏已经成为研究电子媒体的研究对象，结果发现，过去15年来，电子游戏的攻击性一直有增无减。

　　事实上，第一个暴力视频游戏研究甚至比这更靠前，可以一直追溯到 1984 年——这一年因乔治·奥威尔（George Orwell）而名垂青史。奥威尔的研究就发表在《传媒杂志》上，他调查了游乐中心那些暴力电子游戏玩家的古怪想法。奥威尔询问了 250 名中学生（其中男生 110 人，女生 140 人）玩电子游戏的习惯、观看暴力电视的习惯以及攻击行为等一系列问题，比如"如果有人在你从学校回家的路上跟你打架，你怎么办"[9]。

　　那些看暴力电视节目的学生往往也玩暴力电子游戏，这些学生"十分明显地表现出与身体攻击相关的行为举止"。最后，研究者得出的结论却有些模糊："数据表明，玩电子游戏既不像许多评论家所描绘的那样颇具威胁，同时也不一定说玩电子游戏不可能产生负面后果。"

　　但是，1984 年的那种娱乐中心的电子游戏与今天的第一人称射击游戏不可同日而语，因为它们在本质上就有所不同。1984 年的那个研究以后，我们现在的研究有成千上万的参与者，而现在绝大多数的研究都试图来探索接触暴力媒体是否会增加攻击性。

八 电子游戏与攻击行为：案例研究

观看暴力电子游戏会让孩子在一学年中更容易表现出较多的身体攻击性行为吗？

这就是爱荷华州立大学的心理学教授克莱格·安德森在 2008 年想要研究的一个问题。安德森博士是该校暴力研究中心的主任，也是视频游戏效果研究领域的一位著名的开拓者和主要研究人员。自从 1980 年获得斯坦福大学博士学位以来，安德森把整个职业生涯都投入到自己的研究之中，他一直努力研究暴力视频游戏对儿童的影响有多大，甚至在美国参议院发表声明之前就对该问题进行了验证。

由安德森及其研究协会成员在 2008 年所做的这项研究检验了"暴力视频游戏在日本和美国的纵向影响"。他们的研究成果就发表在美国儿科学会的官方期刊《儿科杂志》上。紧接着，安德森和他的研究团队就着手进行研究接触暴力视频游戏是否会随着时间的推移对儿童和青少年产生不良影响；假设青少年在年初就接触暴力视频游戏，是否预示着在年末就会出现身体攻击行为。[1]

他们的假设一点没错。

　　他们使用了三个不同的样本组（第一个实验组是 364 名 3 ～ 5
年级的美国小学生，第二个实验组是 1 050 名 13 ～ 18 岁的日本学
生，第三个实验组是由 180 名年龄在 12 ～ 15 岁的日本学生组成）。
研究人员发现，该年早些时候习惯性玩暴力视频游戏的学生在该学
年后期（3 ～ 6 个月之后）仍能检测到攻击性行为。从统计数据来看，
甚至在控制了性别和以前的身体攻击行为等因素以后，结果依然
如此。

　　从每个实验组得出的统计结果来看，"习惯性接触暴力游戏
（HVGV）与几个月后表现出的攻击行为之间存在着'一种可信的、
正向的相关性'，身体攻击和暴力的纵向预测因子会从中等级别
扩散之更大的范围"。按照该研究的说法，这是一个"强大的"
影响，绝不是什么偶然发生的事情。

　　该项研究还注意到，现在的美国孩子每周玩电子游戏的时间（按
照 2008 年该研究得出的结论）是 20 世纪 80 年代的 4 倍之多（16 ～ 18
个小时：4 个小时），而在这之前的研究（安德森等人，2004 年；
迪尔等人，1998 年）就已经说明玩电子游戏与攻击行为之间有一定
的关系。

　　研究人员把"攻击"行为定义为是对另一个人的故意伤害，而
不仅仅是停留在情绪、思想或意念的层面上。他们认为所谓"攻击"
就是对身体的实际伤害行为，比如拳打脚踢、推推搡搡、打架斗殴等。
在该项研究中，针对这些攻击行为，日本的学生通常都是自己主动
报告的，而美国的学生则分三种情况：有的是被老师指认出来的，

有的则是同学汇报的，还有的是自己主动报告的。

研究人员最后得出的结论是"习惯性玩电子游戏不仅导致了肢体攻击行为的增加……相对于那些不玩电子游戏的人来说"，例如，对美国学生和日本学生来说，这些影响都大同小异，基本一样。即便美国文化被认为是以个人主义为价值取向的文化，其社会攻击行为和暴力事件有较高的发生率，而日本被认为是以集体主义为价值取向的社会，其攻击与暴力行为的发生率相对较低。但是，在玩游戏会增加暴力行为方面，美国与日本却有相同的影响，那就是，无论是在美国还是在日本，对年幼孩子的影响都较为明显。

研究人员还得出这样的结论：不管在什么样的文化背景之下，玩游戏都会增加暴力效应，这种跨文化的一致性"说明了暴力视频游戏的力量，它以有害的方式影响了儿童的发展轨迹"。事实上，游戏与攻击行为如此相关，因而也导致研究人员得出这样的结论："本研究发现的结果也反驳了另一个流行的替代假说，那些高危攻击行为的儿童（无论是天生因素还是文化或其他社会化因素），只要是不断接触暴力电子游戏，他们就会变得更具攻击性。"

换句话说，不只是那些具备攻击个性的儿童受到了影响。所有的孩子，只要接触了暴力游戏，都会变得更具攻击性。研究人员推测，这种攻击性的增加，其潜在的心理机制是"一旦接触暴力示范模式，不管是在现实世界中，还是在娱乐媒体"，都将会"教给他们一大堆增强攻击性的行为范本、态度和信念"。

事实上，人们，尤其是儿童，通过观察"模板"来学习新行为，就像研究人员所指出的那样，"无论是在真实的世界还是在娱乐媒体"，都是社会学习理论的一个关键方案。但是，研究人员推测，这种有样学样的现象之所以有增无减，都是因为"视频游戏的互动性质……[和]身临其境的特性。事实上，用户既是攻击行为的喜剧演员，也是攻击行为的观察员"。

　　为此，我也想说一说最新一代的电子游戏。它们增加了视觉强度和图像的真实感，再加上频繁的"奖励时间表"和某些重复的东西，正如我在第三章中提到的那样，如高强度多巴胺一样，结果只会进一步加剧暴力游戏强大的个性塑造功能和"建立榜样"的潜在影响。

　　这样的研究还有更多：

　　2014年有一项题目为"网络暴力游戏对攻击行为的影响水平"的研究，这是由两个不同国家的两位博士所做的研究，一位是大不列颠联合王国的苏塞克斯大学的杰克·霍林代尔（Jack Holling-dale）博士，另一位是奥地利的因斯布鲁克大学的托比亚斯·格林特美尔（Tobias Greitemeyer）博士。他们研究发现，那些玩暴力电子游戏的参与者比那些玩中性电子游戏的人表现出更多的攻击性。[2]

　　研究人员将101名学生随机分成暴力游戏组和非暴力游戏组。暴力游戏组玩30分钟的《使命召唤：现代战争》游戏，而非暴力组玩30分钟的《小小大星球2》游戏。《使命召唤：现代战争》是一款极端暴力的军事第一人称射击游戏，场景设定在中东和俄罗斯的作战区，游戏玩家既可以是美国海军陆战队士兵，也可以是英国突击队队员，该游戏涉及真枪实弹的射击和杀死敌军士兵。与此相反，

《小小大星球 2》则是一款没有伤害的卡通游戏，是以麻布仔为主
角的卡通拼图。

两个小组的参与者打完了各自的视频游戏后，研究人员使用"辣
酱范式"的方法暗自对他们各自的攻击水平进行测量。在此之前，
这一测量方式已成功地用在其他的攻击性研究中。

你可能会问，"辣酱范式"是什么玩意？其实就是在这些学生
打完 30 分钟的视频游戏之后要求他们参加一个虚拟的市场调查，表
面上是为了调查一种新近上市的、非常火爆的辣椒酱配方，而学生
们并没有意识到该辣酱调查纯属虚构，他们也不知道这与他们刚刚
完成的游戏体验是否有什么关系。

测试要求学生们带着疑问来用这种辣酱调制食物——一种非常
辛辣的配方。告诉他们说是"3∶3"的"辣味"，还告诉学生们，
这是连美食测试员都"无法忍受的辣椒酱味道"，但是，美食测试
员为了得到不菲的报酬才来参与品尝的。

同时，也要告诉学生们，他们自己不需要品尝用这种辣酱调制
的食品。等学生们离开房间后，研究人员用克数就能测量出参与者
添加这种辣酱的用量，而学生们为匿名的美食测试员添加的辣酱重
量，就代表着参与者心中的敌意，抑或是他们的攻击水平。

结果，研究人员发现，那些刚打过《使命的召唤》游戏的学生
在这种"辣酱范式"测试中给食物增加超多的辣酱。现在，我们不
禁要问，这是否意味着他们添加的辣酱越多就越有可能要袭击一所
学校呢？当然不是这样。但是，这确实表明，玩暴力游戏会提高人

的攻击性。而且，正如我们已经注意到的那样，对于那些有潜在精神缺陷的人来说，玩暴力游戏可能尤其有害。

堪萨斯州立大学研究员 C. 巴特利特（C.Barlett）也得出了类似的结论。2007 年，他把研究的结果发表在《攻击性行为》杂志上。[3] 他的研究论文题目是《玩的时间越长越敌对：视频游戏中的第一人称射击游戏与攻击行为调查研究》。参与者参加了两个单独的试验，让他们玩第一人称射击游戏《时间危机 3》，每次玩 15 分钟之后，巴特利特的研究小组就测量参与者的生理兴奋度以及对三种假设场景的不同反应。

他们的测试结果是什么？

"测试说明，如果增加玩第一人称射击游戏的时间，就会从根本上增加暴力倾向。该研究增加了现有的视频游戏和攻击行为的文献。"

有趣的是，研究攻击性的人员已经认定，精神受挫、出现血迹和血块都可作为"攻击的诱发因素"。事实上，早在 1996 年，巴拉德和维特斯就做过一个引人入胜的研究，该研究发表在《应用社会心理学杂志》上。他们在研究中发现，《格斗之王 II》是一款竞技武打风格的视频游戏，因为在该款游戏中，竞争对手可以互相对打，一直到死。[4] 在这款游戏的早期版本中，游戏玩家可以把恣意泛滥的电子血按钮关掉；有些参与游戏的玩家可以把"造血功能"开关打开，这时候，与那些没有造血功能的玩家相比较，他们的敌对状态就会有显著增加。

我们不难推测，假设看到鲜血，哪怕是视频游戏里的鲜血，也一定会触发我们的大脑神经，而这个古老的、原始的爬行动物的大脑则会做出非打即逃的反应，其结果就是不打白不打，打了不白打，非打不可。自古以来，鲜血就等同于暴力和危险，因此，这不是 21 世纪的游戏玩家可以选择的，他们绝不会主动放下武器，切断与鲜血、暴力和危险的联系。

看到暴力的影像越多，人就越具有攻击性，这种观点得到了密苏里大学教授拉塞尔·G. 吉恩（Russell G.Geen）的回应。吉恩教授是《人类的攻击行为》（*Human Aggression*）一书的作者（1990），他认为，亲眼看见（或是想象）的暴力描述，可以"先入为主"，使一个人做好攻击的思想或情感准备，继而采取攻击行动。

2011 年，一篇颇具启发性的研究报告发表在《心理科学》期刊上。该研究是由来自不同国家的两位博士所做的，一位是奥地利因斯布鲁克大学的托比亚斯·格林特美尔博士，另一位是大不列颠兰开斯特大学的尼尔·麦克莱锡博士。他们的研究得出的最后结论是，玩暴力视频游戏导致了"非人性化增加，从而诱发了攻击行为。因此，现在看来，视频游戏引发了游戏玩家的攻击行为，而当施害者认为受害者不是真人的时候，他们就会无情地对其进行攻击"[5]。

历史告诉我们，一旦人性被剥夺，就像纳粹德国的犹太人或是奴隶制时代的黑人，那么要对他们施加暴力就更加容易了。根据格林特美尔博士的研究，玩暴力视频游戏就会使游戏玩家失去对所有人的基本人性；由于剥夺诋毁了他们的人性，所以就会使他们更容易受到伤害。

2013 年，博格林特美尔博士也在《应用社会心理学杂志》上发表了另一篇研究文章，题目是《攻击行为的嬗变：暴力视频游戏的个性化身对攻击行为水平的影响》[6]。他的研究结果表明，凡是设计了个人化身头像的游戏玩家，要比那些玩非暴力游戏的人更具攻击性，也比那些虽然玩暴力视频游戏，但使用通用化身头像的人更具攻击性。当一个人"创造了"他或她自己的数字角色形象时，这似乎有了一种授权的效果；人们不难想象，这种授权的效果存在着潜在的不良影响和暴力，这对那些陷入困境的、被社会疏远的孩子，比如新镇的亚当·兰扎，将会产生怎样的影响啊。

现在，让我们来看看大脑成像的研究结果吧。脑成像研究最为美妙特别的结果是，它们提供了非常明确的证据，证明了由于玩视频游戏，结果就会产生神经生理学层面的不利影响。

回想一下，我们在第三章中曾经讨论过 2011 年王阳博士在印第安那大学医学院所做的脑成像研究工作。他的脑成像研究是同类研究中第一个表明有这样的影响结果："玩暴力电子游戏与大脑的重大变化有直接关系，其中包括，如果连续玩一周的暴力电子游戏，就会导致在某些额叶脑区（控制攻击、自制和情绪的区域）的激活严重不足。"[7]

根据王博士的研究，他表示"研究结果证明，玩暴力电子游戏将对脑功能有一个长期的影响。在长时间玩游戏的过程中，这些影响可能转化为行为变化。……而受影响的大脑区域，对于控制情绪和攻击行为都是非常重要的……"。

因此，那些额叶脑区受损的人，往往更容易冲动，存在着潜在的攻击性。反过来，这也有助于我们从神经的角度来了解，这些攻击性研究所显示的结果和意义。王博士的研究表明，仅仅玩一周的暴力游戏，就会对大脑额叶造成巨大的影响。从那以后，问题就变成：如果孩子们多年玩暴力电子游戏，那又会发生什么情况呢？

最后，爱荷华州立大学的克莱格·安德森博士全面回顾了该领域的研究，他对全球 130 项该领域的研究进行了详尽的分析，并做了精湛的总结，其中的研究参与者超过了 130 000 人。

他发现，研究结果"证明了，接触暴力电子游戏，会使孩子更具攻击性，变得漠不关心——不管他们的年龄、性别或文化背景如何"。2010 年，他的研究发表在澳洲通讯 APA 杂志《心理学公报》上，该研究得出的结论是，暴力游戏不仅仅只是一种关联，而是增加攻击性思想和行为的危险因素，是其因果关系的直接诱因。[8]

安德森博士对于自己的结论还有更多的话要说：

"现在，我们可以毫不犹豫地说，不管研究的方法是什么，实验法也好，关联法也罢，抑或是纵向研究法，也不管验证该研究的文化背景是在哪里（东方还是西方），你都能得到同样的结果。其影响就是，不管是短期还是长期，接触暴力电子游戏都增加了攻击行为的可能性。"

我知道，当我和我的游戏客户交谈时，他们都告诉我说，如果他们整个周末都在玩暴力游戏，那么，他们就更容易变得咄咄逼人。

在我治疗的游戏玩家客户中，其中一个玩家如是说："如果有人撞了我一下或是装腔作势和我说话，那我当然就更气愤，我会立刻和他打起来的。"

另一个名叫"山姆"的年轻人，他整个周末都在打《使命的召唤》游戏，然后在下个星期一来到我的办公室时就会自豪地宣布说："我做到了！我报名参加了海军陆战队！现在我可以真的去杀人了！"我问他说的是怎么一回事，他说，他整个周末都在玩《使命的召唤》游戏，所以心潮澎湃、热血沸腾，他的情绪如此高涨，就想有机会去实际打一仗！我提醒他说，《使命的召唤》只是游戏而已，可以随时关闭的；而伊拉克战争则是真实的，没有关闭的按钮，而他只是笑了笑说："是的，我知道！"

安德森博士致力于研究电子游戏对攻击行为的影响。他认为，视频游戏是否增加攻击行为的争论现在该结束了："从公共政策的角度来看，现在是时候结束'是否真有严重的影响'这一问题了，因为这个问题已被反反复复回答过多次。现在到了提出一个更具建设性问题的时候，例如'我们如何使父母更容易在文化、社会和法律的范围内为他们的孩子提供一个更加健康的童年'。"

★ ★ ★ ★ ★ ★

有的研究人员断言，电子游戏与攻击行为之间有强烈的联系，布拉德·布什曼博士就是其中的一个研究者。他说，这意味着从攻击到实际暴力的一次飞跃："研究表明，接触暴力电子游戏会增加攻击性的想法，增加愤怒的感觉，增加生理兴奋度，比如心率加快、血压升高等，而这也许可以解释接触暴力游戏为什么也会增加攻击行为。……他们更可能刺伤别人吗？我不知道。他们更可能射杀别人吗？我不知道。他们更可能强奸别人吗？我不知道。这下可难倒我了。这些都是非常罕见的事件，从伦理的角度来说，我们不能做这样的实证研究。……我们不能把刀和枪发给参与者，看看他们拿来做什么。……但是，我们知道，玩暴力视频游戏，与更多常见的攻击性行为之间都有联系，比如打架斗殴。"

但是，不是每个人都同意这一观点。如前所述，弗格森博士就对暴力视频游戏有问题的概念表示疑义，他一直对攻击研究非常挑剔。可唯一的问题是，他的那些对攻击研究的批评文章，充其量也是些错误的观点。弗格森博士在 2014 年所做研究的标题催生出几十个新闻故事和博客文章，都上气不接下气地尖叫"长期研究发现电子游戏暴力与现实生活暴力之间没有联系"。这一点我会解释的，因为它的假设和结论存在致命的缺陷。[9]

但是，这并不重要，这只是制造了一些大标题，使玩游戏的人没有内疚感而已。有一个游戏博客用弗格森"没有关系"的研究作为其标题，并用一句令人安慰的台词这样开头："来吧，继续玩《侠盗猎车手》。加油！"

那么，是什么让弗格森博士在他的研究中得出"没有关系"的结论呢？有趣的是，他是虚构惊悚影片《绑架老大》（2013 年）的作者，该电影与路西法死亡崇拜（Luciferian death cult）有关。

他使用了媒体暴力比率（无论是在电视上还是在视频游戏中）和国家青少年犯罪率统计，以此作为他的两个实验变量，看看它们两者之间是否有任何联系。由于感觉到以前的研究都是在实验室里进行的，收集的数据太假（尽管一些纵向的攻击研究是随着时间的推移从"现实世界"收集的数据），弗格森还是决定挑选青少年犯罪统计率并拿此统计数字与玩暴力视频游戏的分析相比较，来回答媒体是否导致暴力的老问题。

甚至在我们看弗格森的研究结果之前，我们也可能会这样认为，他的研究方式是否有问题呢？不幸的是，弗格森调查研究某一组特定的游戏玩家的情况，不是先观察他们一段时间，监控他们发生的暴力事件或暴力行为；相反，他考虑的是整个青少年人群，其中的游戏使用率明显提高，然后，再拿这个数据对比全国青少年犯的统计率。

弗格森这样研究的结果，当然看到的是一种相反关系：玩电子游戏的青少年人数明显上升，而青少年的犯罪率已经下降。难怪得出令人尖叫的头条新闻"暴力视频游戏和现实生活暴力之间没有联系"。

但是，中间的变量怎么样呢？

通常情况下，为了查看一个实验变量是否影响另一个实验变量——在该项研究中，就是查看暴力视频游戏对玩家实际暴力行为的影响，实验者试图创建出这样的研究结果，以减少或最小化任何其他"中间变量"或是创造出也可以影响研究结果的变量。

我们知道,从20世纪90年代到现在,犯罪率整体上已经下降了。这应归功于各方面的共同努力:更好的警务监管、青少年帮派干预计划以及青少年吸毒和酗酒治疗计划。这些犯罪率干预政策已被证明是非常有效的,因为我们知道绝大多数的暴力犯罪都与团伙或毒品有关。

事实上,根据美国联邦调查局的网站统计,48%的暴力犯罪都与团伙相关(2011),而在美国ABC新闻报道中,把这个数字扩大至80%,报道称"美国上百万的团伙成员要为多达80%的犯罪负责"[10]。这些与团伙相关的犯罪统计数字与电子游戏无关,与帮派文化和暴力贩毒有关。

然而,奇怪的是,国家减少暴力犯罪的各种计划,现在已经生效,而这一事实却被誉为"数据",来证明暴力视频游戏不会增加玩家的攻击行为。这真是一个奇怪的结论。不幸的是,弗格森没有研究更具针对性的样本组,比如说,研究那些极端的玩家(一周玩25个小时或是玩更多时间),以便来衡量他们在其时间内受到游戏影响的攻击水平;相反,他是对照全国青少年整体犯罪统计数字来做研究的,所以这是一项容易引起误导的研究。

依靠犯罪统计作为玩家攻击的晴雨表还有一个问题,那就是,大部分的攻击或暴力行为是不作为犯罪来报道的;如果我踢了我的妹妹,那么警方的报告是不会提起诉讼的,然而,踢人就是一种攻击行为和暴力行为。

值得庆幸的是,虽然弗格森博士的这项研究让人不敢苟同,因为该研究发现在暴力视频游戏消费与青少年犯罪率下降之间存在着"强关联"，但是他承认这一犯罪率的下降可能是一个"偶然的机会"，因此"不应该把此视为一个迹象，表明玩暴力视频游戏会导致一个更为安全的世界"。

但不幸的是，这个有缺陷的站不住脚的研究结论，却被新闻媒体大肆渲染报道。尽管弗格森博士在自己的研究中普遍存在误导性，但是，他对其他的攻击研究却是吹毛求疵、普遍反对。当有人指出研究方法的缺陷时，他却引用了这样一个事实，说其中的许多研究的研究对象都是大学生而不是少年儿童。他辩解说，大学生更倾向于给研究者他们想听到的反应，这是一种反应偏差，在研究领域称为"需求特征"："当然，在这些大学生中，大多数人也许都听说过媒体暴力和攻击的相关理论，因为他们在大学里要学习这些课程。……总的说来，一个典型的大学生可以从他们应该了解的事情中找出关联性。"弗格森推测，大学生更有可能比儿童表明攻击性，因为"这些大学生都在推断他们应该做什么，而且这样做的目的就是为了得到额外的学分"。

但是，弗格森博士颇费周折的解释很不合理。在研究中，学生为了额外的学分而参加研究，而学分不是根据他们的反应性质来决定的，没有必要说到底是这一种反应好还是另一种反应好。而且在其他研究中用的就是初中和高中的孩子，而不是大学生。所以说，弗格森博士依据投机取巧的理由对自己的研究所做的辩解是站不住脚的。况且，他自己也承认，该研究表明增加了攻击性。

其他一些批评家和视频游戏爱好者试图对某些增加攻击的研究结果表示争议，他们暗含的意思是说，也许，本身更具攻击的孩子才会受到暴力游戏的吸引。这样一来，在鸡或蛋的判断方法中，对频繁玩游戏的孩子测量的攻击性仿佛成了一个预先存在的条件。

但是，这一观点受到了安德森博士和王博士两人研究的驳斥；安德森博士的研究确定了攻击的起始点，而攻击性的行为是在当年的晚些时候才发生的；此外，在"攻击性较低"的日本学生中证明具有相同的影响效果。而在王博士的研究中，大脑成像是在接触暴力游戏之前和之后分别进行的，这清楚地表明，测量到的大脑变化就是接触游戏的"副产品"。

弗格森博士还建议说，在一些研究中要求参与者停止玩游戏15或30分钟之后再测量攻击性，也许这时候测量到攻击性增加实际上是他们体验的挫折感。

在这一观点上，我和弗格森博士都同意，尽管我们是出于不同的原因。

假设是一款潜在超级刺激、让人上瘾的游戏，那么，一旦有人把游戏拿走，玩家的确可能变得非常沮丧，甚至愤怒。

米迦勒·弗雷泽（Michael Fraser）博士是韦尔康奈尔医学院的教授和临床心理学研究者，他专门研究治疗孩子和青少年的网络成瘾问题。根据他的观点，他认为这不仅仅是游戏的暴力内容问题。正如任何上瘾的人一样，把令人迷恋的对象拿走的威胁恐吓会导致情绪冲动的攻击性，甚至是导致身体的暴力。他说："儿童可能会出现身体虐待和口头辱骂的现象。有个 12 岁的男孩，当他的妈妈试图拔掉他的游戏插座时，他会把母亲一下子推倒——而大多数的父母对此都很难想象。"[11]

金伯利·罗斯（Kimberly Ross）博士也同意这一点。他是一位心理学家，也是网络在线与网络成瘾中心的创始人。他说："暴力游戏与攻击行为之间有一定的相关性。孩子扔东西，他们会打他们的父母，他们在学校也将开始变得暴力。家长们说：'他过去是个好孩子，他以前从来没有这样做过。'"的确如此，我也曾处理过好几家这样的情况，有些情况我在本书里已经提及过，如，一旦他们把孩子的游戏设备拿走，他们就会受到自己孩子的攻击。

以上提到的大多数类型，虽然攻击与暴力都有所增加，但是绝对不可能使其成为弗格森博士用来当作全国犯罪率统计的数据。然而，根据杨博士（Dr. Young）和弗雷泽博士的观点，亚当·兰扎的情况虽然极其罕见，但是"每天"增加的攻击行为（比如，孩子试图把拿走他们游戏的家长推倒的情况）却变得越来越常见。

的确，有不少"头条新闻"的极端情况——我们将在下一章里探讨那些"头版头条的报道"，其中许多都与药物成瘾有相似之处，其暴力方式可以与瘾君子相提并论。这是因为，如果有人把瘾君子的药物拿走，他们也会做出相似的暴力反应。

事实上，在毒瘾康复界有一句老话："不要去惹瘾君子的毒品。"在下一章里，我们将会看到，一旦把暴力游戏成瘾者选择的"毒品"拿走，他们将会怎样做出爆炸性的暴力行为。

病例简介：

家长的痛苦

"你能帮帮我的儿子吗？"

在电话的那一端，孩子的妈妈在讲述一个如今十分典型的故事场景：她有个 15 岁的孩子，一度非常活泼可爱，喜欢交朋友、踢足球，一直都是个好孩子。而现在，他却被玩视频游戏成瘾给毁了，他所有的功课都不及格，而且不愿意上学了。

我让她告诉我她第一次是在什么时间发现孩子有问题的。她的回答却一点都不典型："在他 10 岁的时候……他住进了医院……是一个精神病医院。"她的声音变得更加紧张起来，也许是感觉有点尴尬，因为她在努力使父母难以忍受的东西变得正常一些："他还好……我的意思是说，我只想问一下，为了确保他没事。"

"他是因为什么病而住院的？他在那里待了多长时间？"

"他是一个好孩子——真的。我不想让你觉得他发疯了或是别的什么。他没有发疯，他只是……有点不良习惯而已。他一开始玩游戏，就好像有什么东西附体了一样……就好像他成了别的人。他在医院住了一个月，我和丈夫都非常害怕……他开始越来越特立独行了，一心只想玩那可怕的游戏。因此，我们就把那游戏给拿走了，我们把那游戏拿走了，我们就把他的那个Xbox①拿走了……我们把所有的东西都拿走了。"

然后，她又若有所思地说："他以前一直非常喜欢户外活动的……喜欢足球。……他还喜欢在水上航行、冲浪……我还有他八九岁时冲浪的照片——"

"他为什么住院呢？"我又问了一次。

"他拿了一把屠刀追杀我……我……我认为他不会伤害我的。但是，当我们拿走他的游戏之后……"虽然她已经泪流满面，但她又一次重复说："我认为他不会伤害我的……"

---

① Xbox 是微软开发的电子游戏平台，包括软件、硬件和配件，提供了在线游戏与多媒体功能等。——译者注

九　新闻头条提要：深受游戏影响的暴力案件 *

丹尼尔·佩特里奇（Daniel Petric）杀了母亲，又杀父亲，只因为他们拿走了他的视频游戏《光环 3》——检察官如是说 [1]

　　俄亥俄州的惠灵顿是一个典型的美国小镇，古朴典雅，风景如画。它位于俄亥俄州西南部，距克利夫兰市约有 50 分钟的路程，居民不足 5 000 人。惠灵顿是正在迅速消失的美国遗迹：在这个小镇里，每个人都认识其他人，谁与谁都不生疏。

　　但是，时间回到 2007 年，安静冷清的惠灵顿一下子就在全国出了名。在暴力视频游戏的辩论中，这里出了一条爆炸性新闻，这还要多亏丹尼尔·佩特里奇。丹·佩特里奇是一个 16 岁的惠灵顿男孩，令人难以理解的是，他竟然朝着自己的父母亲开枪，结果杀死了母亲，

---

* 本章里的标题都是来自各种报纸或杂志报道的实际大标题，其来源报纸或杂志在本书最后的注释中均有提及。本章的描述是根据这些不同的新闻故事作为主要来源而写成的。

他的父亲虽然在枪击后幸存了下来，但脸上却留下了一道枪疤。

这个让全美国震惊的头条新闻就是其枪杀的动机：警方表示，丹之所以开枪打自己的父母，是因为他们拿走了他的暴力视频游戏《光环3》（*Halo 3*）①，这是他无比痴迷上瘾的一款游戏。这一案件尤其引人注目的是，丹·佩特里奇本是一个正常的孩子，由一对充满爱心、呵护有加的父母抚养长大。虽然这听起来像是陈词滥调，但人人都是这么说的。

以下就是在对丹进行的审判中陈述的犯罪细节：

根据丹的姐姐海蒂的证词，丹以前从来不玩电子游戏的。他出过一次滑雪事故，受到了葡萄球菌感染没有办法去上学，在家辍学了一年。就在这段时间里，一次他去朋友家玩的时候发现了家用游戏机 Xbox 和《光环》，从此一发不可收拾，经常一天玩 18 个小时都停不下来。

丹的父亲马克是上帝新生会的一名牧师。他在法庭作证时说，他非常关心儿子玩视频游戏的情况，尤其是了解游戏的暴力性之后，他就坚决禁止儿子花钱买游戏。接着，他又作证说，但是儿子不听劝，有一天晚上，还是偷偷地溜出房子去买了游戏。丹回家的时候正好被父母亲逮了个正着，他们发现了他手里拿着的游戏，就把游

---

① 《光环》是一款暴力视频游戏，是美国最受欢迎的第一人称射击游戏之一，它是基于军事/科幻的主题。《光环》游戏的销售专营权仅 2014 年就已经超过 6 000 家，为微软公司创造利润超过 34 亿美元。——译者注

戏没收了，放在他们家储藏室的密码箱里。就在这同一个密码箱里，他的父亲还保存了一把 9 毫米的手枪。

大约在父母把他的游戏没收了一周之后，丹就偷偷用他父亲的钥匙打开了那个密码箱，他不但取走了他的游戏，还顺走了手枪。然后，丹尼尔悄悄地尾随父母进了客厅。当父母亲在客厅的沙发上休闲放松的时候，他走到他们的身后说："请你们闭上眼睛，我有一个惊喜给你们。"紧接着，丹就开始向他的父母开枪射击。他的父亲说："当时我的头都麻木了，我看到鲜血顺着自己的头骨往下淌，丹的母亲因头部、双臂和胸部多处中弹而身亡。"

事发几分钟后，丹的姐姐海蒂及其丈夫安德鲁·阿彻（Andrew Archer）过来想和父母一起观看克利夫兰印第安人棒球比赛。他们刚走到家门口，丹就试图把他们赶走，跟他们说他们的父母一直在家里争吵呢。但是，他的姐姐和姐夫听到有人呻吟，所以就从丹的身边挤进了家门，他们在客厅里发现了那一血腥的场面。

于是，丹的姐姐就打电话叫警察，但是，在警察赶到之前，丹已经开着他们家里的面包车跑掉了。没过多久，他就被惠灵顿警方抓获，他心爱的游戏和那把猎枪就放在面包车的前座上。

在庭审中，丹的代理律师在做辩护时声称丹当时的心态不正确，他不能理解枪杀自己父母的后果——由于他一直在玩游戏，玩的时间太长了，所以，他不了解死亡的真实事实，不了解人死了就不能复生的事实。由于丹未成年，不能判处死刑，但是他必须坐牢且不得假释。

詹姆斯·伯格（James Burge）法官判他犯了谋杀罪，不过判给他的服刑期较短，在监狱服刑 23 年后才可能被假释。伯格法官说，由于丹一直痴迷于游戏，所以他可能会认为死亡不是真实的，就像游戏中发生的死亡性质一样。

在整个审判过程中，丹一直表现木然，脸上没有什么表情。事实上，他还保持着一种超然的、几乎是厌烦不屑的表情，除了在大屏幕上显示出他母亲的尸检照片以外。只有在那个时候，他才低下了自己的头。在人们讨论尸检照片的时候，他一直盯着自己的那双手看，大概看了 20 分钟。

审判以后，丹的父亲已经原谅了他这个儿子，说自己的儿子为此道了歉：

"老爸，我对自己的所作所为非常抱歉，我对不起妈妈，对不起你，也对不起全家……现在你还活着，我真是非常高兴。"

"你毕竟是我的儿子，"马克·佩特里奇说，"你是我的孩子。"

5 年之后，美国广播公司新闻电视台在 2013 年对丹进行了一次狱中采访。这时候，丹已经快 23 岁了。他不再打电子游戏，而且更加深思熟虑。当记者问他在开枪射击的过程中是否意识到会杀死自己的父母，丹回答说："没有意识到，因为已经习惯了那些电子游戏，每一局打完之后，一切都会重新开始，每个人都能起死回生。"

当问起他是否怪罪那些电子游戏的时候，他回答说："不怪罪，我一直都是敢于负责、善于担当的……我知道，那不是别人的错，

而是我自己的错。不过，它（游戏）有没有责任呢？有的。游戏就
是导致谋杀心态的背后催化剂。"

纳森·布鲁克斯（Nathon Brooks）因玩视频游戏而涉嫌枪杀父母，被指控谋杀未遂 [2]

　　14 岁的纳森·布鲁克斯非常喜欢打篮球。作为一名热情澎湃的
球员，纳森在华盛顿州的摩西莱克小镇可以说是家喻户晓、妇孺皆
知，被公认为是个十足的美国小孩。但是，就在 2013 年的 3 月 8 日，
时间刚到晚上的 10 点钟，纳森却悄悄溜进了父母的卧室。当时，他
的父母正在睡觉，纳森拿着一把 22 口径的手枪，用枪口对准了他父
亲的后脑勺。

　　据迈克·威廉姆斯警官提交的警方报告称，这个华盛顿州摩西
莱克小镇的少年然后"……就先朝自己的爸爸开了枪，[接着] 他又
开枪打他的妈妈，然后当他父亲从床上爬出来的时候，他又朝他爸
爸开了枪。纳森说，当他朝他妈妈开枪的时候，她试图想站起来，
所以他就向她开了两次枪，直到她停下来不动为止"。

　　像纳森这样一个干净纯洁的孩子为什么试图要杀死他的父母
呢？警方的报告表明，纳森最近心情很烦，因为最近两周他被父母
禁止使用家里的电子设备，包括玩电子游戏。纳森告诉警方说，他
一直沉迷于视频游戏，正如威廉姆斯警官在他的报告中所写的那样，

"我问他玩多少时间的视频游戏，他告诉我说是一周玩 7 天，一天玩 24 个小时，一直玩到他的电子游戏被拿走为止"。

警方认为，男孩先撬开家里存放手枪的保险柜，偷走了他父亲的手枪，然后他回到自己的房间，又听了一个半小时的音乐。在此期间，他试图来决定是否要射杀自己的父母。"他说，他在反复考虑，要不要杀死父母。但是他说，最终告诉他要杀父母的声音比不杀父母的声音要大一些。"威廉姆斯警官这样写道，"他说，他就是反反复复、一遍又一遍地听到头脑里有一种声音说，如果他杀死自己的父母，他就能够做任何他想做的事情了。"

纳森听了大约 90 分钟的音乐之后，他的收音机电池就没电了。在他把收音机插到墙上的充电器上充电的时候，他最终决定要去父母的卧室里杀掉他们。然后，他就慢慢地、悄悄地走进父母昏暗的卧室，紧接着就开枪射击。

打完了枪里的子弹，纳森又走到楼下重新装子弹。这时候，纳森听到他父亲大声喊叫着说要去拿自己那把 40 口径的步枪——他没有认出纳森。父亲的这一喊叫也让纳森吓了一跳，所以他赶紧扔掉手里拿着的子弹，从后门跑了出去。在后院，他把需要重装子弹的枪扔进了自己家的游泳池。

纳森的父亲根本没有意识到他的儿子就是枪手，所以，尽管自己受了枪伤，还在流血，他还是拨打了 911 报警，并告诉接线员说有一名擅自闯入者开枪打了他和他的妻子。

当警察赶到现场时，迎接他们的是年轻的纳森，他就在自家门前。

调查报告指出，有两名官员认识纳森，因为他与军官的儿子们在一个篮球队打球。警方发现，纳森的父母都还活着。父亲乔纳森·布鲁克斯的头部至少被射中一枪，而他的妻子至少被打了两枪，一枪是在脸部的左侧，一枪是在手上。

当警察看了房子里安装的监控录像以后，认为乔纳森"擅自闯入者"的说法并不成立。因为监控录像清楚地显示，是纳森手里拿着一把枪，步行穿过自家的客厅。真相已大白天下，所以纳森根本无法狡辩。他无计可施，只好老实交代了。整个社区都震惊不已。纳森的邻居们都表示说，他看起来像一个正常的孩子："他经常在这里打篮球，而且投球灌篮也很多的。"阿诺德·巴尔德斯（Arnold Valdez）也说："我从来没有见他惹过任何麻烦啊。"

纳森面临的是谋杀未遂罪，需要入狱 30 年；2015 年 2 月，法院拒绝判他为少年犯，改判为 15 年的有期徒刑。

"侠盗猎车手"杀死警察，被判有罪[3]

2003 年，15 岁的德文·穆尔（Devin Moore）因为偷盗汽车被带到了亚拉巴马州的警察局。他是睡在自己偷来的一辆小轿车里被警察发现的。德文以前没有犯罪前科，所以起初他与阿诺德·斯特里克兰（Arnold Strickland）警官还是非常合作的。但是，他一来到警察局就突然发起飙来，因为斯特里克兰警官告诉他说，如果发现他犯了盗车罪，就必须要在监狱里蹲上几年。这时候，他突然扑向斯特里克兰警官，一把抓住警官的 40 口径格洛克手枪，朝他连开了 2 枪，其中的一枪射中斯特里克兰警官的头部而致命。当时，在警察局另一个部门值班的警官詹姆斯·克让普（James Crump）一听到骚乱声就立刻朝枪响的地方跑了过去，恰巧在走廊里遇到了德文。他被德文连击 3 枪，也是有一枪击中了头部而致命。

德文一直沿着走廊继续往前走，一下子走到了紧急调度员的门口。在那里，德文朝调度员埃斯来·弥勒一连开了 5 枪，结果调度员也被他给枪杀了。随后，德文就抓起了一大串汽车钥匙，驾驶着一辆警察巡逻车逃跑了。

这一次共有 3 个警察丧命，而整个事件的发生还不到 1 分钟的时间。

几个小时之后，德文在密西西比州被警方抓获。在那里，他还告诉那些逮捕他的警官说："生活就是一场电子游戏，总有一天，每个人都会死的。"在对德文进行杀人死罪的审判中，他的辩护律师申辩说，由于他反复地玩游戏《侠盗列车手》*，所以他的身体受到了严重虐待，继而又导致他精神紧张性（精神）障碍。结果呢，一旦他遭遇到身心压力，就会导致他脱离现实生活。他的辩护律师

---

* 《侠盗猎车手》系列视频游戏是暴力视频游戏的鼻祖。游戏玩家都是一些怀有抱负的不法歹徒，他们身处肮脏不堪的城市，必须实施一系列的暴力犯罪才能进步。游戏中有枪击场面和棒球棍殴打妓女的生动写照；在《侠盗猎车 5》游戏中，甚至有一个"强奸模式"，玩家可以模拟强奸女性受害者。

发现，德文玩了成百上千个小时的《侠盗猎车手》游戏，而令人震惊的是，在该游戏中有一些栩栩如生的描述，和德文的所作所为如出一辙：先袭击警察局，然后再逃跑，并且是开着警察巡逻车逃离的。但是，法官不允许视频游戏方面的专家证人出庭作证，为此做辩护，因此，辩护律师也无法提出德文精神错乱的抗辩。最终的结果是，德文被判有罪，而且被判处了死刑。

2005 年 2 月，长期坚持媒体改革的领军人物杰克·汤普森（Jack Thompson）律师代表 3 名警察受害者家属分别对索尼公司、沃尔玛公司和游戏驿站提起了民事诉讼，声称亚拉巴马州的游戏制造商也有连带责任和致人死亡的过失，并以此案为依据提出了一条新的法律法规"盲目模仿暴力"。该项法规指出，正是由于盲目模仿《侠盗猎车手》游戏，才导致了 3 位警官的死亡。

根据汤普森 2005 年在《法律在线 60 分》的案例报道：

"实际上，我们要说的是德文·穆尔之所以做出这样的事情，其实并非偶然，而是事出有因，因为他得到了一个谋杀模拟器。"汤普森接着解释说，"正是视频游戏行业给他提供了一份一目了然的菜单，菜单的第一步就是一眨眼工夫突然出现在警察局。而这个菜单给他提供的第二个决定，就是杀死警官，射击他们的头部，然后乘警车逃离，就像游戏本身训练他们做的一模一样。"

儿童心理学家大卫·沃尔什（David Walsh）博士同意汤普森的观点，他说："一个处于大脑发育期的年轻人，如果他本身就有点生气，又一直玩了数小时的充满暴力行为的电子游戏，然后，再把他置于这种情绪压力之下，那么，他就极有可能自然而然地回到以前那个熟悉的暴力模式，因为他一直不断重复着这样的暴力模式，也许是成千上万次的重复，从不间断，积习难改。"

史蒂夫·斯特里克兰（Steve Strickland）是卫理公会的一位牧师，也是被害警官阿诺德·斯特里克兰的弟弟，他确信暴力视频游戏以及《侠盗猎车手》中杀害警察的场面在他哥哥的死亡中脱不了干系："为什么一定要在某个人付出生命的代价之后，他们才意识到这些游戏对他们产生的影响呢？为什么一定要等到我的哥哥不在了，大家才提及此事呢？"

2009 年 7 月 29 日，法院做出了即决审判，判决索尼公司和德文·穆尔两者都有罪，而德文·穆尔仍在死囚的名单上。

★ ★ ★ ★ ★ ★

诚然，在上面提到的有些案件中，其视频游戏的暴力惨不忍睹——而且难以置信——不过，这仅仅是在美国发生的十几个抽样调查的案例，而且这些受游戏影响的案例都涉及谋杀罪，或弑母/弑父罪。但是，这怎么可能呢？难道游戏玩家就是一群发疯的瘾君子，他们要实际地杀死别人，以便得到自己的虚拟修复，就像海洛因成瘾者一样吗？很显然，事实就是如此。

从我们以上看过的研究案例中得知，一旦把瘾君子的毒品拿走，他们就会变得暴跳如雷、异常暴力，玩视频游戏上瘾的孩子也是一样的，暴力视频游戏会让孩子更具攻击性。除此以外，还有一个游戏暴力的动态因素要考虑,那就是重复模拟暴力行为,实际上是在"训练"孩子去开枪、去杀人。

大卫·格罗斯曼中校(David Grossman)是西点军校的前心理学教授,也是《别教孩子们去杀人》(*Stop Teaching Our Kids to kill*)一书的作者(1999)。他用"谋杀模拟器"这个词语来形容第一人称射击游戏,他认为该游戏就是培养孩子们如何使用武器,而且更重要的是,麻痹了他们的情感,教他们去谋杀。格罗斯曼是特种部队的前任军官,专门从事"杀伤学"——杀伤心理学的研究,他把这种射手训练和暴力产生的不良效果直接归咎于视频游戏制造商。

然而不幸的是,一旦某一问题的共识涉及科学层面,我们政府的反应往往十分缓慢,步履艰难——更何况看风使舵的芸芸众生呢。

因此,直到 2013 年,在康涅狄格州发生了纽敦大惨案之后,美国参议院商务委员会主席杰伊·洛克菲勒(西弗吉尼亚州民主党党员)才提出了一项提案,由美国国家科学院来研究暴力电子游戏与孩子的暴力行为之间的联系。

同样在 2013 年,贝拉克·奥巴马总统要求美国国会拨出 1 000 万美元给疾病控制和预防中心,以研究媒体中暴力影像之间的关系,并特别提到"暴力视频游戏对年轻人的影响"和暴力犯罪问题。

然而,正如我们在上一章所看到的那样,现在已经有大量的研究支持了暴力视频游戏与青少年暴力犯罪之间的联系——长达 20 年的研究。

我们只是看到了这样一些案例,对游戏上瘾的玩家来说,一旦把他们的游戏拿走，他们的行为就像吸毒者一样变得非常暴力、非常疯狂。而在其他情况下，那些暴力影像似乎又穿过了屏幕，模糊了现实，正如我们曾讨论过的游戏转移现象——可能会导致妄想症或精神病的暴力行为。接下来还有可能发生其他的不良情况，一旦玩游戏上了瘾，似乎还会放大玩家的孤立感和抑郁感。

游戏成瘾问题丛生，最终要了自家性命 [4]

21 岁的肖恩·伍利（Shawn Woolley）是威斯康星当地人，他在 2002 年的感恩节那天自杀了。之前，他一直沉溺于虚拟现实游戏《无尽的任务》。他的尸体是在他电脑前的摇椅上发现的，当时，他仍然面朝着屏幕上的网络游戏，由此可见，他对此是多么痴迷不误。

肖恩的尸体是在一个肮脏不堪的公寓里被发现的，里面还有几十个吃空的比萨饼盒子、脏兮兮的衣服和鸡骨头，这些东西都是随意地扔在地板上。因为在他自杀的遗书上发现了一些潦草的名字和《无尽的任务》里的术语，基于这些，他的母亲丽兹·伍利（Liz Woolley）认为他的自杀是由游戏中的背叛引发的，她说："这该死的游戏。肖恩比我见过的任何人都差劲。只要他一开始玩游戏，就根本不会再享受什么生活了。"

肖恩的弟弟托尼说，肖恩一旦玩上了游戏，就彻底变了：他们兄弟俩不再一起出去玩，也不再像以前那样去打保龄球或是去骑卡丁车什么的。由于痴迷游戏，他会把自己锁在房间里长达数个小时。由于不可救药的上瘾，他还偷了母亲的信用卡来支付游戏的费用。无限绝望的时候，他的妈妈只好带着肖恩的游戏键盘去上班。

最终，肖恩从家里搬了出去。他辞去了自己的工作，因为游戏成了他的全部生活。他的母亲是在感恩节的早晨发现他的尸体的。之前有两天，她还敲过肖恩公寓的门和窗户。在那可怕的早晨，她不得不切断门上的铁链锁，才进入到他那肮脏不堪的公寓。

"如果你是个酒鬼或是瘾君子，你倒还有个地方去寻求帮助。"她泪流满面地告诉当地的记者，"但是，他那里没有人在——没有人知道如何帮助他。"这就是丽兹·伍利创办一个帮助网瘾青少年的组织的原因，该组织名为"网游匿名玩家"，旨在帮助那些像肖恩一样玩游戏成瘾的孩子。

"我不能只是坐在这里熟视无睹、袖手旁观，"她说，"我不能让儿子白白地死去。"

警方报道：8 岁小枪手杀死老奶奶，跟着游戏学，结果不奇怪[5]

在美国南部的路易斯安那州有一个名叫斯洛特的小镇。不幸的是，"斯洛特"（原意为"屠宰场"）这个名字却成真了，这个小镇真的成了一个 8 岁男孩的屠宰场。该男孩与他 87 岁的老奶奶一起住在公园的活动拖车里，老奶奶还是男孩的看护人。有一天，老奶奶正在看电视，小男孩就突然朝她的后脑勺开枪射击。

老奶奶当即死亡，命丧黄泉。

调查人员认为，这次枪杀是男孩故意为之。他们指出，就在孩子开枪射杀老奶奶之前，他一直都在玩那个超级暴力的视频游戏《侠盗猎车手4》。

根据当地治安部门的调查，结果表明，"调查人员已经了解到，该少年犯罪嫌疑人在凶杀案发生的前几分钟一直在玩视频游戏《侠盗猎车手4》，他已经玩到了第三关。这是一个非常真实的视频游戏，一直不停地鼓励玩家实施暴力，并对杀人的玩家大加奖励"。

但是，这个男孩却不会面临指控，因为根据路易斯安那州的法律，10岁以下的孩子可以免除刑事责任。该男孩现在和他的父母住在一起。

女孩为"斯兰达人"想方设法去杀人[6]

这是谁？相信大多数的成年人一读到"斯兰达人刺杀事件"，都会不由自主地做出这样的反应。而这就是2014年让全国震惊的一则头条新闻报道。

在这个举国震惊的案件里，两个威斯康星州的年仅12岁的少女摩根·盖瑟和安妮莎·威尔都被指控犯了一级谋杀未遂罪。她们把一个同班同学引诱到树林里，一连刺了她19下，差点杀了那个女孩。

摩根和安妮莎都告诉警方说，她们认为通过谋杀某人就可以进入一种梦幻的境界，那是"斯兰达人"居住的虚拟仙境。在那里，她们可以成为"斯兰达人"的"代理人"；她们第一次是在恐怖网站上了解到"斯兰达人"的。

大多数的成年人以前从来没有听说过什么"斯兰达人"，也没有听说过有恐怖网站的存在。因此许多人都感到无比震惊，因为他们得知，现在有相当比例的儿童和青少年不仅都知道有这么个网站，而且还知道"斯兰达人"。我还为此做了随机抽样调查，只要问一下和我在一起的那些问题青少年，他们多数人都会先点点头，接着就会给我看他们在该网站上的收获，还有那个十分怪异、没头没脸的瘦高个男人。

虽然游戏的本身并不叫"斯兰达人"，然而，女孩们发现，那个十分怪异、没头没脸的瘦高个儿就是学校给她们配备的 iPad 里面的虚拟图像，一个非常具有心理渗透力的形象。人们往往认为，受暴力视频影响的都是男生。而且，可以肯定的是，暴力弥漫的第一人称射击游戏主要是男孩子玩，尽管也有女孩子玩。

在上述这一案例中，我们看到的却是因一种不同的痴迷情况而导致的暴力事件——不是因为玩射击游戏而产生攻击行为或对攻击行为漠不关心。相反，这是由于这两个威斯康星女孩受到了一个虚拟的城市传说的巨大诱惑，以至于几乎杀死了自己的同学和朋友，其目的竟然就是为了和那个虚拟传说中的人物在一起。这是一个柔情少女变杀手的故事梗概，其中既有虚拟的现实，也不乏些许真实的、模糊不清的精神病突发的情节。

事实上，摩根告诉侦探说，"斯兰达人"是通过心灵感应与她交流的，并且"出现在我的梦里"——典型的游戏转移现象。但是，摩根和安妮莎并非个例，她们不是唯一痴迷"斯兰达人"传说的女孩。有几个"'斯兰达人'代言微博"及其网站来帮助其他的年轻人把虚拟的"斯兰达人"从她们的梦境中清除出去，还她们一个纯洁美丽的少女时代。

在摩根和安妮莎陷入这种令人毛骨悚然的迷恋之前，她们像其他 12 岁的女孩子一样温柔可爱、幸福快乐。据安妮莎的一位同学回忆说："这真是太可怕了，因为她似乎很正常啊。我们两个人很像，没有什么区别，我们俩一起都在一个项目组。你知道吗？她看上去完完全全是个正常人。她真的很不错。……"就连安妮莎的哥哥威廉也说："如果你看到我的妹妹，你看到的会是一个非常快乐也很正常的 12 岁女孩。她喜欢恐怖网站，也喜欢所谓的'斯兰达人'。……但是，我不明白，这为什么从噩梦变成了现实？"

人们发现，这两名女孩均有行为能力来接受审判，她们于 2014 年 11 月被控犯了谋杀未遂罪。如果罪名成立，她们将面临 65 年的州立监狱生活。就在这本书出版之际，她们是否应该作为成年人进行审判的问题仍然悬而未决。

下面有一些来自世界各地的随机抽样调查案例，进一步说明了因玩游戏而引起的精神病行为：

• 2004 年 12 月 27 日清晨，中国有一个名叫张潇艺的 13 岁男孩跳楼身亡。临死之前，他一直不停地玩了 36 个小时的电子游戏《魔兽世界》，然后才从一幢高楼上跳了下来。他还留下遗书说，他希望"加入到游戏里他所崇拜的英雄队伍中"。为此，他的父母起诉中国的游戏经销商，要求索赔 12 500 美元。

• 2007 年，中国北京的一名男孩因为在学校里打架输掉了，竟然把汽油浇到同班同学的身上，并把汽油点燃去火烧那个同学，结果把另一个男孩严重烧伤，其身体烧伤面积超过了 55%。当记者问他为什么要这样做时，他回答说自己完全迷失在《魔兽世界》中，而且相信他已经成为一名"火法师"。最终的结果是，他被判处有期徒刑 8 年，并责令向被害人及其家庭赔偿人民币 76 万元（约合 103 140 美元）。

• 在韩国，有一对年轻夫妇，因为把他们 3 个月大的宝宝活活饿死而被逮捕。据报道，由于夫妻二人一直沉迷于玩《普锐斯在线》——一个类似《第二生命》的电子游戏，而忽视了对他们自己亲生孩子的照看，导致其营养不良，最后不治身亡。而在该游戏中，夫妻二人作为一对玩家，也在做着虚拟的工作，组建了一个虚拟的家庭。夫妻俩还在游戏中养育了一个虚拟的婴儿，而他们自己真正的孩子则被活活饿死。被捕后，这对夫妇承认说，他们喂婴儿的牛奶都变质了，而且只要宝宝一哭，他们就打孩子的屁股，孩子被他们打的次数不计其数，而他们的虚拟婴儿却被照看得无微不至、非常健康。

　　•在 2005 年的秋天，中国的邱晨伟用匕首刺杀了朱曹元。因为曹元把晨伟在游戏《传奇3》中的虚拟匕首给卖掉了。据说，曹元倒是把所得的钱都如数给了晨伟，但是晨伟不知何故发了脾气，于是趁曹元睡着的时候刺杀了他。遗憾的是，当时的中国还没有法律来处理盗窃虚拟财产的行为，不过有一些国家（如韩国）却有一个专门的警察部队来调查游戏中的犯罪行为。

最后我想说，在下一章中，我将探讨一个非常著名但却令人非常不安的案例，而且我现在确信，这是一例因游戏而杀人的精神病案例。

十 新镇惨案启示录：电子游戏精神病

现在，我就坐在自己的书桌前，一边写着本章的内容，一边也在反思暴力影像对心理脆弱的青少年究竟会产生怎样的影响。这时，我又想到了我那个 15 岁的青少年客户汤姆。大约在 10 年前，我曾给他做过治疗。虽然汤姆当时不是因为视频游戏的问题来找我看病的——确实，在我给他治疗之前，我甚至还没有意识到技术成瘾的问题，但是他的案例有助于阐明精神疾病与暴力影像之间的相互作用。

汤姆第一次走进我办公室的时候，他的外表的确没有什么让人难忘或是值得特别注意的地方：他的脸上长着不怎么好看的胡子，像许多 15 岁男孩一样没有太多需要刮剃收拾的胡子，只是在他的脸颊和下巴上散乱排列着一些貌似胡子的松松散散的唇毛和须状物。再仔细打量他一下，只见他穿着一件有点泛黄的白色 T 恤，看上去身材矮小，长得很不起眼。

他被诊断出患有严重的强迫症（OCD）。强迫症有很多不同的变化方式和不同的表达形式。在某些情况下，它看起来更像一个"思

维障碍"组成的心理困扰（如，头脑不能进行一定的思考）；而在
其他情况下，令人不安的想法或潜在的焦虑或恐惧则经常会导致一
些不合常理的问题和强迫性行为。

汤姆所患的强迫症主要是不断有各种各样的侵入性思维变化。
更具体地说，他的思想不断受到那些充满暴力、恐怖可怕和血腥肢
解的图像的影响和冲击。平心而论，汤姆的心灵世界可不是什么美
丽的地方。

不过，也许是由于泛黄的白色 T 恤掩盖了他内心的恶魔，这个
外表邋遢的汤姆却名不副实地呈现出一个相当不错的男孩形象——
有礼貌，说话柔声细语。他的父母收入稳定，家境殷实，衣食无忧。
然而，他显然又是一个思绪混乱的年轻人。我能从一个人的表情上
看出他动荡不安的思绪：在与人交谈的过程中，他往往不是盯着地
下看就是仰着脸遥望太空，其实，不请自来的各种思绪犹如千军万
马般正通过他的头脑，并对其造成了严重的破坏；而他对交谈的反
应则表现得十分延缓迟钝，因为他不得不极力让自己摆脱幻想的世
界，从而回到此时此刻的现实世界中来。

汤姆曾去过一所特殊学校，是专为患有精神疾病的儿童而开办
的学校。现在，他才刚刚回到普通学校上学。随着我对他进一步的
了解，我发现，由于他从小就一直遭受持续不断的强迫性思想的影响，
所以一旦他接触到活生生的残暴形象，比如看过那些虐待狂般的电
影——评论家们称之为"酷刑色情"的电影，他的思想也就不由自
主地成为赤裸裸的暴力思想。

不幸的是，因为汤姆犯有严重的强迫症，一旦这些残暴的图像铭刻在他的脑海里，就会成为他精神家园的一个永恒组成部分。更为糟糕的是，汤姆不但是永远记住了那些惨不忍睹的场景，而且那些场景也一直充斥着他的幻想，他还把这些作为自己折磨别人的幻想素材。

汤姆还去弗莱德·彭策尔（Fred Penzel）博士那里看过病。其实，弗莱德·彭策尔博士就是写《强迫症》（*Obsessive Compulsive Disorders*，2000）那本书的作者。彭策尔博士曾经鼓励我们的痴迷患者汤姆把他自己的那些幻想念头都写下来，以此作为驱逐那些思绪想法的强有力手段。用我自己的话说，我喜欢称之为"松动压力锅的阀门，消除其中的蒸汽——从而防止压力锅发生爆炸"。虽然，这个令人恐怖、望而生畏的日记对于汤姆的英语教师来说真是一个巨大的挑战，因为老师偶然发现了其中的一些作品，吓得是胆战心惊，但是，这样子写出来的确会让汤姆时刻处在管控之中，避免悲剧的发生。

但是，我得承认，我对此做法依然颇为担心。他这样详细地记录着自己备受折磨的幻想（再次重复，作为推荐疗法——要想摆脱这些令人烦恼的思想，就必须给予更多的内心力量才行），我想知道这个年轻人详细记录的时候是否有可能对这些幻想采取行动呢。

实际上，在我这次与汤姆见面之前，我发现自己不自觉地先把我一直放在办公桌上的妻子的照片收了起来。我之所以这样做，是因为在此之前我与汤姆曾有过一次紧张的会晤，在那次会晤期间，我发现汤姆一直目不转睛地盯着我妻子的一张照片看了好久好久，仿佛处在神情恍惚之中。他刚刚和我分享了他所遇到的困难和麻烦，当他碰巧看到她的照片时，他一言不发，光盯着它看，因为他不能控制自己去折磨和肢解女人的暴力幻想。你可以从他的脸上看出来，他的内心是非常痴迷、恍惚不安的。我不得不叫了他两三次，才将他从恍惚状态中唤醒回来。

然而，彭策尔博士则向我保证说"这些类型的患者客户从来没有实施暴力行为"。当我非常怀疑地回答说"彭策尔博士……从来没有吗？这可是一个相当绝对的陈述啊"，他却反驳说"嗯，几乎是从来没有"。

正是这个"几乎从来没有"才让我担心呢。因为它暗示着的确有些案例——诚然是些极端情况——已经达到了心理引爆点，暴力思想泛滥，并且付诸了实施。归根结底，整个认知行为疗法——目前最流行的、以证据为基础的心理治疗形式——所基于的理念就是思想（认识）塑造了我们的行为。但是，如果一个人患有精神疾病（像强迫症），这使人尤其难以有效地控制、重新构建或是管理思想的内容，这时候情况又会怎么样呢？

大约一年后，在长岛发生了一起令人毛骨悚然、震惊可怕的谋杀案，就在格伦科夫的附近。这充分证实了彭策尔博士不该说从来没有，因为那些充满强迫思想的人极有可能会离经叛道，做出暴力的举动来。在我们当地就有一起十分令人不齿的犯罪案例：31 岁的埃文·马歇尔杀害了他 57 岁的邻居丹尼斯·福克斯，并对尸体进行了肢解。丹尼斯·福克斯是一名特教老师，就住在罪犯家的街对面。警方发现了一些被肢解女性的性恋物癖图片——这与我的患者客户汤姆非常相似，还有一个酷刑色情的图片专集。据说，这些图片助长了马歇尔的暴力幻想。

我的患者客户汤姆之所以没有伤害别人，就是因为精神药物和心理治疗对他的帮助极大，这样一来，他的生活才继续遵循一个更加规范的轨迹。因为他没有针对任何一个人做出具体的威胁行为，所以他没有达到需要向执法部门报告的这个关键点。事实上，心理治疗师虽然经常与那些有问题想法的客户待在一起，但我们不能——也不会去举报每个有暴力幻想的客户，不过，我们必须依法报告那些我们认为很可能伤害自己或是伤害别人的客户。

然而，心理健康领域不是一门精密学科，当涉及人类的行为时，并没有什么水晶球来预言未来。而评估什么时间暴力思想会一跃成为"急性剧烈"和"迫在眉睫的风险"状态，这可能是一个非常微妙、复杂、主观、人为的事情。

不幸的是，有几起非常知名的精神病青少年案件，其中的青少年虽然一直受到精神病"雷达"的监控，但是，他们仍然犯下了暴力罪行，例如：贾里德·李·拉夫纳（Jared Lee Loughner）不仅枪杀了亚利桑那州的国会女议员加布里埃尔·吉福德（Gabrielle Gifford），还开枪杀死了其他 6 个人；"蝙蝠侠"射手詹姆士·霍姆斯（James Holmes）在科罗拉多州的奥罗拉电影院一下子就枪杀了 12 个人；而弗吉尼亚理工大学的韩裔男子杀手赵承熙（Seung

Hui Cho）一次竟然杀死了 32 个人。所有这些年轻人，要么曾做过精神病评估，要么接受过精神护理，或是被介绍去做精神病评估。

多年以后，随着我在视频游戏领域的相关工作取得越来越多的成果，我就开始考虑：我那个有严重强迫症的患者客户汤姆，如果不断受到视频游戏中暴力图形的轰炸，他的表现又会怎么样呢？他还是每隔几个月才会在电影院看到暴力的影像，而这就足以完全占据他的内心。如果他像其他孩子一样，每天玩 18 个小时的电子游戏《侠盗猎车手》，他会不会沦为由暴力思想发展到暴力行为的异类之一呢？

我从专业的角度来说，这是极有可能的。我们所做的研究（已经经过了检验）正在向我们展示，暴力视频游戏确实增加了那些没有基础疾病的儿童的攻击行为。然后，这就引出了一个问题：这怎么可能不会大大增加心理的脆弱呢？而且，不幸的是，这就是我们所亲眼看到的情况：有暴力异常行为的儿童，其实他们都有潜在的心理健康问题。

为了明确这一点，我要亲自调查一个案例，我认为这是一个最有说服力也是最令人心痛的案例，它足以说明暴力视频游戏严重影响心理健康这一问题。

新镇大屠杀

发生在康涅狄格州新镇市的校园枪击案，共造成 28 人死亡。

兰扎的疯狂与谋杀：桑迪胡克枪手

在线赢得 83 000 个杀人记录，其中包括"击中头部" 22 000 人，使用暴力游戏来训练自己的屠杀技能 [1]

康涅狄格州，新镇市，桑迪胡克小学。亚当·兰扎。

也许，这就是我们正在讨论的最有说服力且备受争议的例子，它表明玩暴力游戏和图像逼真的视频游戏可能导致精神疾病与发育问题相互交叉的最糟糕、最可怕的结果。即使到了现在，当我每次提笔要写新镇大屠杀的时候，心中难免会有一种手足无措、非常哀伤的感觉。极度悲伤，极度愤怒。但是，我还是觉得，2012 年 12 月 14 日上午消逝的那些无辜生命毫无意义，因为迄今为止依然没有引起人们的足够重视。

社会上发生悲剧事件会给大家的集体意识留下难以治愈的伤痕，比如"9·11"恐怖袭击、挑战者号航天飞机爆炸、新镇大屠杀。我们真的不能接受屠杀手无缚鸡之力的孩子，并且真心希望我们永远不要习惯于这类行径。因此，当我们读到有个孩子被谋杀的时候，我们，身为文明社会的一个成员，都会为此深感悲伤。

但是，当我们读到而且亲眼看到在那个阳光明媚、生命攸关的早晨，20 个天真无邪、正在上小学的孩子被半自动武器一个个挨着进行屠杀时，我们的感触将会更加深刻：这一下子摧毁了我们对秩序井然的世界应有的认知和理解——那些无辜的孩子不该在自己的教室里被血腥屠杀啊。事情本不该是这样的。

凡是有信仰的人都被迫对此质疑，就连没有信仰的人也想弄个水落石出。当孩子死于车祸或是自然灾害时，我们的心灵都会伤痕累累，因为孩子代表着我们的纯洁和天真；不过，从某种程度上来说，由于不可抗拒的自然因素抑或是面对所谓的"上帝的行为"，万一发生了什么天灾人祸，比如意外事故、车祸、地震和海啸，也许这时候，我们当然觉得非常可怕，但却真的是无能为力。

但是，我们怎么能心平气和地理解一个活生生的人手持半自动武器，走进坐满孩子的小学课堂，枪管里装着沙丁鱼一样多的高性能弹药，肆无忌惮地朝着那么多孩子开枪射击呢？这个不满20岁的杀手——他自己几乎还不算成年人，当他眼睁睁地看着子弹刺穿那些小家伙们的皮肤并且使其流血、受伤、致命的时候，难道他就没有一点点同情心和同理心吗？当他听到孩子们发出令人生畏的尖叫而四处逃命时，难道他就没有感到丝毫的悔恨或是脑海里闪过一丝停止射击的念头吗？显而易见，丝毫没有。因为那个枪手亚当·兰扎只是一直不停地射击、射击、射击，直到最后结束了自己的生命。

惨案就这样发生了。而现在，在举国悲伤的同时，这次大屠杀还给我们留下了一个令人害怕的谜团：到底亚当·兰扎哪里出了问题，才使他铸成如此弥天大错？是的，我们知道，自古以来就有疯狂的杀人犯和连环杀手，但是这个年轻人，这个疯狂的凶手，受到的影响模式不同于以往的泰德·邦迪（Ted Bundys）或是约翰·韦恩·盖西（John Wayne Gacys）这些职业杀手。这个年轻人的个人简历是我们应该也必须要看。枪是疯狂肆虐、杀人不眨眼的武器，这一点无可非议。但是，我们不禁要问，是什么塑造了一个杀手的杀人之心，结果导致那个人使用这样的武器来杀人呢？又是什么塑造了这样一个杀人怪物，竟然会把子弹射进幼儿园孩子的后背呢？

令人奇怪的是，当你看着亚当·兰扎那张目瞪口呆的照片时，你在他的眼睛里看不出邪恶，你看到的只是一个笨拙迟钝、思绪迷失的孩子。但是，我们知道盖西是邪恶的，泰德·邦迪也是邪恶的。他们一看就是凶险狡诈、心怀鬼胎、穷凶极恶、十恶不赦的家伙，他们以摧残、折磨别人为极大乐事。相比之下，亚当·兰扎看上去像许多玩电子游戏的人一样，没有什么不同，无非就是一个性格古怪之人，犹如在狂欢节进行奇怪表演的小丑一样，只不过迷失在第一人称射击游戏的幻觉世界里。我虽然从来没有见过亚当·兰扎本人，但是，看着照片上他的那张脸，我仿佛又看到了之前我所见过的那种表情。那种表情我不知道已经看过多少遍，早已是烂熟于心。那不一定是邪恶的，只是迷失在一个虚拟的、暴力视频的枪林弹雨的梦幻而已。

虽然我们永远不能了解亚当·兰扎内心的真实想法，但是，马修·利西亚克（Matthew Lysiak）针对这一举国震惊的屠杀事件做过调查并就调查结果出版了一本书《新镇：美国的悲剧》（*Newtown: An American Tragedy*）[2]，而康涅狄格州最近也公布了两个相关报告，其中记录了亚当·兰扎玩暴力视频游戏的所有消费习惯以及他对以死亡为主题的令人毛骨悚然的连环杀手的痴迷（他还给那些杀手分配杀人分值）。因此，我们从中可以得到几个非常重要的线索，对亚当·兰扎的内心世界就可略知一二。我们从这些杀人分值信息中也可以得出这样的结论：他可能因为一直玩第一人称射击游戏而患上了精神病，所以就一心幻想着再现游戏中大规模杀伤的场景。

事实是这样的：

我们从公布的调查中了解到，在枪击事件发生前很久，亚当就已经表现出一个颇有麻烦的孩子的种种迹象。2014 年 11 月，康涅狄格儿童事务局 [3] 办公室发布了一份长达 114 页的非常详尽的调查报告。该报告表明，在枪击事件发生前几年，耶鲁儿童研究中心的几个医学专业人士就建议说亚当有心理问题需要治疗。但不幸的是，这些建议都被亚当的母亲南茜（Nancy）给忽略了。

无论是政府官员还是精神病专家，他们煞费苦心地整理出这份《康涅狄格报告》，其目的就是为了提供线索，帮助阐明导致本次枪杀事件的原因。迄今为止，这依然是记载亚当生活轨迹最详细的公开文献，给我们提供了一个了解亚当童年及其心理发展的有效窗口。

据该报告记载，亚当在十几岁的时候，身上的种种问题被相对正常的早期童年时光所掩盖。亚当的父亲告诉调查人员说，亚当在八九岁的时候似乎很喜欢当个小小男子汉；他参加了学校的各种活动，包括学校的戏剧演出，还参加童子军的各种会议和聚会。他的父亲还说，亚当还打了两季的棒球赛。

然而，《康涅狄格报告》也包括这样的记载：亚当对暴力的入迷程度至少要追溯到小学 5 年级。当时，他与同学一起负责一个班级项目计划书"姥姥说大话"，里面却充满了各种各样杀害儿童的形象，还有大量同型装配和动物标本剥制术的详细描述。最难以置信的是，计划书里竟然也有一个预言性的描述，就是一个男孩一枪射中了他母亲的头颅——就像 10 年后亚当射杀自己母亲的头颅一模一样，如出一辙。

据撰写《康涅狄格报告》的专家说，亚当在 5 年级就书写出那么可怕的项目计划书，说明他身上存在着一个巨大的危险信号，可惜在当时竟然没被发现。"而为本调查报告效劳的心理健康专家，则明确指出'姥姥说大话'的内容被描述得极其令人厌恶，如果该内容受到学校工作人员的认真审查，就很有可能建议亚当转诊至儿童精神医生那里去看一看，或者有必要送他去其他专业人士那里，做个心理健康评估什么的。"

在报告中还写道："由于担心儿子的精神状态出问题，亚当的父亲在 2006 年就带着他去过耶鲁儿童研究中心，当时的亚当还是 9 年级的小男孩，其父亲是通过自己公司的员工援助计划，搭便车带上亚当去检查的；与此同时，亚当也曾看过社区医生，他被诊断出患有严重的焦虑症和阿斯伯格综合征。亚当曾告诉耶鲁儿童研究中心的一个精神科医生说，他不想有更多的朋友，他甚至不了解什么才是真正的朋友。"

凯思琳·A. 凯尼格（Kathleen A. Koenig）是耶鲁儿童研究中心的一名护士，她曾表示亚当还表现出强迫症的症状，因为他老是跑厕所去解手，一天换袜子最多可达 20 次，有时候他妈妈一天要给他洗 3 次衣服。此外，有的时候，他的手上整天都拿着一盒纸巾，因为他不能用手去触摸门的把手。

　　撰写《康涅狄格报告》的作者强调说，由于亚当和那些患有自闭症和其他精神疾病的人表现的症状一样，所以他也很少从事外在的暴力行为，而在更多的情况下，可能是把那些问题都藏在心底："患有精神疾病或发育障碍的个体，更可能内化问题（即情绪上感到苦恼或是困惑，在社交方面表现得不合时宜，或是笨拙无能，有时候会漫不经心地伤害自己或是故意自我伤害），而不是外化这些问题（即表现出攻击性）。"

　　然而，为亚当做评估的精神病医生则表示说，亚当所建构的社交圈子与教育环境的确是一个值得关注的问题，并且给他开了一些抗焦虑的药，但是被亚当拒绝了。紧接着，该精神病医生注意到，为亚当创造的"人工环境"也制造出一个很高的风险，亚当周围的人应该携手并肩，一起努力工作，以帮助他克服社交的困难，而不是为他搭建一个"保护膜"。他还指出，亚当的家庭"需要大量的育儿指导"。

　　据《康涅狄格报告》报道，一个有高级护士从业证书（APRN）的护士也告诉过亚当，他有心理障碍，可以用药物帮助治疗。该护士说，如果亚当不接受治疗的话，那他等于就是生活在一个盒子里，随着时间的推移，这个盒子只会越来越小。所以，亚当的确曾在2007年短暂地接受过抗抑郁药和抗焦虑药物的治疗。但是，没过多久，他的妈妈就带他离开了，说他一直被药物的副作用困扰着。

　　2008年，在亚当16岁的时候，他的"盒子"确实变得更小了。当时，因为他母亲对儿子的公立学校的教学计划表示不满，就把亚当从新镇中学接到家里，对他进行教育。就这样，亚当一方面在家接受教育，一方面到康涅狄格西部州立大学参加一些课程的学习，等他获得了足够的学分以后就提前一年毕了业。

毕业之后，亚当有时会同他的哥哥和他唯一的朋友一起，玩一玩街舞音乐视频游戏《热舞革命》；他的那个朋友表示说，他曾与亚当有着正常的友谊，他还告诉调查人员说，他和亚当会谈论一些话题，包括"电脑呀，黑猩猩社会呀，人性呀，道德呀，偏见呀……偶尔也会谈论家庭成员什么的"。

那个唯一的朋友说，亚当有能力表达自己的情绪，他会大笑、微笑，还会开玩笑，但是，他也说，亚当的语言表达能力不是很强。

但是，对于亚当来说，像学校这样的结构化社交环境并不是一个日益严重的问题。虽然公立学校（他在这里曾是一名荣誉学生，参加过科技俱乐部，还被认识的人形容为"非常聪明但有时候有点紧张、烦躁不安"的学生）也许不是亚当感觉最完美的地方，但是在这里，他至少给人一种正常并参与社交的假象。

但现在，学校这个社交纽带被割断了，亚当退缩到他自己的虚幻世界。他第一次显示出异常的、视频痴迷的迹象是在前一年，当时他 15 岁，发现了《魔兽世界》这个视频游戏。如前所述，在这个游戏中，玩家们生活在一个神话与怪物交替的另类宇宙，为了前进，他们必须勇敢地打败竞争对手。

随着时间的推移，亚当就在他母亲那个类似地堡的地下室里独自一人连续玩了好几个小时的游戏，他对《魔兽世界》的痴迷很快就演变成对《战斗武器》（一个多名玩家参与的第一人称射击游戏）的执着。这一游戏的目标就像大多数第一人称射击游戏一样，就是看谁杀死最多的敌方战斗人员。

到 2009 年 9 月，亚当已成为《战斗武器》在线玩家社区的一个固定成员，并被接受为"智囊团"一员。这是由《战斗武器》的其他在线玩家组成的一个小组织，他们会一边讨论着游戏的战略一边不时混杂一些闲聊与玩笑。大家都这么说，亚当非常适合这个虚拟的世界，这比他在非虚拟的世界进行面对面的交流舒服多了。

但是，根据心理健康专家为康涅狄格儿童事务局撰写的报告，对于像亚当这样有心理问题的孩子，用虚拟小组取代现实世界中的社交互动，这本身就是一个问题："这不像规范的积极影响以及同年龄群体的交往互动，其网络虚拟小组没有什么意愿，也不能停止他危险的发展轨迹，或是针对他的冲动提供什么告诫性的反馈信息。"

由于他无法融入现实世界，但那个虚拟的王国（里面有着各式各样的游戏人物化身）允许这个温顺驯服、不善社交的孩子彻底改变自己的形象；在《战斗武器》游戏中，亚当就能创造一个强大的反亚当的头像化身。正如作家兼新镇大屠杀调查记者马修·利西亚克在其专著《新镇：美国的悲剧》（2013）中所描述的那样："独自在黑暗中，借助他唯一的亮光，就是那个发光的屏幕，亚当在他的电脑和视频游戏的世界里找到了一个非常舒适的水平，这是他在外面的现实世界中很少能够达到的。……在这里，亚当既能虚张声势、为所欲为，又能满怀信心地恣意表现，对熟悉他的同学和家人来说，这些表现当然显得十分陌生，因为他们心目中的亚当是一个温顺笨拙的少年。……但在这个网络世界里，那个骨瘦如柴、意志薄弱的少年却选择创建了一个威猛高大、肌肉健硕的战士，穿一身沙漠迷彩服，同时还配备一件发光背心、一副护目镜，还有一个黑色的贝雷帽。同样，他为自己的神圣使命选择了威风凛凛、令人难忘的武器装备：一挺 M16A3 式突击步枪，一挺有巴西丛林巨蟒之称的 Bushmaster AR-15 步枪（这是一种半自动步枪），还有一把和格洛克 10 毫米手枪很像的 G23 手枪。"

2009 年，在亚当 17 岁的时候，他已经在这个与世隔绝、天昏地暗的幻想世界里上网超过了 500 个小时。据他网上的资料显示，亚当作为"致命战士"已经获得了 83 496 人的杀人业绩，其中包括 22 725 个"击中头颅"的记录。

在大多数同龄的孩子都打算上大学的时候，亚当却深深地陷入自己虚拟的地堡里，不能自拔；他使用了一个在线的角色形象"凯恩布雷德"，证明自己已经成为一个永久固定的武器杀手，因为自从他开始经常光顾网络聊天室起，他就一直专注于那里的暴力视频游戏、各种各样的武器、大规模杀伤性场面以及连环杀手。

他一心痴迷于大规模杀伤性武器，这是非常麻烦的。随着他的真实世界在继续不断地萎缩变小，2010 年起他就不再与父亲进行交流沟通。2012 年的夏天，因为一部颇具争议的电影，他又停止了与他唯一的朋友的来往，之后，虽然他与自己的母亲生活在同一个房子里，但是他只通过电子邮件与母亲保持交流——而他对暴力的痴迷却日益加深了。

仅在 2009 年 8 月至 2010 年 2 月期间，亚当就利用他的别名凯恩布雷德在维基百科上花了无数的时间去搜寻查看大规模杀伤的相关词条，着了魔似地刻意关注并修正杀手的生活及其使用枪支类型的小细节。据《康涅狄格报告》记载："AL[亚当·兰扎] 逐渐把自己推入了另一个宇宙世界，满脑子想的都是各种各样的枪击案，这俨然就是他当务之急的中心工作。"

但亚当对于连环杀手的痴迷远远超出了仅仅校正维基百科页面上的杀手细节或是只收集那些有趣好玩的大规模谋杀案例。实际上，对他的电脑使用情况进行司法审查之后，美国联邦调查局行为分析科表示，亚当对大规模屠杀细节的痴迷和关注是"前所未有的"。

2013 年 11 月 13 日，大约在新镇大屠杀发生一年之后，康涅狄格州检察官史蒂芬·J. 森登斯基（Stephen J. Sendensky）公布了一份详细的调查报告[4]。在该报告中，调查人员表示说，他们也曾在亚当的个人物品中发现既有 2008 年 2 月 18 日《纽约时报》关于北伊利诺斯大学的枪击案的剪报，也有从 1891 年以来所有有关小学生枪杀案的报刊文章复印件，还有一本书是有关宾夕法尼亚州兰开斯特县的一所教会学校发生的大规模儿童枪杀案，甚至有一个电子表格清单，上面列举了数年来的大规模屠杀事件，以及其他一些"看起来好像都属于射手亚当的电子证据或数字媒体资料"。这些材料说明了枪手亚当一直全神贯注于各类大规模杀伤案，特别是科隆比纳枪击事件。

根据麦克·卢皮卡（Mike Lupica）于 2013 年 3 月 17 日在《纽约每日新闻》中撰写的故事，在康涅狄格检察官的报告中提到的那个屠杀"表格清单"可不仅仅只是一个用来汇编谋杀数据的电子表格，那张令人恐怖的 7 英尺长、4 英尺宽的电子表格还是一份谋杀得分表，其中已有九成填满了数以百计的凶手名字，连同他们杀死的总人数以及他们所使用的武器名称。[5]

新镇大屠杀发生 3 个月之后，国际刑警组织协会在美国新奥尔良召开了一年一度的国际研讨会，卢皮卡曾经采访过出席这次国际协会会议的资深警察。在那次会议上，康涅狄格州的上校警官丹尼·斯特宾斯（Danny Stebbins）作为大会发言人之一，告诉他的警官同事他们曾在亚当·兰扎家里发现的东西。

正如那位资深警察对卢皮卡说的那样，康涅狄格州警方相信，就那个评分表来说，"亚当的意图就是要高居榜首，把自己的名字写在列表清单的最上面。他们认为，亚当之所以选择了一所小学作案，就是因为他觉得这里是一个最低的阻力点，他在那里不仅容易得手，而且还可以在杀戮比赛中获得最多的分数"。

那名老警察还告诉卢皮卡说，亚当的电子表格做得非常全面，"就其研究的质量而言，听起来就是一篇博士论文"。他推测说，亚当一定是花了多年的时间才把收集的材料汇总在一起，然后做出清单的。

基于亚当的双重困扰，他既痴迷于现实生活中的杀人犯又迷恋虚拟世界的暴力游戏，所以很有可能在他的头脑中，这两个世界已经变得模糊不清、混为一谈。在 2012 年的那一天，难道他认为自己那可怕的、血肉模糊的谋杀都是游戏的一部分？看起来，对于亚当来说，他电子表格上真正的大规模屠杀的杀手就是他发光的电脑屏幕中许多第一人称射击游戏中的杀手。随着他在游戏的黑暗困境中越陷越深，这一模糊景象会继续发展下去的。

但是，游戏玩家要杀死平民百姓还有孩子吗？也许，我们从亚当的实际上网资料中可以得到更多的线索，它告诉我们亚当是如何一直迷恋钟爱的游戏：到2011年，19岁的亚当已经不再玩《战斗武器》游戏，转而又去玩《使命的召唤》以及《使命召唤：现代战争2》了。这两款视频游戏都是暴力游戏和第一人称射击游戏，它们就像《战斗武器》一样，玩家都是要激烈竞争，看谁在杀人比赛中杀的人数最多。

在《使命召唤：现代战争2》中，枪杀的受害者都是平民百姓，包括妇女和儿童，这一点就是新镇大屠杀中出现的先兆。在这个骇人听闻的游戏中，亚当变成了一个穿便衣的中央情报局特工，他加入到一个俄国恐怖袭击行动小组。他们在飞机场屠杀那些手无寸铁的平民百姓，并且杀死了许多妇女和儿童。令人不可思议的是，就像在新镇大屠杀中出现的情景一样，在该游戏中，那些被枪击中的受害者以及受伤者都会爬着离开枪杀现场，在地上留下一条血淋淋的痕迹，而那些最初幸免于难的人还在努力帮助别的人，结果他们也被枪击中而最终送命。这就和新镇大屠杀的情况一模一样。

根据康涅狄格检察官的报告，据说亚当的电脑硬盘上也有一个不怎么起眼的视频游戏，名叫《校园杀手》*。在这款第一人称射击游戏中，玩家从一个教室走到另一个教室，先用枪瞄准那里的儿童和教师，然后再向他们开枪射击，杀死他们之后再要玩家自己的命，这与亚当在新镇大屠杀中的所作所为惊人一致、如出一辙。

但是，难道真没有人发现亚当日益严重的问题吗？的确，亚当病得不轻，而且他又如此痴迷于视频游戏，就像吸毒的瘾君子一样。他越是迷恋玩游戏，他的健康状况就越恶化。据《康涅狄格报告》的记载得知，亚当临死的时候，身体处于"深度的神经性厌食症"，他身高 6 英尺，但体重只有 112 磅。

不幸的是，在亚当的健康状况每况愈下却越来越疯狂地玩游戏的过程中，他的母亲南茜就是一个热心推手。正是他的母亲南茜曾固执地相信让问题重重、痴迷视频游戏的儿子接触一下世界各地的真枪实弹不失为一个好主意，竟然错误地认为可以在靶场创建一个健康的母子关系；也正是母亲南茜把患有自闭症和社交有障碍的亚当强行从学校拉走，这实际上是为儿子的孤独自闭和孤立存在推波助澜，结果导致他几乎完全陷入精神病状的孤独深渊；还是这个母亲南茜，当朋友们对亚当日益孤立的情况深表关切时，她却不经意

---

* 《校园杀手》不是第一个引发悲剧的视频游戏；在 2005 年发行的《科隆比纳超级大屠杀》游戏中，玩家就扮演了科隆比纳杀人犯的角色。在 2013 年发行的《2013 波士顿马拉松：街头恐怖》游戏中，其玩法就是让玩家们躲避漫天飞舞的高压催泪弹。在 2004 发行的《约翰·F.肯尼迪遇刺案：重新再现》游戏中，允许玩家透过步枪的瞄准镜十字准线，清晰地看到坐在豪华轿车里的肯尼迪总统，与此同时，玩家就可以重现击头致命的快感乐趣。

地予以否认，并告诉朋友说："孩子他挺好的。只要他有电脑和视频游戏玩，他就会忙忙碌碌、不亦乐乎。"

儿子亚当当然是忙得不亦乐乎、如痴如醉。那个昏暗的地下室原本是亚当的母亲为他改造的游戏室，现在看起来俨然就是一个军事掩体，几乎每英寸的墙壁上都贴着各种武器和军事装备的海报。在以前用来锻炼身体的活动房间里，亚当创建了一个准室内射击场；在那里，他会从头到脚全副武装，身着军人装，手持散弹枪，瞄准他挂在晾衣绳上的硬纸板目标进行射击练习。在他的卧室里，每一寸窗户都被塑料布遮盖得严严实实，不让一丝亮光从外面照进房间里。

某些时候，就连亚当那个榆木疙瘩脑袋的母亲也开始变得有些担心。她曾告诉一个朋友说，她开始注意到她的儿子很少外出走动，"就像坐在屏幕前的僵尸一样"。她透露说，亚当一直坐着玩游戏直到深更半夜，但是白天的大部分时间都在睡觉。

终于，她实在担心得有点受不了了，就偷偷地走进他的房间一探究竟。她查看了亚当的卧室，结果发现在他床头柜下面藏有好几张图片，就是那种描绘肢解尸体的图片；她还发现一张图片上面是一个血淋淋的女人，手里抓着一串念珠，雨点般的子弹穿过了她的脊椎；除此以外，还有一张图片画的是绿茵茵的草地上齐刷刷地摆放着一排排幼童的尸体。

就在这张令人毛骨悚然的素描画中，孩子们的脸因为被严重毁伤而面目全非、难以辨认。而另一张素描草图似乎就是年幼亚当的一张自画像，鲜血从他额头的一个大口子里喷涌而出，他的双臂则以胜利的姿态奋力伸向天空。

重要的是，我们必须牢记，这些杀气逼人的视频游戏和暴力影像就是亚当的全部世界。也就是说，在亚当的世界里，每时每刻都充斥着这些暴力游戏以及血肉模糊的影像，其后果可想而知。对于一个本来就有强迫症的年轻人来说，这些杀人游戏和影像无疑就是火上浇油，只会使他那更加痴迷不误、跃跃欲试、动荡不安的心火越烧越旺。就像那名经验丰富的老警察在国际执法研讨年会上告诉麦克·卢皮卡的那样："最终，这就是一场无可挑剔的'完美风暴'：这些枪支，其中有一支还是巨蝮 AR-15 突击步枪，握在丧心病狂的暴力游戏玩家之手。这就像握在强奸犯手中的色情诱饵，他们一直要靠色情为生呢，你怎么可能指望有朝一日，他们会洗心革面、洗手不干，主动走出来说自己玩够了视频游戏，看腻了屏幕杀戮，现在真的是想要改邪归正、脱胎换骨，成为一个严格执法的狩猎者。这怎么可能呢？"

接着，老警察还说，根据康涅狄格州警方的理论，亚当认为血洗那所小学"可能是付出少、得分高的最佳途径，这也正是他不愿被警方打死的原因所在。在游戏玩家心中，如果是别的人杀了你，他们就会得到你的分值。他们相信这就是亚当最后选择自杀的真实原因"。

调查人员从理论上推断，他们认为可能有两件事情把亚当从虚拟暴力推到了现实世界的真实暴力。据利西亚克说，刚好在发生枪击事件的前几天，亚当的妈妈告诉过她在酒吧当服务生的朋友丹尼斯·杜兰特（Dennis Durant），她说最近曾告诉自己的儿子，由于他的"医疗"条件，他不能成为一个真正的军人。南茜对杜兰特说："我尽量用温柔委婉的语气告诉亚当，他永远不能成为一个海军陆战队士兵，他不适合那种生活，他也不是那块料。而且，上天早给他安排了不同的生活，他本该有一个迥然不同的活法。"

根据南茜的说法，儿子没有很好地听取她的意思，反而理解得有失偏颇。

亚当受到的另一个打击则是母亲有一次暗示说她打算搬家，不是搬到美国最北边的华盛顿州就是搬到最东部的北卡罗来纳州。她曾告诉一个朋友说，如果她搬到华盛顿州，就把亚当送到一所"特殊学校"。根据康涅狄格儿童事务局的报告，"在枪击事件发生的前几个月，要从新镇搬到华盛顿州的想法使亚当变得愈发沮丧抑郁，日益焦虑不安"。

报告接着说："隐约预感到要从新镇搬走，可能增加了亚当的焦虑，因为他可能担心，不知道自己会去哪里生活，也担心失去他曾在家里好不容易才建立起来的庇护。这很有可能就是导致枪击事件的一个重要因素。"

然而，该报告也清楚地表明，亚当并不是"心血来潮，突发奇想"——这是个蓄谋已久的枪杀计划。报告还引用了许多事实，说明他曾多次访问该学校的网站并仔细查看了学生手册，而且非常熟悉学校的各种安保措施。

在麦克·卢皮卡采访那位资深警察时，这一观念也得到了那位警察的回应，他认为："那一天，亚当绝不是突发奇想，他可不是那样一个家伙，这一会儿心血来潮疯狂至极，过一会儿就不想再继续干了。……他在一直不停地策划着这件事。他们有两年前的照片为证，那个小家伙浑身都绑着武器，用手枪指着自己的脑袋。这是你不得不理解的一件事情：他多年前就已经把这件事谋划好了。"

极端的社交障碍，严重的强迫症，接触越来越多的暴力游戏，这些推动了亚当将现实微弱的联系与大量的虚拟暴力混为一体，难道说亚当是一个心理容易受到伤害的年轻人，他因"交叉感染"，形成了一种由游戏引发的精神病，这让他害怕搬家——害怕不得不离开他那虚拟掩体的安全庇护吗？

我在本章开头所提的问题依然没变：视频游戏在亚当的"完美风暴"中到底扮演了什么角色？这一点我们可能永远无法真正了解，但是我们可以根据已有的证据在事后得出一些心理方面的推断。

正如老警察告诉卢皮卡的那样，暴力游戏就像是强奸犯的色情诱饵。随后他接着说："看起来，他是真的迷失在自己的一个令人恶心的游戏之中。这就是我们所听到的情况。他从他的游戏中学到了你在警察学校才能学到的一些东西。比如，如果你要一个个房间挨着射击，那应该如何去做？就像他血洗那所小学时采用的方式，得在进入下一个房间之前重新装满子弹才行。也许，在他的枪里有一个连发30颗子弹的弹夹，虽然他只用了其中的一半子弹，但是，他宁愿把剩余的那15颗子弹统统丢弃，以便在到达下一个房间前重新装满一个新的弹夹。"

　　根据卢皮卡的采访记录，老警察继续往下叙述的时候声音都开始颤抖起来："他们认为，他之所以学会了这个原理——这个重装弹夹的战术——都是源自那些视频游戏。一定要在子弹打光之前重装弹夹，然后一直不停地继续前进。当他第一个武器（巨蝮 AR-15 突击步枪）的带子一断，他就马上掏出了手枪。那真叫一个训练有素！掏枪的动作之快、技术之娴熟，堪称经典。或者说，这就是玩杀人游戏而学习、练就的过硬本领。"

　　亚当·兰扎的行为难道就是大卫·格罗斯曼中校以前称之为"谋杀模拟器"的副产品吗？他是想在精神上演绎这种射击游戏的玩法吗？我们在以前曾读过有关游戏转移现象的研究，通过这种转移手段，着迷的游戏玩家可能把游戏与现实混为一谈。或者说，亚当就是一个愤怒的年轻人，他已经达到了一个暴力的突破点，因为知道他所熟悉的新镇生活就要结束而深感害怕吗？

　　归根结底，我们实际上永远都无法对此确定。但是，有一点是可以确定的，那就是暴力视频游戏在他疯狂的"完美风暴"中所起的关键作用——无论是作为他精神崩溃过程中模糊现实的机理还是作为虚拟的训练场，正是在这样一个杀人不见血的训练场，一个愤怒的孩子面对暴力才变得麻木不仁，肆无忌惮地射击那些手无寸铁的儿童，以此来磨炼自己的杀人技能。

　　模拟器也好，训练场也罢，无论是哪种方式，我都认为第一人称射击游戏就是新镇大屠杀的一个推手、一个助纣为虐的罪魁祸首，在法律的天平上难脱干系，这样说一点都不失公允。

★ ★ ★ ★ ★ ★

正如我所讲过的那样，在前面这两个章节提到的案例可能会是一些极端情况。我并不是说每一个玩电子游戏的孩子都会去狙击学校，就像每个喝啤酒的人不一定都会变成酒鬼一样。

但是，所有的孩子只要是接触过度刺激、神魂颠倒的发光荧屏，就会受到一定程度的影响；因为孩子们的大脑正处在关键的发育期，如果长期暴露在电子媒体闪光灯的催眠之下，他们的注意力和专注力就会受到不利影响，结果就出现虚拟成瘾的可能性。根据所有被引用的攻击性研究结果得知，接触暴力游戏的孩子的确会更具攻击性。

在这一点上，我们必须扪心自问：这到底是怎么发生的？我们的整个社会怎么会变化得如此之快？我们的孩子们怎么会从正常的孩子一下子就变成了痴迷屏幕的"屏瘾儿童"呢？

十一 伊坦·帕茨失踪案以及纯真年代和户外活动的终结

1979 年的 5 月 25 日，这一天就是纯真年代的终结点。因为就是在这一天，一个名叫伊坦·帕茨（Etan Patz）的可爱的 6 岁男童神不知鬼不觉地失踪了。当然，伊坦·帕茨不是有史以来第一个被绑架、被杀害的男孩，然而，他的神秘失踪却深深地影响了整整一代人并从此改变了家长对孩子的教养方式。

1972 年 10 月 9 日，伊坦·帕茨出生在纽约市，他的家就在纽约市区普林斯大街和西百老汇大街的拐角附近，他在曼哈顿豪的一座宅院里长大。伊坦上幼儿园都快一年了，在第一年快要结束的时候，他的父母决定让他独自走到离他家只有两个街区的巴士站乘坐校车。

谁知道，自此以后儿子就一去不返，他们从此再也没有见过伊坦。

得知伊坦·帕茨失踪的消息以后，曾是专业摄影师的爸爸立刻把儿子的照片贴在纽约的大街小巷，当地警方也展开了长达几周的搜寻行动，但结果都是一无所获。伊坦的失踪案不仅引发了整个美国社会的关注，而且也吸引了全国媒体的注意力，举国上下都在发问："伊坦到底发生了什么事？"

对任何家长来说，没有什么比失去孩子更糟糕、更可怕、更痛苦的事了。伊坦的父母从来没有停止过寻找孩子的脚步，而伊坦的失踪也推动了全国寻找失踪儿童运动，包括设立相关的新法案以及创建寻找失踪儿童的方式方法，比如，20世纪90年代，把寻人启事印在牛奶包装盒上的搜寻运动等。小伊坦是第一个被印在牛奶包装盒上的失踪儿童。

许多社会学家和心理学家都指出，伊坦·帕茨绑架案就是我们社会的一个转折点。家长们开始为孩子的安全担忧，前一代人所记得的许多种"儿童自由"，现在都已成为过眼云烟，一去不复返了。

在伊坦失踪事件之前，小孩子自己走路去上学或者说至少可以步行走到公共汽车站是一件司空见惯、再平常不过的事情。我有一些朋友，他们记得在9岁的时候都是独自一人或是和其他孩子一起去乘坐地铁的。而在今天，这几乎是不会再发生的事情了。家长肯定要每隔一会儿就打一个CPS定时电话，随时进行确认。

虽然少年儿童绑架凶杀事件不是第一次，但是，发生在20世纪70年代末和80年代初的这一备受瞩目的绑架谋杀儿童案以及亚当·沃尔什（Adam Walsh）和约翰尼·格斯克（Johnny Gosch）曾对美国人的生活造成了很大的影响。自20世纪20年代以来，像艾伯特·菲什（Albert Fish）这样的儿童杀手随处可见，特别是在1932年，当传奇飞行员查尔斯·林德伯格（Charles Lindbergh）的孩子被绑架并杀害之后，美国联邦调查局就一直参与调查处理各地的拐卖儿童案件。但是，直到1984年，在伊坦·帕茨、亚当·沃尔什和其他的孩子失踪之后，美国国会才授权成立了国家失踪和被剥削儿童保护中心。

20世纪70年代后，父母们变得越来越害怕此类事件了。是媒体加剧了每个人的恐惧感吗？媒体对这类消息不断滚动播出，以及牛奶盒包装警示活动确实是提高了人们的警惕，可事实上绑架并谋杀儿童一直都是极为罕见的事件。

在每年报告的800 000宗绑架和失踪儿童案件中，绝大多数的儿童都是在几个小时内就返回了家园。其中超过200 000的儿童都是家庭绑架的受害者，经常涉及父母的监护纠纷问题。而在58 000宗"非家庭"绑架案中，大多数情况都是绑架者了解或认识被绑架的孩子或家庭，其中，超过99%的被绑架孩子是活着回来的。[1]

当然，非常显而易见，这并不是说这些儿童绑架案不让父母心惊肉跳、毛骨悚然。但是，这与那些神秘古怪、陌生可怕的绑架者完全是两码事，绝不可相提并论。这类绑架（类似伊坦·帕茨绑架案）每年大约发生115宗，一般都是这样的情况：孩子被一个陌生人绑架劫持，其目的无非是为了索要赎金或扣押或故意实施伤害或自己收养。所以，这类绑架案中的孩子只有60%的存活率，而且还有大约4%的绑架案根本无法侦破。这就意味着每年大约有45个孩子被奇怪的陌生人活生生地绑架和杀害啊。

自20世纪80年代以来，这个数字一直没有增加。事实上，有一些证据已经表明，它实际上可能随着全国犯罪率的整体下降而下降。的确，犯罪专家似乎同意这样的观点，他们认为，现在的美国孩子可能处在最安全的历史时期。

但是，随着伊坦·帕茨的失踪，社会的认知也在发生着转变——这一变化给人们一种感觉，即他们可能能够"控制"那种无法控制的事情。埃里卡·克里斯塔基斯（Erika Christakis）是耶鲁儿童研究中心的一名教育工作者，他在一篇文章中写道："伊坦·帕茨的失踪标志着无忧无虑教养方式的终结吗？"这篇文章发表在 2012 年 4 月 24 日的《时代》杂志上。"从前，人们认为车祸、触电、火灾、头部受伤等都是不可避免的悲剧，甚至可能是'上帝的行为'什么的。但是，当流行病学家开始观察发现大多数的意外事故都是有非常明确、可以预见的一些原因的时候，这些意外事故都被更准确地重新标记为可预防的伤害。结果，社会上就先后出现了自行车头盔、汽车座椅、食品安全和'婴儿禁用'标识。很快的，一切似乎都是'意外的'情况，其实都是可以预防的，比如婴儿猝死综合征、哮喘、溺水、烧伤、骨折、过敏反应、脑震荡等。"

正如克里斯塔基斯指出的那样，这种想法很快就被应用到父母的责任感上来："这是一个巨大的观念的转变，伴随而来的是父母的高度责任和焦虑感——要保障儿童的安全。如果出现最坏的结果是在父母的控制之中，那么家长不采取这些预防措施的话他们充其量就是个懒鬼，最坏的情况莫过于犯了过失罪。"

于是，父母感觉到了巨大的社会压力。结果，父母对孩子的教养方式也随之变化，犹如直升机般居高临下，密切监控，并出现了过度保护孩子的现象。

"直升机养育法"这个术语最早被用在了 1969 年的一本书《父母与青少年》（*Between Parent and Teenager*）里，该书的作者心理学家海姆·G. 吉诺特（Haim G. Ginott）引用了他的一位青少年患者所说的原话："我的妈妈就像高悬在我头顶上的一架直升机一样，嗡嗡嗡，叨叨叨，事无巨细，形影不离，什么事她都要管，我厌倦了她的噪音和热空气。……我有权自个儿打个喷嚏吧。可是她呢，连我打喷嚏都要说出个理由来。"不难想象，其母亲形影不离、事必躬亲的行为一定让孩子受够了，也烦透了，都快喘不上气来了（就要窒息）。之后，"直升机养育法"这个词语又成为学校语言的一部分。以前曾做过中小学校长的吉姆·费伊（Jim Fay）和心理医生福斯特·W. 克莱因（Foster W. Cline）都在他们 1990 年出版的《用爱与逻辑养育孩子》（*Parenting with Love and Logic*）这本书里用到了这个术语。现在，它已成为我们文化的一部分。

2014 年，汉娜·罗辛（Hanna Rosin）在她发表在《大西洋》（*Atlantic*）期刊上的文章《受到过分保护的孩子》（*The Overprotected Kid*）中还描述了父母教养方式的不断变化："仅仅是在同一代人的身上，儿童行为模式的转变就会如此巨大，这让人难以理解。在 20 世纪 70 年代曾被认为是偏执狂的许多行为，如步行护送 3 年级的孩子去上学、禁止你的孩子在大街上打球、让你的孩子坐在你的膝盖上滑滑梯，现在都见怪不怪了。事实上，这些行为反而都是负责任父母的良好标志。英国有一项非常深入的研究，对城市、郊区和农村社区进行了与儿童独立行动相关的全方位调查，结果表明，在 1971 年，3 年级学生独自步行上学的占 80%，到了 1990 年，这项指标已经下降至 9%，而现在测试的结果甚至更低。"[2]

罗辛的父母过去常常让她自己随便走动，想去哪里就去哪里，比如和同学约着玩或是去上游泳课什么的。可罗辛意识到她自己是一个非常不同的妈妈："我在每一个星期六醒着的时间里自然而然地把每个小时都花在孩子的身上，如果不是花在一个孩子身上，就是花在所有的 3 个孩子身上，我可能会送一个孩子去参加足球赛，送第二个孩子去剧场看演出，送第三个孩子到一个朋友的家里玩，要不然，我就是全天候陪着他们在自己家里玩。当我女儿将近 10 岁的时候，我的丈夫突然意识到，在女儿近 10 年的生活中，她独自一人的时间可能还不超过 10 分钟。在 10 年的时间里还不到 10 分钟啊。"

现如今，为什么这么多的家长如此痴迷于他们孩子的生活而又乐此不疲呢？在我的临床实践中，我已经见过几百次这样的情况，并且感觉我也是一样（需要自觉抵制的这种倾向）。现在的父母似乎更加一门心思地扑在自己的孩子身上。如今，父母与孩子的身份融合方式似乎与先前的几代人都不一样了。但是，殊不知，接近你的孩子是一回事，但结果却是另一回事。孩子们似乎都成为父母的希望、梦想和期望的延伸，其结果是不健康的微观管理，又名"直升机管理模式"。

在我父母的那一代，许多人似乎都是忙于工作，努力使家庭收支保持平衡，所以他们没有时间过度关注孩子的事情，比如，约同学玩耍、学习小提琴课程、参加足球营什么的。我们这一代人也喜欢运动，喜欢做很多事情，我们的父母并没有在我们行走的每一步路上形影不离，这样反而有助于培养我和我的朋友们的自主意识、韧性和办事能力。"我们可以做到"就是我们当时的口头禅。而现在，许多孩子甚至都不能背着自己的书包去上学；我看到过许多妈妈，她们都像骡子一样驮着自己孩子的书包，一直陪着孩子走到学校。这是为什么呢？

这就是给予帮助与越俎代庖之间的细微差别。我的儿科医生朋友迈克尔·斯克赛尔（Michael Schessel）博士告诉我说，有一次，他 7 岁的孩子要他给解鞋带，斯克赛尔博士正要弯下腰去满足孩子的要求，这时他突然意识到有点不对劲，于是就说："等一下，你自己可以做的。你要学会解开自己的鞋带！"这就像埃里卡·克里斯塔基斯所写的那样，现在的社会压力迫使我们要对孩子保持高度的警惕，并提供没完没了的帮助，免得我们被羞辱为不称职的坏父母。

我认为，这种情况的根源就在于可怜的小伊坦·帕茨的失踪案。2015 年 5 月 6 日，迈克尔·威尔逊（Michael Wilson）在《纽约时报》上发表了一篇有关伊坦·帕茨失踪案的文章，他总结的文章题目是"伊坦·帕茨的遗产：小心翼翼的孩子变成了小心提防的父母"。[3]当伊坦失踪时，我们还是孩子，也都受到了该失踪案的影响。所以后来，我们就会把我们自己孩子身上的安全带扎得更紧一些，结果就成了可怕的"直升机父母"。

威尔逊曾和好几个当时还是孩子的人交谈过，他们都说伊坦失踪使自己的父母发生了变化。埃迪·斯贝德（Eddie Spaedh）当时就是在布鲁克林区长大的男孩，他谈到失踪案发生之后："整个社区的变化都非常巨大。过去，我们一看到家里的灯亮了，我们就得自己回家了，而后来是父母警惕地看着窗外，眼睛随时盯在大街上，总是不眨眼地看着我们。"

当伊坦·帕茨那代人长大以后，他们变成了被过度保护的孩子的一代——"直升机父母"一代，与此同时也发生了其他情况：孩子们都被鼓励留在室内，因为室内更安全。毕竟，不会有神秘古怪的绑架案在自己家里面发生。因此，转变就这样开始了：曾被大人鼓励出去一直从日出玩到日落的孩子（甚至在天黑之后再玩一会儿），现在都被家长鼓励待在室内为好。

那么，一个健康活泼的男孩或女孩待在室内干什么？玩电脑啊！加入"屏瘾儿童"大军行列！

是的，就是伊坦·帕茨的悲剧导致了一整代惊慌失措、高度警惕的父母，而他们这一代人又变成了无所不管的"直升机父母"，这也是"屏瘾儿童"产生的一个主要原因。雪上加霜的是，由于社会压力，许多家长还展开了竞争。大家都被一个观念误导了，即"我的孩子要在技术上超过你的孩子"。由于不同的荧屏相继出现，邻居之间相互攀比的情况更是层出不穷：你家的孩子有一个微软开发的第一代家用游戏机 Xbox？我的孩子就要有微软新开发的一个虚拟现实的头盔眼镜 Oculus Rift！什么，你的小孩二年级才有一个 iPad 和 一个 iPhone？我的孩子在幼儿园就有了——不对——在上幼儿园之前就有了！上帝保佑他们，虽然家长们都是出于好意，但是他们之间的屏幕竞争却是"屏瘾儿童"问题的一个巨大组成部分。

出现"屏瘾儿童"的另一个原因在于我们有一个新型的抗衡力量——"自由放养的孩子"运动，这是由勒诺·斯科纳兹（Lenore Skenazy）引导的一项活动。作为一个母亲和来自纽约昆斯地区的一名记者，斯科纳兹坚决认为一定要给孩子们自由和自治。与此同时，媒体把其妖魔化了，给斯科纳兹冠以"美国最差妈妈"的绰号，因为她在 2008 年让当时 9 岁的儿子从布卢明代尔公司独自乘坐地铁回家。

次年，她就出版了一本书《自由放养的孩子：安全、自立的育儿法》，她在书中提倡的是"过度呵护时代"的"常识育儿法"。[4] 她也指出，伊坦·帕茨的遗产就是创建了一种父母高度警惕、过度担心的文化，但她却认为这种思想观念是可以改变的，只要父母有意识地杜绝这种最坏的情况发生或者不要首先想到的就是会发生"最坏的事情"。

"有的时候感觉这种不断产生的恐惧之心仿佛是自然而然的。父母仿佛就是专门为了'操心孩子'而生的，而这就是我们的文化，这就是我们的具体使命和特别之处。哪怕孩子有针尖大小的事情发生，我们家长也能准确无误地及时发现。"斯科纳兹在自己的博客里这样写道。2015 年，斯科纳兹的《放养孩子项目》宣布，每年的 5 月 9 日为"带着孩子去公园，并让他们自己走回家的儿童自由放养日"。马里兰州的一对夫妇由于让自己的两个孩子（一个 10 岁，一个 6 岁）独自从公园步行回家而被指控犯了疏忽大意罪，"自由放养日"也是对这一指控的直接回应。

不管父母养育方式的重点范围放在哪里，直升机养育法也好，自由放养也罢，最健康的建议就是要给孩子们提供时间，让他们远离那些电子屏幕设备，走到户外去玩耍、活动、锻炼。

但是，这样保不齐问题又来了。

即使父母不让孩子接触屏幕，也面临着一个非常非常重大的障碍。知情的父母可能都开始明白，高度刺激的屏幕其实就是一种数字毒品，但是学校——我们的孩子一天里的大部分时间所待的地方，还没有意识到屏幕可能是一个非常重大的问题，必须小心谨慎地使用，而且只有在适当的年龄段方可使用。

欢迎大家光顾这个对屏幕如痴如醉的教育产业综合体。

十二 追逐财富：电子屏幕与教育产业综合体

在美国有一个最需要开拓、最具发展潜力的教育领地：那就是教育技术。预计到 2018 年，教育技术产业将成为一个 600 亿美元的行业。[1] 是的，那将包括智能白板和数据系统等等。但是，既吸引了企业家又吸引了科技公司的真正淘金，则是平板电脑。更具体地说，就是让美国的每一个学生都有一部平板电脑以及与之配套的价格不菲的教育软件和昂贵的年度授权费。

可以肯定的是，技术在教育方面有一席之地——教室里要有屏幕。但是，大多数教育专家都认为，技术本身并不能治愈教育存在的顽疾。而且，最重要的是到底应该如何使用屏幕，应该在什么年龄和什么年级必须使屏幕，这一点我们必须要非常小心谨慎地对待。

不幸的是，对于某些只追求金钱的人而言，这没有什么大不了。就像任何淘金行为一样，其中就有一些投机商比其他人更加令人讨厌。

★ ★ ★ ★ ★ ★

教室里发生的技术故事可是一个引人入胜的故事。

作为一个故事，它具有引人入胜的所有元素：贪婪、腐败、背叛。然而，它还不仅仅只是一个故事而已，它是一个由贪婪、无能、傲慢与自我构成的复合体，而且是合起伙来对我们的孩子进行活生生的背叛。从这个意义上来说，教室里的科技故事读起来更像是一幕希腊悲剧。

在我们剧中的主人公出场之前，就让我先把他们表演的舞台给搭建起来吧。

这里都是一些教育改革家——也被称为教育企业家——他们正在出售虚假故事，声称目前的教育系统如此破碎不堪，只有他们的技术才能够将其修复。其中的一些教育企业家是受到利润驱动，而另一些人则是受到自我膨胀思想的驱动——他们怀着救世主般的热情，确信自己就是"那样的一群救世主"，能够拯救并改变该死的教育、该死的研究和该死的现实。

这种自我膨胀与贪婪欲望的混合物就是正在驱动着处于食物链顶端的教育技术的力量。在这条食物链的半山腰就是学校的校长和教育监管人。唉，这纯粹就是一个"皇帝的新衣"的现象。其中有许多人是心知肚明的，教育是不能靠这种小玩意来修复的。但是，为了保住他们自己的职业生涯，保住他们头顶上的那顶乌纱帽，他们就选择了对此保持沉默。毕竟，没有人喜欢反对的声音。

什么，皇帝没穿衣服？你的意思是说，我们的数百万美元都花在毫无价值的设备上了？你是说那些设备受到学生们的黑客攻击已经变得毫无用处了？而他们还坐在储藏室一直玩个不停？你是说这一切都纯属浪费吗？你最好保持沉默，否则就要重新分配红利，没有你的份额！

另一些人则是在这场误导的技术军备竞赛中想方设法努力与周边的地区保持一致。西安普敦的中小学都有平板电脑？很快，我们这个学区的每个人都要有一台平板电脑！或者，更糟的是，有一些无知无能的管理者，已经买下了高科技公司的各种各样的产品，而且被这些闪闪发光的新设备所蒙蔽。这些设备能运行吗？它们能帮助孩子成为更好的学生吗？谁在乎，只要看见设备那么发光闪亮就可以了！

当我在科技成果研讨会上向学校管理者做演讲时，我得到了上述所有问题的各种不同回应。准备停止使用或至少减少使用屏幕的只是极少数人。至于其他的人，大都是无所谓的。

我的意思是，父母们必须统一口径，并且提出更多这样的问题：教室里所有这些技术设备实际上能够帮助我的孩子学习吗？而且，更为重要的是，其中的一些设备是否会伤害我孩子的发育和心理呢？在父母开始发表意见来保护自己的孩子之前，学校的管理人员都将充当科技公司的魔笛风笛手。

现在，我就给大家展出教育的贪婪第一幕：

一个邪恶的联盟：鲁伯特·默多克与乔尔·克莱因

乔尔·克莱因（Joel Klein），前纽约市属中学的名誉校长，就是他最先发出的声音，要通过技术来"改造"我们破碎的教育系统。他坚持认为其解决方案就是要给美国的每一个学生配备一台平板电脑，从幼儿园到中小学。他那个教育科技公司 Amplify 早已做好准备，非常愿意为学生配备平板电脑，并且有能力在全国每一个学区实施配备平板电脑的宏大计划。

然而，多年以来，克莱因本人一直受到利益冲突方的多次指控，并被指控使用错误的信息来声称现行的教育制度要比实际的情况更加糟糕。[2]

但是，人们不禁要问，这个乔尔·克莱因是何其人也？我们真应该知道，因为这个人不可小觑，他可以很好地塑造未来几代人的教育观——只因为他变成了一个非常非常富有的人。

克莱因从未在课堂上教过课，也从未研究过教育。2002 年，在他被纽约市长迈克尔·布隆伯格（Mayor Michael Bloomberg）任命为纽约市属中学名誉校长之前，克莱因是一个有着哈佛大学教育背景的律师。

他在创立自己的法律公司之前都是在私下里开展律师业务的；20 世纪 90 年代，在他被任命为反垄断部门总检察长的助理检察长之前，他曾在比尔·克林顿（Bill Clinton）政府的白宫律师办公室任职，之后，他又被任命为美国司法部助理司法部长。在离开司法部之后，他成为贝塔斯曼国际传媒集团的法律顾问。

在克莱因被选去监督有着110万学生的纽约教育行业之前，他的职业生涯里没有一丁点教育的善意、忠诚和信誉。在他任职期间，他率先开展了一系列活动，其中包括把规模大、人数多的学校分成规模小一点的学校和班级，利用在盖茨教育基金（the Gates Foundation）工作的便利连续开办了43所规模小一点的中学。由于提高了毕业率，他开始得到一些赞誉，不久之后，他就受到纽约大学教授和教育政策分析家黛安·拉维奇（Diane Ravitch）的指控，说他除了其他违规违法的行为之外，还为了获得这些积极成果而不惜大肆炒作学校使用的各种教科书。[3]

根据记者鲍勃·赫伯特的报道，比尔·盖茨（Bill Gates）后来也承认说，拆分这些学校实际上是一个错误的做法："只是简单地打破现有规模的学校，使其成为更小的教学单位，往往不能产生我们一直所希望的收益。"[4]

作为名誉校长，克莱因的另一项主要业绩就是把95万美元纽约纳税人的钱花在了一个高科技累赘上：2007年，克莱因推广了一个ARIS系统（绩效报告及创新系统），这是一个数据采集和跟踪学生的计算机系统。ARIS系统立刻受到批评家、老师以及家长的诟病，因为该系统不仅运行缓慢、笨拙，而且在很大程度上可以说是毫无用处。随后，克莱因又授予英特互联网一个1200万美元的年度合同，以创建ARIS系统的无线新生代系统，其目的就是为了修复和维护他那破旧而昂贵的机器，其实就是用纳税人的钱为他铸成的大错来买单。

　　然而，这还是好的地方。接下来你可要睁大眼睛密切跟进，最好别走神，因为肮脏的道德标准把水搅混了。2011 年，克莱因从他年薪 22.5 万美元的岗位上退了下来。 为什么不呢？他有了更好的工作机遇，他接受了鲁伯特·默多克（Rupert Murdoch）提供的年薪 200 万美元的工作邀请去执掌 Amplify 公司，还有 100 万美元的签约奖金。[5] 而你可能会问，Amplify 是什么公司？ Amplify 公司就是爱德教育科技公司，前身是无线一代（Wireless Generation）公司。没错，就是在克莱因任名誉校长时，从他那里得到 1 200 万美元年度合同的那家公司。

　　是的，一点不错，克莱因给了一家私营公司一个利润丰厚、有利可图的公共合同，就是为了修复他亲手创造的巨大灾难。然后，他又去那家公司工作——纠正错误：他接着去经营那家私营公司，赚了差不多 10 倍于爱德教育科技公司的辛苦钱。但是，克莱因并没有直接拿到默多克支付他的所有钱，而是用来清理由 ARIS 系统和数据采集而产生的垃圾。默多克为了追求那尊教育圣杯，为 Amplify 公司投入了将近 10 亿美元。而在美国，每个学生手中都有一台 Amplify 平板电脑（仅 199 美元！ ）。

　　公共部门的员工要在私营部门兑换支票领薪水？这在政界可能随时都在发生；可怜的议员为了兑取现金就像一个说客一样四处走动游说，这没什么好看的。有人甚至会说，上帝保佑他——这就是美国。我们中间是谁给了一个男人机会，让他得到金牌呢？但是，在教育方面，向私营部门出售交易可能就会出现问题。需要质疑的问题是：他所交易的费用是以我们孩子的学习为代价，更成问题的是，是以孩子们的幸福生活为代价吗？

我们知道鲁伯特·默多克的动机。从来没有人会把他混同于一个圣人君子或是一个不可动摇的道德之人。人们都知道，默多克为了追求利润而不惜卑躬屈膝，甚至是破坏法律。他曾是《世界新闻报》（可惜这家小报现在已经停刊了）的高管，被指控窃听电话和贿赂警察。在随后的刑事调查中，据透露，不仅仅是名人、政客和英国皇室成员的手机受到了黑客攻击，就连被谋杀的小女孩米莉·道勒（Milly Dowler）、已故的英国士兵的亲属以及 2005 年 7 月 7 日伦敦爆炸案的受害者都受到黑客的攻击，其目的就是为了出售更多的报纸。

克莱因的新老板正在努力改变美国教育，这又成了美德与伦理的典范。默多克是个十足的无赖企业家，他还一直热衷于通过教育技术来赚取大量现金。"无线一代"是个绝佳的机会。拉里·伯杰（Larry Berger）是在 2000 年开创"无线一代"的，默多克在 2010年以 3.6 亿美元购买这家公司的时候，它已经是一个非常繁荣的公司，其中有 400 名员工，专注于分析和数据评估。

但是，默多克对分析和数据评估不感兴趣。他认为 Amplify 是一个无比强大的公司，通过该公司的运作，他可以用装满昂贵的教育软件的充满光泽的新平板电脑来彻底取代利润丰厚的教科书市场。

而现在，这是极有可能的，因为教育界的几个关键变化对企业杀手们具有非常强大的吸引力。在过去的日子里，麦格劳·希尔（McGraw-Hill）教育出版集团、霍顿·米夫林·哈考特（Houghton Mifflin Harcourt）集团和培生（Pearson）公司三家出版业巨头统治着 78 亿美元的教科书和课程开发市场。但是，教材和课程的定制必须满足国家和个体的标准—这是一项非常昂贵且旷日持久的工作。

于是，在 2010 年，将要改变一切的发展机遇出现了——使整个教育领域唾手可得的良好机遇，也是像默多克这样唯利是图、挑战道德底线的企业家的大好机遇，那就是标准的共同核心，又称共核（the Common Core）。

共核创造了一套课程标准和教科书标准，先后被 45 个州采用。比如，像亚拉巴马州这样的小市场就没有必要再浪费时间去制定什么不同的标准了。现在，一家公司就可以根据共核的要求创建出中小学的全部课程，然后还可以把内容材料卖到全国。更好的是，一个公司就可以创建一个平板电脑，而且可以在这个平板电脑里进行编程，把新共核的所有好处都输进电脑里。这样，将使教科书的内容过时，所有这些都要交年度授权费。如果不交钱，那就咔嚓一声全完蛋！

但是，默多克得需要一个好前锋，他这个舰队街（新闻界）的国王可不能一下子被人视为一个想要改变美国教育的人。于是就来了克莱因——讨价还价的结果是一年只有 200 万美元。通过雇用克莱因以及 Amplify 公司对"无线一代"品牌的重塑，默多克发现，他所需要的这个高调的"教育专家"实际上就是为以他的新平板电脑为基础的教育公司当骗子、当个托儿罢了。

他这个 Amplify 公司共分为三个部门：Amplify 学习区，开发和提供中小学的共核课程；Amplify 分析评估区，提供课程的分析和数据评估的区域；Amplify 访问区，这是销售定制的 Android 平板电脑的区域，电脑上装有 10 英寸的玻璃屏幕。

但是，随着克莱因掌舵，事情一开始就跑偏了，公司开局不利。可怜的、被人利用的纽约市教育局终于受够了，所以决定减少损失，并终止了这个价值 9 500 万美元的灾难。据纽约市教育局的发言人讲，"教育部已经决定结束我们与 Amplify 公司的合同，起因就是 ARIS 系统的成本极高，其功能又非常有限，而且，家长和员工的需求也明显不足"。

纽约州审计办公室的托马斯·P. 帝纳波利（Thomas P. DiNapoli）在一封来信中还指出，默多克及其电话窃听丑闻也是 Amplify 公司流产的部分原因。他在来信中说："鉴于正在进行的重大调查和新闻集团的持续相关披露，我们将重新调整'无线一代'未经批准的合同。"

"他们废弃了合同，真是好消息。"亚瑟·戈尔茨坦（Arthur Goldstein）说道。她是昆斯弗兰西斯刘易斯高中的一位英语老师，在接受《纽约日报》的采访时说道："他们花了 9 500 万美元买那个破东西，而我的孩子们却住在拖车里。他们用那笔钱所做的事情就是一种犯罪。"的确，孩子、父母、老师以及纳税人都遭到重击，而克莱因则是为了保住他那 200 万美元的薪水，并把目光盯在更大的奖励上：所有学生的平板电脑。

接下来，Amplify 公司再去雇佣数百名最好的 20 多岁的年轻人来开发他们的平板电脑和软件。我们千万不要忘记，孩子们根本就不会关注某件事，除非它是一个视频游戏，所以数以百计的视频游戏设计师被这样聘请过来为教育软件做"游戏"—— 给每个人设计游戏得分！与此同时，公司再雇用几十个"产品测试"的孩子（每周支付 100 美元的亚马逊礼品卡），来测试他们对这种新型教育游戏的驾驭能力。

Amplify 公司的使命宣言是"Amplify 就是要重塑老师的教学方式和学生的学习方式"。他们说的一点不假。但是，并不是每个人都疯狂爱好游戏课堂的。

凡德比特大学在美国是全国教育名校之一，道格拉斯·克拉克（Douglas Clark）就是凡德比特大学皮博迪学院的一名副教授，他对这种游戏教学法忧心忡忡。他曾告诉 Mashable 网站的特拉维斯·安德鲁斯（Travis Andrews）说："游戏得分都是一些外在的动机，一旦 [孩子] 厌倦了外在的动机，他们就会停止不前的。"

更成问题的是，就像我们在这本书中已经探讨的那样，视频游戏可以激发多巴胺的产生，从而让人上瘾。像《俄勒冈之旅》这款视频游戏，本来是作为教育的工具投入使用的，但是，孩子们关注的往往只是游戏的积分，而不是教育方面的内容。

除了视频游戏之外，还有一个更大的问题就是：这种教学法还有什么作用吗？有研究证明，这么昂贵的、新型的屏幕小工具对教育有什么好处吗？有些支持者可能会指向那么一些研究，该研究说明，iPad和平板电脑的使用既增加了模式识别和空间意识，也提高了单词记忆。但是，许多其他的教育研究人员则认为，那些积极正面的效果是夸大其词、名不符实的。不过，即便我们姑且相信这可能有增加模式识别意识、提高单词记忆的效果，但是，这些效果可以导致更好的教育结果吗？这会使学生成为更好的学习者吗？

目前，还没有更全面的研究来证明这一点。

实际上，对技术的研究是非常明确的：2012年就有一项详尽的研究分析报告，该报告系统地回顾了48项研究技术对于学习的影响的研究，结果发现"与其他研究的干预措施和其他方法 [重点是我提倡的方法][6] 相比，基于技术的干预，往往产生略低的学习水平，学习效果没有提高"。

即使是再小的收益，也不能与技术联系起来。研究得出的结论是，技术只能是那些教学效果本来就好的教师在教学效果本来就优异的学校里使用的一个有用工具。但是，就技术本身来说，它并不是教育的灵丹妙药。

"我不知道，使不使用技术会有什么区别。但是，重要的差别在于，如何正确利用技术来支持教学和学习。"研究人员这样总结写道，"总之，我们发现，相关性和实验证据都不能提供足够的说服力。在这种情况下，我们认为一般的数字技术不能对学习成果产生影响。"

这个想法得到了格雷戈·安里格（Greg Anrig）的回应。安里格是《超越教育战争》（*Beyond the Education Wars*，2013）的作者，他在该书中写道："这些研究发现，没有什么技术是决定性的。"安里格也指出好老师与学生合作和对学生管理的重要性，这是学生取得优异学习成果的关键。

密西根州大学副教授富山·健太郎（Kentaro Toyama）博士是一位来自麻省理工学院的研究员，也得出了类似的结论。他不是勒德分子，曾获得耶鲁大学计算机科学的博士学位。2004年，他移居印度，帮助微软公司在那里建立了一个新的研究实验室。在那里工作期间，他对计算机、移动电话和其他技术是如何帮助教育印度的10亿人口，产生了浓厚的兴趣。

虽然，他一直希望能够找到办法，让技术来解决很多教育方面的问题，但是，他渐渐明白，他开始所认为的技术"放大定律"意味着什么。富山博士发现，技术的确"放大了"某些方面——一点没错，但是，并不总是放大好的方面。他发现，技术在教育本来已经做得很好的地方可以予以帮助，但是技术对平庸的教育系统并没有什么帮助，更糟糕的是，在一些功能失调的学校，技术"可能会造成彻底的伤害"。

根据富山博士的观点，主要的问题是技术不能解决学生的学习动机这一根本问题。如果没有人的这个关键组成成分，所有光鲜亮丽的技术都是毫无意义的。

富山博士的文章发表在2015年5月19日出版的《高等教育纪事》

（*Chronicle of Higher Education*）期刊上。他在文章中指出："有一个问题是，人们普遍认为硅谷的创新有益于社会。我们常常把商业成功与社会价值混为一谈，尽管两者往往大不相同。"他接着补充道："显而易见，任何通过引进更多技术来治疗社会弊病的想法，其本身都是有缺陷的……不幸的是，没有什么技术可以修复社会的弊病，这也许是放大的最痛苦的教训。更多的技术只是放大了社会经济的差异，而唯一的规避方法就是非技术手段。"

　　甚至早在 1983 年的时候，教育家们就明白教学比媒介更重要。教育家理查德·克拉克（Richard Clark）曾对马歇尔·麦克卢汉的"媒介是信息"进行了逆推论研究，他的研究表明了教育学和教学法才是至关重要的，而不是信息传递手段。他说，传递教育内容的教学媒体"仅仅只是传递教学的运输工具而已，它们不会影响到学生的学习成绩，这就好比给我们供货的购物车，它怎么可能影响到我们摄取的营养呢"[7]。

　　儿童联盟是一个由全国顶尖的教育工作者和教授组成的联盟组织，早在 2000 年就发表了一个题为《傻瓜的金子：对童年时期计算机的批判性审视》的报告，他们对课堂上的技术也持怀疑态度。他们总结说："学校改革是社会的挑战，而不是技术问题。……一个高科技的儿童议程，看起来很可能会侵蚀我们最宝贵的长期智力储备——我们的儿童大脑。"

　　帕特丽夏·格林菲尔德（Patricia Greenfield）博士是美国加利福尼亚大学洛杉矶分校（UCLA）的著名心理学教授，她也同意这一观点。2009 年 1 月，加利福尼亚大学洛杉矶分校编辑部发表过一篇文章，题目是《技术正在使批判性思维与分析能力下降吗？》。该文章陈述说，格林菲尔德教授分析了 50 多项研究，得出的结论是"技术不是治愈教育的灵丹妙药，因为教育的技能正在逐渐失去"。她指出，最近几十年，年轻人的阅读乐趣有所下降，这是很成问题的，因为"研究表明，阅读可以开发培养人的想象力以及归纳、反思和批判思维的能力，阅读还能扩大、增加词汇量。……在某种程度上，这是视觉媒体，如视频游戏和电视等，都根本无法做到的。"

格林菲尔德教授还反对把互联网引入教室。她援引了一项研究，其中的有些学生可以在上课期间上网，并鼓励他们在课堂上使用互联网，随后，这些学生并没有理解老师课堂上所讲的内容，这与课堂上不使用互联网的那些学生没有什么差别。事实上，在课后的测试中，课堂上使用互联网的学生表现得更差一些。格林菲尔德博士最后得出了结论，明确指出"互联网与课堂连接不能提高学习效率"。

加拿大也出现了一些令人惊讶的研究，研究者极力反对"孩子们喜欢数字学习胜过传统的教育"这一说法。[8]加拿大高等教育策略协会对 1 289 名大学本科生进行了一项研究，发现学生们实际上偏爱"普通的、真实的课程"，而不是数字学习或使用技术。这些研究结果让研究人员感到无比惊讶："这不是我们预期的结果，学生怎么会不喜欢更高技术水平的东西呢？相反，他们似乎真的喜欢进入人际交往的模式，喜欢有一个聪明人站在教室的前面。"

试想一下，是否有这种可能：因为我们自己对光鲜亮丽的技术和设备无限迷恋，所以就假设我们那些生长在数字时代的小孩都会喜欢这种学习方式，而他们实际上可能更渴望与人接触，喜欢传统的教学呢？加拿大的研究似乎能让这样的疑问最终真相大白。

除了对实际教学的偏爱之外，我们还达成了这样的教育共识，即认为高科技课堂根本不能产生较好的学习效果。莉奥妮·海姆森（Leonie Haimson），一个分管班级规模事务的执行董事，曾不图回报、极力倡导小班教学，这一次她直截了当地说："没有确切的证据显示在线学习就行之有效，尤其是从幼儿园到中小学。"

事实上，她认为在线学习是非常有害的。"这种趋势很可能会削弱、破坏教育。"她说，"不知何故，[人们相信] 让孩子们在平板电脑或电脑上学习、研究软件程序，这就是个性化学习，而不是让其失去个性。"她还指出其中的利润动机："默多克想从公众教育中赚大钱，所以 Amplify 公司会极力推动技术重要、网络有效的做法是毫不奇怪的，但是，并无任何证据能够证明这一点。我担心，这就是从教育改革实验中巧取豪夺钱财。"

还有一个非常重要的情况值得关注：鲁伯特·默多克提出，他所掌控的公司要励精图治，创造所有的教育内容，让整整一代学生都来使用。那么，他的政治意识形态会不会塑造或影响所有的学术课程？

作为保守派媒体（如《福克斯新闻》）的经销商所有者，默多克的政治倾向众所周知。在《福布斯杂志》的一篇题为《平板电脑：利益冲突背后的新闻公司》（2013）的文章中，科技评论员罗杰·凯

（Roger Kay）推测说，默多克可能会使用教育技术作为他的另一个媒体市场，来给孩子们传播他的政治主张：

"从我的观点来看，（默多克）新闻集团在这项业务中表现的问题是，它给我们那些最年幼、头脑最脆弱的孩子创造了这么一个渠道，以便他们接受这样一个有着极端政治思想和高度可疑的道德问题的家伙。"

是的，所有的课程都必须坚持共核的指导方针，但是大多数的新闻读者都知道"客观的"新闻并不总是"十分公平和平稳均衡"的。新闻以及学术内容都是可以被人带着偏见来编辑的。

凯最后这样说："我不知道你怎么样，但是，我不希望那些道德可疑的家伙接近任何可能接近的渠道，并控制我家孩子的'学习材料'……学校系统从这个来源购买任何东西时，都应该非常谨慎才是。"

我刚才提到的所有问题都是教育研究者、教育专家，甚至是技术专家的观点和他们所担忧的问题。

但是，所有这些都没有阻止默多克聘请一个律师——乔尔·克莱因。就像一个现代版的菲（尼斯）·泰（勒）·巴纳姆（P. T. Barnum）一样，乔尔·克莱因接着就进行了一场媒体巡回竞选，他高调激昂的演讲声回荡在狂欢的尖叫声中：他那魔幻的平板电脑将要如何"转变"整个破旧不堪的教育系统。

2013 年，在《纽约时报》的一次采访（"孩子配电脑，一个不能少"）中，克莱因不断重复这句话，他眉飞色舞、热情洋溢地谈论着 Amplify 公司的平板电脑的种种奇妙之处，并说教育是不破不立的，而现在使用平板电脑已经是"瓜熟蒂落，水到渠成"了。文章的作者卡罗·罗特拉（Carlo Rotella）是波士顿学院美国研究中心的主任，她嘲讽地说："当企业家们谈论破坏一个行业时，他们听起来十分大胆、标新立异，但是他们听起来也好像是为了修复才去打破某种东西的或者是为了从中获利而心甘情愿地去打破某些东西的。"

紧接着，克莱因就对美国教育状况的可怕之处做了几次详细、彻底的陈述。在说服公众购买他的"治疗仪器"之前，他必须先要令人信服地说明这一点才行。理查德·罗思坦（Richard Rothstein），《纽约时报》的前国家教育专栏作家，写了一篇文章来反驳克莱因说："学校改革者的主张核心就是'改革者自己认为公众教育是需要通过他所销售的技术来加以改变的'——因为病人要死，所以必须治疗。"

因此，要想让教育为改革者的技术买单，第一步是要让每个人都相信现在的教育是病入膏肓、命悬一线，急需医治，岂敢怠慢；第二步是强调"我来治疗，非常有效。药到病除，非我莫属"。然而，克莱因对以上两者的判断均有失误，很不靠谱。重要的是，这并不是说我们的公众教育不能改善，但是公众教育并不像克莱因所说的那样破败不堪。这一次，他的改革像许多实验性的"治疗"一样，非但没有把病治好，反而要了病人的命。至少，这只会扩大成就差距，因为正如我们在伦敦经济学院所看到的那样，手机的研究和富山博士的放大定律都已说明技术造成了学生的边缘化，而在课堂上分散注意力的技术则使贫困的学校受到的影响最大。

因此，就说病人已经奄奄一息吗？

根据克莱因的说法，一点没错，正是如此。2013 年 9 月，克莱因在《纽约时报》杂志的采访中说："从幼儿园到 12 年级的孩子都不学习。……我们必须改变我们的教育方式。……在 1970 到 2010 年间，我们在教育方面的花费增加了一倍，学校的成人数量也增加了一倍，但是，结果却不在那里。这就是说，我们在教育上花了钱，却看不到什么效果。任何像我们这样投入了大量资金却进展不大的系统都存在着真正的问题。现在，我们一直在不遗余力，通过做同样的努力来修复这个问题系统，但是，结果起色不大，略微好一点。这一次 [平板电脑教育] 却大不一样，而且是好得多。……我们花了这么多的钱，结果做的都是无用功。"然后，他把失败的解决方案列了一大堆，其中包括使用电脑不够、教材陈旧、无用的官僚阶层以及较小的班级规模等。

理查德·罗思坦又在《华盛顿邮报》上反驳了这些夸大其词和误导言论。没错，自从 1970 年起，用于教育的钱是增加了一倍，但是，大家别忘了，有一半的数额都是用于为残疾人和特殊需要的孩子提供教育服务——在 1970 年，社会还不承认那些孩子有权免费接受公共教育。罗思坦说："这是非常愚蠢的，实际上就像克莱因先生一样，他居然声称，因为我们现在把这么多的钱花在了残疾儿童身上，还说什么因为所花的钱并没有使普通学生的成绩提高，因此学校必然就是失败的。"

更重要的是，罗思坦认为，克莱因声称自 1970 年以来学业成就没有得到改善，这是错误的。他说："关于学业成就的趋势，我们唯一的信息来源就是两个抽样测试，一个是由联邦政府赞助的，另一个是由国家教育发展评估中心所做的。其中的一个抽样测试结果表明，现在的黑人儿童的学习成绩有了很大的提高，就全国 4 年级的黑人学生而言，他们的数学基本技能的熟练程度都超过了 1970 年的白人 4 年级学生。在另一个需要原始计算和书面答案的测试中，结果显示，现在黑人 4 年级学生的平均学业成绩高于 1990 年的 4 年级白人学生的平均成绩。在阅读方面，8 年级的学生也有很大的进步。白人学生也有所进步。所以说，黑人和白人的考试成绩差距并没有太大的改变，差距的缩小只是因为黑人学生的成绩一直比白人进步更快而已。"

罗思坦还指出，在美国，高中层面的学生也都有所进步，并且注意到，在过去的 40 年里，毕业于高中和大学的年轻成人的数量翻了一番。

关于"教育失败"的干预措施，如较小的班级规模，罗思坦说："这也仅仅是传统观念的咒语，但却不是研究所显示的结果。20 年前，在田纳西州进行了唯一一项科学可靠的关于班级规模缩减的研究，结果发现小班化教学对处于早期阶段的弱势儿童特别有利……"

罗思坦最后说："当然，像任何机构一样，公共教育应该加以改进。我们应该可以做得更好。但是，美国学校所做的一些事情，也许是许多事情，已经被证明是相当成功的。通过全面失败的指控来建议要推翻整个行业，无论是有利于平板电脑教学，还是特许学校……抑或是私立学校，改革者很可能为了支持自己青睐的未经验证的时尚，而去破坏许多已经十分奏效的工作机制。"

有趣的是，克莱因经常还拿自己言过其实的传记来说事。一个家境贫寒的苦孩子，过去都是全靠昆斯的住房项目的资助，才得以完成自己的学业。时至今日，依然对伟大的教师心存感激，等等，并以此作为进一步的"证据"。他言下之意就是说，现在的公立学校已经时过境迁、今非昔比了。据克莱因的说法，正是伟大的公立学校的教师成就了他自己的成功之路。然而，他同时却在暗示，今天的弱势儿童之所以失败，就是因为这些机会不复存在，还因为曾经一度辉煌的公众学校到处尽是优秀负责的教师，但是那个行之有效的教育体制现在已经崩溃，仅仅存在于人们的记忆之中而已。

有什么解决办法吗？有的，就是在每个教室里安装平板电脑啊，一个萝卜一个坑，每个学生人手一台，问题不就解决了。

克莱因的自传本质上夸大了一些中产阶级人士的教养条件（离他长大的地方不到 10 个街区，这一点我倒是同意），除此以外，纽约市的公共教育系统实际上非常完好，足以让他进入哥伦比亚大学和哈佛大学，这一点根本没有什么改变。在他毕业 18 年之后，我也得益于纽约市的公共教育系统，成功地进入常春藤名校的大学校园学习。30 年后的今天，每年都有成千上万的孩子年复一年地重复着这样的求学之路。是的，这当然不是一个十全十美的教育系统，需要大量的工作加以完善。但是，克莱因却要我们相信，整个教育系统现在已经破旧不堪，难以修复——"彻底打破的时机已经成熟了"。其目的就是为了向我们出售他的数字治愈疗法——平板电脑。

但是，Amplify 公司的故事并没有到此结束，还有一个非常有趣的尾声：Amplify 失败了，倒闭了，不行了。该公司从来没有像它想象的那样出售了那么多的平板电脑。公司后来严重亏损，血本无归。因此，公司在 2015 年亏损 3.71 亿美元（更别提他自 2010 年以来投资的那 10 亿美元了）之后，默多克终于决定止损，然后把所有的东西都变卖出去。

最后，2015 年的 10 月，公司裁员高达 2/3 以上——约 800 名员工，之后，这个让人诟病的实体被迫出售给 11 个公司的高管，其中就包括乔尔·克莱因。销售的具体条款在当时尚未披露。[9]

但在一次有趣的重组中，原"无线一代"的创始人拉里·伯杰（Larry Berger）接任了公司的首席执行官，而乔尔·克莱因则被升到了董事会，实际上是明升暗降。现在的高管们老老实实地回复本职工作：他们只保留了原来的课程区域（Amplify 学习区）和分析与数据评估（Amplify 分析评估区）的业务权力。平板电脑的业务？见鬼去吧，丢在垃圾堆了。至此，失败的 Amplify 访问区——销售平板电脑的业务已被叫停。

美国教育技术顾问道格·莱文（Doug Levin）在《教育之周》栏目中说，默多克和克莱因进军从幼儿园到中小学的教育市场"只是另一个活生生的例子，说明长期以来，教育企业家都是在以卵击石，因为市场并不是他们想象的那样"。

接下来，我就给大家提供贪婪的教育第二幕——发生在西海岸的故事。

洛杉矶学区与 1.3 万亿美元的 iPad 惨败

虽然，美国最大的学区（纽约）尽力抵御了乔尔·克莱因、鲁伯特·默多克以及发光屏幕对学校的入侵，但是，美国的第二大学区就没有这么幸运了，向荧屏和 1.3 万亿美元屈服了。

这个西海岸版本的教育贪婪的故事一直作为一个警示，传遍了整个美国大地。甚至在 Mashable 网站上出现了这样一个五彩缤纷的大标题：洛杉矶为每个学生配一个 iPad 是个十足的"大便秀"（2015年 4 月 17 日）。

从哪里开始说好呢？

主管负责人约翰·迪希（John Deasy）认为，这将是一个伟大的想法，给洛杉矶统一联盟所在学区的每个学生（总共 650 000 人）都配发一个苹果平板电脑，里面装满全国最大的教育出版商之一——培生的教育软件。所有的成本最低需要 1.3 万亿美元。

学校的官员和技术的倡导者提出了一个如意算盘的框架，却恬不知耻地称之为公民权利问题，自欺欺人地用了这样的话来表述："这是一个民权问题。我的目标是给贫困的年轻人提供工具，而迄今为止，只有富裕的孩子才拥有这样的工具。所以，我就想这样做来帮助那些穷苦孩子，而且越快越好。"有趣的是，该项目的负责人约翰·迪希在 2011 年为苹果公司进行宣传的视频中就是这么说的。

罗莎·帕克斯（Rosa Parks），请你挪动一下，腾个地方——iPad 需要坐在你旁边。

带着救世主般的热情，迪希表示，平板电脑将引发一场"翻天覆地的巨大变化，学生的成绩可能会有一个惊人的飞跃"，而且仅在表面上就能"彻底改变教育的局面"。

并不是只有迪希一个人接受这种错误的观点，认为学生上网之权利犹如生命权一样重要，他们对人权、自由和幸福的追求是不可分割的。2010 年 6 月，在《波士顿环球报》上有一篇文章，其作者丽贝卡·图哈斯·杜布罗（Rebecca Tuhus Dubrow）不仅讨论了互联网作为一项基本的人权，而且她还建议政府在确保该项"权利"的情况下究竟应该扮演怎样的角色。

她在文章中说道："越来越多的活动家、分析家和政府官员都在争论，互联网接口对社会参与（就业、住房、公民参与，甚至是健康）都是至关重要的，它应该被视为一项权利，是所有公民的基本特权。在人们无法获得该项特权的情况下，不管是因为他们负担不起，还是因为基础设施不到位，政府都应该有权——也许应该有责任——来解决这个问题。"

可以预见的是，那些可能对钱财有兴趣的媒体高管，将会毫不迟疑地同意这一主张，他们很快就会宣布互联网接口就是一个人权："对于 21 世纪的公民来说，上网与人权问题一样重要，关系密切。

正是这样的网络访问，才能使贫困地区的人们获得平衡的优质教育、优质平等的医疗保健和平等的职业机会。"这也是康卡斯特公司副总裁大卫·科恩（David Cohen）崇高的社会正义观。

那个发明了互联网的人则不认为上网是公民的权利。不，我不是在说阿尔·戈尔（Al Gore）。我是在说温顿·G. 瑟夫 (Vinton G. Cerf) 博士，一个传奇的互联网开拓先锋，众所周知的"互联网之父"之一。瑟夫是互联网的 TCP/IP 协议与体系结构草案的合作设计师。1997 年 12 月，美国总统比尔·克林顿还向他颁发了美国国家技术奖章；2005 年，乔治·W. 布什总统又授予他总统自由勋章，因为他帮助创建了互联网。

2012 年 1 月 4 日，瑟夫在《纽约时报》上发表了一篇文章，题目为《互联网接口不是一项人权》。在谈及访问互联网是否确实就是一项人权的时候，他曾经这样说道："这种说法无论是多么善意，其实都忽略了一个更大的观点：技术是权利的推动者，而不是权利本身。被认为是人权的东西有一个更高的标杆。粗略地说，人权必须是我们个人所需要的那些东西，有了这些，我们才能过上健康而有意义的生活，如免受酷刑或是信教的自由。把任何特定的技术放在这个崇高的范畴里都是错误的，因为随着时间的推移，我们将会结束对错误事物的一些估价。例如，在过去某个时期，如果你没有马就很难谋生。但是，在那种情况下，重要的权利是谋生，而不是拥有一匹马。"

大家都能很好地接受他的观点。"任何东西"，像平板电脑、汽车，还有他不无挖苦地所说的马，等等，都不是什么人权或公民的权利。没有任何技术是人的权利。

但是，负责人迪希却对拥有一部 iPad 的"权利"很有激情，并且愿意把他的热情奉献给一个和蔼可亲的学校董事会，于是，该董事就投票同意了给每个学生一个 iPad 的计划。该地区估计，将耗资约 5 亿美元以获得 60 多万台平板电脑和配套的软件，还要在 1 000 多所学校和办事处花费额外的 8 亿美元来安装无线互联网和其他基础设施。不幸的是，这个资金短缺的地区没有这些钱，所以不得不出售公共债券以筹集资金。

事后，董事会成员认为他们可能投赞成票时太过仓促。2014 年的 9 月 4 日，《洛杉矶时报》引用了一些董事会成员的话说，他们应该早一点提出更实际的问题，不该那么快就听从他们那些"从事改革运动的负责人"的蛊惑，坚信自己正在完成自己的使命——消除洛杉矶贫困学生与富裕的同龄人之间的技术差距。

"不公平的时钟嘀嗒不断的概念"激发了所有人对 iPad 的热情。学校的董事会成员斯蒂夫·齐默尔（Steve Zimmer）说："通过审查来平衡问题的紧迫性，这就是我的工作。而在平衡的问题上，我从来没有失败过。"

那么，这个故事该怎么结束呢？

随着联邦调查局的调查，13 亿美元却花费在了一个功能失调的系统上，这简直就是一个灾难。培生平台的课程不完整，基本上毫无价值，而这些平板电脑在几周内就轻而易举地受到黑客的攻击，因为学生们很容易就能绕过脆弱的安全限制，自由自在地在网上冲浪——人人都可以玩视频游戏，还可以看色情视频！

整个交易是在 2014 年 12 月被封杀的——在联邦调查局查获了 20 份文件之后的第二天，这些文件都是从该地区的商务办公室查获的，是与苹果公司签订合同的一部分调查材料。

受到审查的还有项目的招投标过程及其与负责人约翰·迪希之间的关系。约翰·迪希在 2014 年 10 月迫于压力当即辞职。他与苹果公司和培生高管的关系十分密切，是这个巨型合同的受益者。因此，他们之间的关系都受到了仔细审查。[10]

这一切都错在了什么地方？

要回答这个问题，我们还需要回到起点。

约翰·迪希是在 2011 年被聘为主管负责人的，他决心与众不同，大干一番。大多数人都说他满腔热情、无限真诚，衷心期望能够使洛杉矶学区更加美好。鉴于他所认为的成就差距，他将帮助洛杉矶学区瞄准学生的比赛场，把学生作为他建功立业的大目标。

可以肯定的是，他所在的地区正处于危机之中：在经济衰退期间，有成千上万的教师、辅导员和图书管理员都失去了工作，每年只有不到一半的学生在各个年级就读，而且，每年还有 1 万多名学生辍学。

迪希并没有为此道歉，反而是非常生气、感到不快。他作为改革者，准备来修复这样一个非常复杂的混乱局面，是为了对学生们更好。他说道："我无意看着 3 年级的学生说'对不起，今年你不能学习识字了'，或者对更低年级的学生说'你不能毕业了'。"

2012年，他告诉洛杉矶公共电台说："所以，速度一定要快，我们不会为此道歉的。"[11]

他显然是个不辱使命的人。但不幸的是，他选错了使命。

我问过我的朋友佩德罗·诺格拉（Pedro Noguera）博士，他对迪希这个人怎么看，因为他了解迪希的行业内幕。佩德罗是美国教育领域最受尊敬的人物之一；他被伯克利大学、哈佛大学和纽约大学终身聘用，目前是加州大学洛杉矶分校的特聘教育教授。他是你所见过的最有思想、最关心他人的人，也是最出色的教育工作者之一。佩德罗告诉我说："约翰·迪希是个好人——他想做一个积极的尝试，试图有所改变；教师联盟并不喜欢他，对他不感冒，只是因为他对工会没有耐心。但是，他试图为孩子们做一些他认为最好的事情。"

迪希与纽约州的克莱因和Amplify公司不一样，他没有把自己卖给公司的统治者，成为公司霸主。尽管如此，有一点显而易见，那就是当检查到他与培生公司和苹果公司的电子邮件时，结果发现与科技巨头合作的前景依然使迪希感到非常愉快、十分着迷；反过来说，那些科技巨头似乎太急于盘剥他的热情，但是一直没有发现迪希个人在交易过程中获益的指控或暗示。显而易见的是，迪希的确是一个狂热分子，他既相信技术可以作为治疗手段以修复洛杉矶破旧不堪的公立学校系统，同时又对自己作为"非我莫属、舍我其谁"的那个救世主深信不疑——他会锲而不舍、竭尽全力去实现自己的目标。

美国联邦调查局的调查的本质在于，早在洛杉矶统一校区联盟将该项目正式发布前将近一年的时间里，迪希就曾与培生公司和苹果公司召开过数十次会议，进行过几十次对话和电子邮件的交流。最后，他还提交了 19 个其他的投标书。虽然，苹果公司和培生公司最初不是最低的投标人（作为决赛选手，他们竟然被允许重新更改标书并给出较低的投标），但在 2013 年 6 月 24 日都获得了利润丰厚的交易合同。

这个故事的尾声是什么呢？

将近两年之后，该计划已宣布死亡，迪希则迫于丑闻自己主动辞职，而联邦调查局正在继续进行调查。而且，证券交易委员会（SEC）已经介入，最近还在质疑学区的官员，把他们也作为非正式调查的一部分，重点是检查他们是否正确使用了这个颇具灾难性的 13 亿美元项目的债券和基金。

然而，一个可悲的现实就是，像苹果和培生这样的公司都是受盈利驱动的实体，这些唯利是图的企业的使命宣言就是要增加盈利的底线。我想，我们大家都明白这一点，因为这就是美国，允许公司、企业去获利，但是他们不应该以牺牲孩子们的健康、幸福为代价来追逐自己的利润。在学校与营利性公司联姻之前，应该有额外的、认真仔细地观察以及严格的监督和审查，因为，非常不幸的是，那些公司企业并不总是把孩子的最大利益放在心上。

这里就有一个例子：教育出版三巨头之一的霍顿·米夫林·哈考特公司的两个高管最近被隐形的摄像机拍摄到有不端行为。起因是保守派积极分子杰姆斯·奥基夫（James O'Keefe）本来是用隐形摄像机记录的影像资料，为自己的一个非营利性项目做介绍，就是调查一下公共部门和私营部门的不端行为和造假欺诈的现象。结果，在隐形摄像机抓拍的视频中，这两个愤世嫉俗的高管就被抓了个现行，他们当时正在讨论共核事宜以及对孩子最好的东西。[12]

"你认为教育出版公司就是为了教育，对不对？才不是呢，它们就是为了钱。"霍顿·米夫林·哈考特公司负责西海岸的客户经理戴安娜·巴罗（Dianne Barrow）如是说。结果没料到她的话正好被隐形摄像机录下来了。巴罗在解释了共核的压倒核心就是利益驱动之后继续又说："我讨厌小孩，我就是在里面卖书而已。千万不要为了良心而折磨自己。"她一边说一边还开始歇斯底里地大笑。

该公司的另一个愤世嫉俗的高管，战略客户经理阿米莉娅·佩蒂思（Amelia Petties），曾对着隐形摄像机谈及共核说："共核不是什么新玩意。我们只是称它为共核，呜呼！称之为共同核心，哈哈哈……因为孩子们很伟大，所以里面总是有钱可赚的。但是，它并不总是为了孩子好。"她停顿了一下，然后又说，"永远不是为孩子的。"她也是一边说一边发出嘎嘎的笑声。

佩蒂思甚至还建议应该改掉"共核"这个名字，因为这可能会增加新的营销机会。她说："给共核起一个新的名字，依我之见，我真希望他们能改一下。……然后嘛，无论你叫它什么，我都可以销售大量胡说八道的狗屁培训书了。"

看到了这一幕，不知各位看官做何感想。不管怎样，你觉得这些言论骇人听闻、令人震惊也好，司空见惯或是稀松平常也罢。但是，你愿意让这样的私营企业，这种受利润驱动、对孩子及其教育如此蔑视的公司来操纵你自己孩子的教育吗？

这会儿，他们回到了洛杉矶，他们想把他们的钱要回来。洛杉矶统一校区联盟的总顾问戴维·霍姆奎斯特（David Holmquist）给苹果公司写了一封信，要求它停止发送任何培生的软件，并发誓要向那些学生没有用过的数学和阅读材料寻求赔偿。霍姆奎斯特说："绝大多数的学生，现在仍然不能访问培生的在线材料。"

啊？！但是，可别忘了，这些小坏蛋、淘气包、熊孩子可以绕过 iPad 的安全监管系统，在他们的"母牛"（妈妈们）回家之前一直尽情地玩《使命的召唤》和《侠盗猎车手》游戏——平板电脑作为民权运动正在行动啊。

批评者声称，无论是配备平板电脑还是技术改进计划，其步伐都应该再放慢一点，首先应在较小的范围进行推广。也许，在这个时候，工程师们应该回到硅谷、谷歌和苹果公司，继续把他们的小玩意儿送到当地那些没有技术、没有平板的学校里。

结果你就想想看吧。

来自澳大利亚的教育经验教训

悉尼文法学院是澳大利亚顶尖的表演学校之一。该学校成立于1854年，现在有1100多名男学生在这里就读，从学前班到12年级，都是悉尼市商业界与政治界精英的儿子。每年在澳大利亚的大学入学考试中，他们的分数通常都是排在入学学生的前1%。让这所历史名校引以为豪的是，他们曾有3名校友当过澳大利亚的总理。学校不仅历史悠久，而且资金相当雄厚，每年的学费就超过34 000美元，并以拥有澳大利亚最优秀的教育者和管理者为荣。

而且，令某些人感到无比震惊的是，这所精英教育的旗手学校竟然已经决定废弃技术，并搬走了所有教室里的笔记本电脑。据该校校长约翰·瓦兰斯（John Vallance）博士说，设备会使教学"分心"的。他说，在过去7年里，澳大利亚把数十亿美元的钱都花在学校的计算机上面，并认为这是一种"浪费金钱的可耻行为"。[13]

瓦兰斯博士并不是对教育垂头丧气，漠不关心。他是剑桥大学毕业的一名学者，也是国立图书馆新南威尔士州基金会的受托人，还是国家艺术学院院长。他曾担任悉尼文法学院的校长长达18年之久。事实上，在2014年，联合政府就任命他为国家艺术课程的特别评审员。

这位经验丰富的教育家却对在课堂上使用技术持断然否定的批评态度。"我看到过这么多预算有限的学校，他们却把有限的钱都花在了不相称的技术上，而这并没有真正带来任何可以预测的或不可衡量的好处。"他说道，"学校花了数百亿美元来购置交互式电子白板、数字放映机，可现在，这些设备都只是放在那里。"

此外，2016年3月26日，瓦兰斯博士在接受《澳大利亚人》节目采访时说，澳大利亚政府在"数字教育革命"上花费了24亿美元,这是用纳税人的钱为中学生购买笔记本电脑,"除了养肥了微软、惠普和苹果公司以外,其实没有什么其他作用"。接着他还补充说:"他们在教育界可是有非常强大的游说影响力。"

因此,悉尼文法学院禁止学生把笔记本电脑带到学校,并要求他们要手写作业和论文,直到 10 年级为止。学生可以在学校的计算机实验室用电脑。但是,瓦兰斯博士认为笔记本电脑在课堂上会使学生分散注意力:"我们发现,有笔记本电脑或 ipad 在课堂上,就会抑制师生谈话交流——这太分散注意力了。"

瓦兰斯博士认为:"如果你足够幸运,能够遇到一个好老师和一组相互鼓励激发的同学,那么,再给你介绍任何东西似乎都是一个浪费,都将会分散你的注意力,从而使你得不到师生相互交流给你提供的种种好处。"他补充道:"我们将教学看作是一种基本的社交活动。这是关于人与人之间的互动,关于相互讨论,关于对话交流的。"而且他认为,课堂上使用电脑剥夺了孩子与老师辩论和讨论的机会。

瓦兰斯博士还认为,笔记本电脑已导致教师在课堂上不够严谨,因为教师在上课前不做准备。这说明笔记本电脑给教学"引入了大量的松弛懈怠",并且"更容易产生课前已做好准备的幻觉"。

他也相信学习手写具有很大的教育益处:"让孩子失去用手写作来表达自己的能力,这是一件非常危险的事情。"他说过,悉尼文法学院曾一直在研究,3 年级和 5 年级的男孩在手写作业与打字任务之间的差异。"在创造性的写作任务中,他们发现,用手写作就是把自己的想法都写在纸上，这要比用键盘打字容易得多。"

瓦兰斯博士意识到，他这样的观点可能会受到批评，认为他思想落后、观念陈旧，跟不上时代的步伐，甚至是与技术作对。他还十分肯定地说，人们一定会称他为稀奇古怪的"恐龙"。但是，他却回应说："我不是反对技术。我非常喜欢小玩意儿。问题是，因为我们都那么喜欢小玩意，所以我们必须有一定的规则可循，否则的话，我们都只是拿那些新玩意显摆、瞎胡闹。技术是仆人，不是主人。你终究不能指望尾巴来摇动狗，结果会本末倒置的。但我认为，眼下就是这么个情况。"

瓦兰斯博士说，这是一种"非常可耻的情况"，澳大利亚一直在不断地"增加教育的资金投入，但是，其结果却变得越来越糟"。因此，他说他宁愿把钱花在教学人员身上，而不愿意花在技术上。否则，"平板电脑最终将成为学校大规模的预算，齐刷刷地摆放在教室里，而与此同时，学校的厕所和教室的屋顶却在漏水，学校只留下一些摇摇欲坠的建筑物。如果我有一个选择，是买笔记本电脑还是再聘请一名教师，我会毫不犹豫地选择聘请教师，无论何时都选择聘请教师"。

国际上备受推崇的经济合作与发展组织（OECD）也来帮腔质疑现在的学校对技术越来越依赖。该经合组织在 2015 年的一份报告中说，学校必须先在阅读、写作和数学方面给学生打下坚实的基础，然后再引进介绍电脑。然而事实上，该组织却发现在课堂上有大量的计算机用户，他们"在大多数的学习效果中表现得更糟"，由此得出结论说："最终，技术可以强化伟大的教学，但是，再伟大的技术也不能取代糟糕的教学。"

瓦兰斯博士则以更加愤世嫉俗的观点说道："我认为，当人们来写这段教育的历史时……这种课堂的技术投资，将被视为一个巨大的骗局。"

阅读效果：屏幕与纸张

随着课堂上的教师教育与屏幕使用，也出现了另一个问题，即学生阅读屏幕上的东西，而不是阅读写在纸上的东西，结果出现了理解方面的差异。

2013 年 1 月，挪威斯塔万格大学的安娜·茫恩教授（Anne Mangen）在《国际教育研究杂志》（*International Journal of Educational Research*）出版了一项题为《阅读纸上线性文本与计算机屏幕：影响阅读理解效果》的研究报告。她在研究中发现，那些阅读计算机文本的学生在阅读理解的测试中比那些阅读相同纸质文本的学生表现得糟糕。[14]

茫恩教授和她的同事们让 72 个阅读能力相似的 10 年级学生学习一篇叙事文和一篇说明文，每篇文章大约有 1500 字。其中一半的学生阅读纸质的文本，另一半学生则是在计算机屏幕上阅读 PDF 文件。随后，学生要完成阅读理解测试题，包括多项选择题和简短回答题，在此期间他们还可以再次阅读原文。

虽然约瑟夫·奇尔顿·皮尔斯（Joseph Chilton Pearce）认为阅读电脑屏幕时理解力之所以有所下降，是因为大脑受到光线的辐射，导致信息处理的方式出现问题，然而，茫恩教授则认为，学生在电脑屏幕上阅读时，即便是可以参照文本，他们也更难找到特定的信息，因为他们一次只能滚动或点击 PDF 文档的一部分。相比之下，在纸上阅读的学生可以把整个文本握在手中，在不同的页面之间自由切换。

茫恩教授揣测说："你能轻而易举地发现文中的开始、结束和字里行间的一切变化，并且不断与你自己的思路联系起来，这样，在认知上你就可能以某种方式减少负担，阅读起来不那么费力，所以，你有了更多的自由理解能力。"

阅读根本不是一个静态的事情，恰恰相反，它是一个行走在文字间的旅程。这一概念得到了科学研究人员的回应和印证。2013 年，《科学美国人》发表了一篇论文，题目为《数字时代的阅读大脑：纸与屏幕的科学》。[15]

文章中引用了塔夫斯大学的发展心理学家和认知科学家玛丽安娜·沃尔夫（Maryanne Wolf）的观点。"人们有一种物理性的阅读。"她说道，"也许，这比我们实际想要了解的多得多，尤其当我们陷入数字阅读的时候——我们只顾一路前进，可能很少进行反思。"

从进化的角度来看，写作是一个相对较新的现象。因此，就我们的大脑而言，文本是我们物理世界的有形部分。事实上，早期的写作，如苏美尔楔形文字或埃及象形文字，都开始于它们所代表的物体的图像表征。即使在我们现代的字母表中，我们也能看到这些图案的痕迹，比如：字母 C 代表一弯新月，而字母 S 就像一条蛇。

该文章还指出，除了处理个人信件的实物以外，人类的大脑也能感觉到一个文本在整体上可作为一种"自然景观"，就像茫恩教授建议的那样。从这个意义上来说，纸质书籍呈现出一种更为明显的景观，它比屏幕上的文字更为鲜明。

只要打开一本书，就会清晰地展现出两个视域——左边一页，右边一页，共有八个书角，读者可以自己定位。此外，读书人犹如旅行者，可以一目了然地看到哪里是书的起点，哪里是终点，并在一个特定的页面上发现这些景点，还可以了解自己读了多少页以及阅读之旅还剩下多少。这些都是令人非常放心的标志，能帮助读者形成一个前后连贯的心理地图。

与此相反，大多数屏幕都缺乏所有这些标志，从而抑制了人们在自己内心映射出本次的旅程。屏幕文本的阅读者可能把一连串的单词上下来回滚动，但是，却很难看到整个文本语境中的某个特定段落。虽然，有的电子阅读器，如 Kindle 和 iPad 等平板电脑等，可以重新创建分页，但是屏幕上还是每次只能显示一页的内容，其他的词语仍然是看不见、摸不着的。

而这是至关重要的。

"你在一本真实的书中的内在感觉要比我们原来想象的更为重要。"英国剑桥微软研究院的阿比盖尔·塞伦 (Abigail Sellen) 这样说道。她是《无纸化办公的神话》（*The Myth of the Paperless Office*）一书的合作作者。她在该书中还说："每次你得到了一本电子书，你就开始失去这种内在的感觉。我认为，电子书制造商没有考虑到你是如何想象你在一本书中的感受的。"

屏幕看得越多，目光接触越少

除了屏幕和阅读障碍以外，其他教育专家还指出了潜在的不良社会影响："主要关注的是计算机对儿童的社交和情感发展的影响。"

根据柯琳·科德斯（Colleen Cordes）和爱德华·米勒（Edward Miller）的报告（2000）："如今 10 ~ 17 岁的孩子们，由于他们在家和学校里接受日益增长的电子文化，所以他们体验的面对面交流更少，在他们的一生中，与他人面对面的互动减少了近 1/3。"[16] 大家切记，这个 1/3 还是 16 年前的估计，现在又会是什么样子呢？

目光接触到底怎么了？它在一路下滑，多亏我们的屏幕文化。2013 年 5 月的《华尔街日报》发表文章说："请看着我的眼睛吧。"文章说科技的使用影响了我们的目光接触，以及对我们的人际关系产生了负面的影响。

量化印象分析公司的总部设在德克萨斯州，根据该公司对于通信数据的分析结果得知，在一个普通的谈话之中，现在的成年人只有 30% ~ 60% 的目光接触，但是，情感的联系是建立在目光接触之上的。在每次谈话的过程中，眼睛接触至少要达到 60% ~ 70%。换句话说，眼睛接触得越少，感情的连接就越少。

我们的屏幕与屏幕文化使人们的交谈变少或根本不需要目光接触，这已成了一种正常的体验。我们大人都对缺乏目光接触司空见惯了，我们的孩子们也是这样就不足为奇了。不幸的是，这样做的结果就是，我们正在失去我们人类本身固有的非常重要的一些东西。

"目光接触虽然发生在方寸之间，但它绝不是一个比喻而已。"精神病学家汤马斯·路易斯（Thomas Lewis）、法尔利·阿米尼（Fari Amini）和理查德·兰农（Richard Lannon）在他们那本《爱的一般理论》（*A General Theory of Love*）的书里这样写道："当我们看到他人的凝视，两个人的神经系统就会同时产生一个心领神会、亲密无间的同位关系。"

大人们经常哀叹，现在的孩子们不再用眼神进行交流了，但是父母往往难脱其咎，他们正是这种行为的榜样，这就是所谓的"分心父母综合征"。

正如卡罗琳·格雷瓜尔（Carolyn Gregoire）在 2013 年 9 月 28 日的《赫芬顿邮报》上她的专栏文章《科技是如何扼杀人们目光接触的》中所写的那样："许多家长都担心，他们自己整天忙于多项数字任务，缺乏目光接触，这可能都会传给他们的孩子。"

博客作者雷切尔·玛利亚·马丁（Rachel Marie Martin）在最近的一篇博文中写道："我有 20 件事后悔没有和我的孩子一起去做。""我希望我的孩子记住这样的美好时光，他们的母亲曾看着他们的眼睛并且对他们微笑。虽然对我来说，这通常意味着关闭我的笔记本电脑，放下我的手机，停止我的一系列活动，只是为了能给他们这点宝贵的目光接触的时间。"

教室里有屏幕吗？

还是先考虑一下——随后再安装屏幕吧。

正如富山博士发现他的放大定律技术理论一样，技术可以在原本已经做得很好的学校来帮助教育，但是技术对于平庸的教育系统几乎是毫无用处。而且更为糟糕的是，在那些不正常的学校，技术"可能还会导致彻底的伤害"。在我自己为这本书所做的研究中以及在与各种教育专家的谈话中，这似乎都是一种共识。但是，有一个附加条件：那就是，只能等到一个孩子或是学生已经成长发育到能够做好准备，去处理威力强大、令人催眠的屏幕时，技术才会对他们有所帮助。

当然，技术是可以为资助良好、考虑周到的中学课程提供帮助的。也许，甚至在中学，学生接触有限的电脑学习可能也会有所帮助。但是，坚持把辐射的屏幕放在幼儿园或是小学孩子手中的想法不仅对孩子们的教育没有帮助，而且，正如我们在之前所读到的那样，可能在神经和临床方面都是有害的——尤其是对本身就很脆弱的孩子而言，更是如此。

尤其令人感觉奇怪的是，鲁伯特·默多克的"黑暗王子"乔尔·克莱因竟然支持那一观点。2013 年的 9 月 12 日，他在《纽约时报杂志》上发表了一篇名为《有话对卡罗·罗特拉说》（*Speaking to Carco Rotella*）的文章，以此来回应来自麻省理工学院的教授和《单独在一起》（*Alone Together*）的作者雪莉·特克（Sherry Turkle）对电子教室的批评意见。 他说，他不会把 4 年级的学生放在 MOOC——大规模地开放在线课程上，他将"极大地克制"把技术引入到幼儿园课堂。[17] 谢谢他的小恩小惠。

也许，我们应该听从技术工程师和沃尔多夫（Waldorf）学校的领导，等到我们的孩子过了三四年级的时候再说，有些人建议应该至少等到孩子们 10 岁以后，学校再引进互动性的平板电脑也不迟。

在 1999 年的一次采访中，约瑟夫·奇尔顿·皮尔斯谈到了他在伯克利参加的一个为期 4 天的研讨会，其中还有 21 位来自世界各地的教育专家参加。他们讨论了计算机与教育："在那次伯克利研讨会上，我们得出了最后结论，认为一切取决于年龄。一位来自麻省理工学院的教授提出，我们必须鼓励孩子先培养思考能力，然后再给他们计算机。在那之后，只要能想得到，就没有做不到的。但是，如果你在孩子的思维过程形成之前就引进计算机，那么你实际上就是在制造灾难。这是因为，正如皮亚杰（Piaget）指出的那样，人生最初的 12 年就是创建知识结构的阶段，以便使年轻人掌握抽象、隐喻、符号的信息类型。……所以，如果在这个阶段引入了计算机，其危险就是将中断孩子大脑思维的发育发展。"[18]

2012 年的秋天，莫娜（Mona）和哈亚姆·穆罕默德（Heyam Mohammad）两人合作撰写的《计算机融入幼儿课程》（*Computer Intergration into the Early Childhood Curriculum*）发表在《教育》（*Education*）期刊上。她们也用发展的术语奠定了问题的框架："皮亚杰的理论，也被称为建构主义的观点，说学习者最受益于'具体'的体验或者是动手的实践活动，因为这能让学习者掌控其所处的环境，从而根据自己与世界互动的实际来构建知识框架。"[19]

翻译过来就是：要玩"乐高"拼图玩具，而不是玩《我的世界》电子游戏。

如前所述，皮尔斯则把屏幕对儿童的大部分不利影响都归结为辐射的光线及其让孩子可能感觉"紧张"的事实，认为孩子们在屏幕前"之所以做得不够好，是因为大脑对辐射光起反应，就是来自电视和电脑的光源，还有显示器的反射光，这给我们的视觉体验带来了休眠状态。……因此，大脑就趋于关闭状态，以应对辐射的光源。我们都曾看过孩子们在看电视的时候，他们看多长时间都不会烦的"。

在那次采访中，皮尔斯接着又描述了，电视行业是如何开始将"惊吓效应"引入到孩子们的节目中来的，目的就是把孩子从他们的恍惚状态中赶出来，让他们重新集中注意力。但是，像任何催眠药物一样，随着时间的推移，当唤醒注意力的惊吓效应变得越来越大的时候，就会发生脱敏的现象，这一招就会慢慢失灵。

然而，正如皮尔斯解释的那样，孩子的大脑皮层可能意识到越来越吓人的图像都不是真实的，而"爬虫类"的大脑却不这么认为，于是，孩子就进入永久性的皮质醇释放反应，要么战斗要么逃跑。这种大规模的刺激就是"引起大脑不适应的方式，可能就是之前认为的大脑不工作的原因所在。这样的刺激实际上打破了各个层面的神经系统的发展"。皮尔斯是很有先见之明的，他预测到了一些神经和临床问题，而我们则是根据邓克利博士对电子屏幕综合征的长期研究工作才开始谈论这些问题的。

难道就没有一个更好的办法来把屏幕从教室（至少从小学的教室里）搬出去吗？正如皮尔斯所说，"我们必须鼓励孩子先培养思考能力，然后再给他们电脑。在那之后，只要能想得到，就没有做不到的啊"。

不幸的是，现在真是说起来容易做起来难呐。在我们的新数字景观中，要想在孩子的关键发展年龄段阻止他进入我们这个美丽新奇的电子世界，这无疑将会是越来越难做到的事情。

而这些确实就是我们所生活的奇怪时代。随着我们在现实与数字之间的鸿沟变得越来越模糊，我们的社会就变得越来越虚拟。那些发人深省的电影，那个让人荡气回肠的《黑客帝国》给人的警示，可能只是在遥远的地平线等待着我们。

当下，还是让我们先来看看今天更远大的数字景观吧。

十三 这是一个电子世界

星际迷航的寓言

在《星际迷航》（1965年）的上、下集里都出现了"怪物博物馆"的故事，还伴有该系列游戏的试播插曲《囚笼》——那个被严重烧伤、坐在轮椅上的派克舰长（他的前身就是柯克船长）有这样一个机会，要在一个叫作"塔罗斯IV"（Talos IV）的星球上重新活一次。

这些塔罗斯人（Talosians）不仅能够操纵现实，并且还能创造出令人满意的幻觉，事实上，就是可以创造出一个令人无比兴奋和非常诱人的整个虚拟现实世界。这个星球上的船员遇到了一个年轻貌美的地球女郎，名叫维纳（Vina），他们认为维纳是他们的俘虏。他们也发现，维纳是心甘情愿地待在他们那个星球上的；而且还发现她以前又老又丑，还在一艘太空船失事的时候受了重伤，后来幸存下来。正是塔罗斯人给了她重生的机会，让她生活在年轻和健康的错觉里。如果运用今天的数字化术语，我们可以称这种虚幻的维纳形象是神仙下凡，就是"阿凡达"的化身。

有趣的是，虽然塔罗斯人拥有控制幻觉的能力，但是他们这个物种却濒临死亡。他们拒绝来自"企业号"飞船给他们提供的帮助，因为他们害怕地球人一旦学会创造幻觉，他们就会沦为地球人的牺牲品，就像塔罗斯星球一样，由于自己太过痴迷于幻觉，结果自己的文明就要消亡。

所以，派克舰长面临着最后的选择：要么作为四肢被烧伤的受害者，甚至不能说话，过着痛不欲生的悲惨生活；要么恢复青春，重新回到年轻快乐的梦想生活。当然，第二个选项是虚拟的，不真实的，但是，他们会让你感觉那是真实的。

你会选择哪一个呢？

结果，派克选择生活在虚拟的现实（VR）中，他作为一个年轻而健康的派克·阿凡达，与充满幻觉的美女维纳生活在一起。在试播集最后结束的时候，塔罗斯人的首领则富有哲理地对将要离开的地球人说道，提起女孩维纳和她美丽的化身阿凡达，"她拥有的是幻想，而你们拥有的是现实。祝你们同样旅途愉快"。

如今，成千上万的人热烈赞赏这一观点，他们也许认为，拥有幻觉的想法确实比现实更加"愉快"，也比现实更美好。难怪基于阿凡达幻觉的"综合社区"正在四处开花、源源不断、层出不穷，呈现出爆炸性增长的态势。

天神下凡与第二人生

假设你讨厌现在的生活，也许你的情况还没有派克舰长那么糟糕。但是，你就是不喜欢你现在的样子，也不喜欢你现在的生活方式。那么，你会逃离眼下的这种生活吗？

有许多人都是会逃离的。

《第二人生》（*Second Life*）就是一个蓬勃发展的虚拟社区，它有100万的活跃用户，在社区里不仅有自己的商店，也有流通的货币，还有音乐会以及人物关系，现实生活中的一切都一应俱全、应有尽有，只不过都是在屏幕上罢了。从理论上来讲，进入该社区的你应该年满18岁或是18岁以上的年龄。但是，如果你是13岁或以上的年龄，你也可以使用《第二人生》，不过要有一些限制。如果你已经是16~17岁，那么你就可以访问某一些区域，并且搜索到具有"一般"等级的视频。

2003年以来，由于融合了沉浸式虚拟现实技术，《第二人生》正在突飞猛进地提升。虽然该技术仍处在发展阶段，但是现在正进行第二阶段的测试，用不了多长时间，《第二人生》的用户就将不再局限于二维模式；他们可以笑，可以说话，可以播放音乐，甚至可以做爱——在虚拟的现实中，在那个身临其境、更具真实感的三维虚拟平台。而且，毫无疑问，沉浸式虚拟现实正是该项目所追求的首要目标。根据数字资本（Digi-Capital）预计，到2020年，虚拟现实与扩增实境的市场份额将是1500亿美元。

等一下，人们在虚拟现实的《第二人生》中还可以做爱吗？是的，确实是这样的。这是《第二人生》的一个用户发布的操作方法，旨在帮助那些对性行为充满好奇的新手用户，其中还包括如何搜索一个虚拟的性器官，具体操作如下：

社交的细节：

1. 找一个愿意合作的伙伴。

2. 寻找一个私人场所或指定的性行为公共区域。不要在公众场合做爱，尤其是不要在有父母监管的地方（PG areas）做爱。

3. 针对绅士：你需要一个附属物。搜索一下"阴茎"，有许多免费赠品可以用。千万不要在公共场所戴上！它会穿透你的裤子。

技术的细节：

有很多方法来激活你的虚拟头像。有一个亲吻和拥抱的附件，称为"抱抱团"，里面有免费的拥抱一族，还有许多家具（特别是床）提供给您和您的合作伙伴，并且配有动画菜单。用手触摸一下家具就会调出菜单。这时，在床的上方会出现一对"跳跳球"，一个是粉红色，另一个是蓝色。然后就坐在跳跳球上……女孩坐在粉红球上，男孩坐在蓝色球上。再触摸一下床，就会得到改变各种体位的菜单。

或者，你会发现有好几对跳跳球四处散落着，你也可以随便使用这些球。

为了获得最大的网络性爱，你还需要能够聊天的"表情包"，以此填补动画菜单不能提供的一些细节。下次你进入时尝试输入这句话："/ 我向你靠近，用她的嘴唇为你刷牙。"（输入时不要加引号）大多数有关性的谈话都是私下即时通讯来做的，而不是在公开场合聊天。不是每个人都想"听到"你做爱时发出的呻吟声和喘气声。

就像我刚才说过的那样，这些都是我们所生活的奇怪的时代。

现在未来科技

未来，数字世界将会不断进化，继而超出荧屏的藩篱。

这个未来就是现在。

据麻省理工学院媒体实验室的科学家大卫·罗斯（David Rose）说，从会交谈的智能刀叉到智能衣服再到新的技术，都是有关使计算机更加人性化的做法。罗斯在他的新书《魔法对象：设计、人类欲望与物联网》（*Enchanted Objects:Design,Human Desire and the Internet of Things*，2015 年）中坚持认为，人们渴望与技术直接进行互动："然而，屏幕却达不到这样的目标，不能满足人们与技术互动的欲望，因为荧屏不能改善我们与计算的关系。"他写道："设备都是被动的，没有个性的。机器总是闲置在那里等待着你的指令。"[1]

然而，像谷歌眼镜和智能手表这种可以穿戴的技术还没有达到预期的炒作与销售效果。另一方面，虚拟现实技术似乎却在爆炸性增长。从虚拟现实头盔 Oculus Rift 到 DIY，还有人人都能买得起的谷歌纸板扑克（起价 3 美元，不带智能手机），虚拟现实技术（VR）一直都在直线上升。

而现在，紧接着就会出现一个真假难辨的模糊现实浪潮：全息图（原样录像）和增强现实感的"扩增实境"技术。

虚拟现实技术是让我们身临其境地沉浸在一个新的现实之中，而全息图则与此不同，它就在我们的现实世界中创建出三维的物体。而现在的微软透镜就是把这两者结合在一起：身临其境沉浸在虚拟现实和增强现实感的全息体验之中，微软透镜就是这样一个装置，使我们的现实那么充满未来感，相比之下，曾经作为视图霸主的二维谷歌眼镜则显得过时、原始了。

科技评论家阿比海基特·巴纳吉（Abhijit）在其博客"很酷的信息"（ICS）中说："微软全息透镜可以带你去无人光顾的禁忌世界。如果你在一个空间里四处走动，比如在你的客厅，全息应用程序就会跟着你一起移动，这就意味着你有了个免费电话 Skype[1]跟随

---

[1] 一个应用程序，使你能够在数分钟之内在世界上的任何角落，都可以拨打的免费电话。——译者注

你在你的房子里走来走去。你也可以把你喜欢的那些应用程序钉在房间的墙上，或是把它们放在桌子上，这样你每次走进房间，那些应用程序就会出现在全息透镜中。如果你把一个应用程序钉在墙上，然后只要你说'跟着我'，那个应用程序就会自动离开墙体，再次与你同行。你还可以调整这些应用程序的大小，使拍摄的视频占据整个墙面那么大或缩小成一个小小的网站页面。"[2]

当然，无处不在的色情行业也不会袖手旁观，而是会积极兑现、充分利用这一新技术的。在互联网新闻博客 Mashable 网站里有一报道，题为《虚拟色情，就在这里，真实可怕，无与伦比》。记者雷蒙德•黄（Raymond Wong）脱口而出说："我发现自己被送进了一间卧室。跪在我面前的是一个色情女明星，她还用满口脏话来诱惑我。我低头一看，看到一群肌肉发达的家伙，还有他们的身体。还好，那不是我的身体，我心里这样想。但我感到十分困惑。这是谁的身体？然后我突然意识到，我就是现在这个家伙。"

现实的终结

充满未来感的全息透镜是由亚历克斯•基普曼（Alex Kipman）设计发明的。这个头发细长的微软设计师看起来有点像个时髦的幻想家，2016 年 2 月他在温哥华举行了一个震慑心灵的 TED 演讲。[3]由于古老的二维视角的局限性，他坚决反对各种屏幕。这个不修边幅的基普曼提出了一个令人瞠目结舌的介绍报告，即把身临其境的三维现实创造与全息透镜的可能性结合在一起。

在基普曼演讲时，他批评说，我们已经都被屏幕捆住了手脚，而他所描述的未来世界的互动技术则完全是沉浸式的："今天，我们把大部分时间都花在敲击屏幕和观看屏幕上了。"有趣的是，然后他就感叹这个被屏幕奴役的社交代价："彼此互动怎么了？我对你不甚了解，但是，我觉得在这个二维世界的监视器和像素中很受局限……我与人联系的迫切渴望，启发我成为一个创造者。简单地说，我想要创造一个新的现实，技术让我们彼此无限接近。创造这样一个现实，其中的人——而不是设备——是一切的中心。"

听起来多美妙啊，技术可以在社交之中把人们连接起来。而口若悬河的基普曼已经具备这个能力，把一个引人注目的新观念销售出去，就是销售"人与人连接"的未来技术理念。在他的 TED 演讲中，观众似乎被他的乌托邦理念深深吸引了，仿佛他在挥手之间就能创建一个 3D 的冰洞，里面还悬挂着钟乳石和茁壮成长的石笋，这似乎就是直接出现在 TED 舞台上的那个红点吧。

让人听起来，基普曼好像正在想方设法创造出一个数字超人。他谈到了量子宇宙的"无限可能性"以及电脑可以给人以力量的"超级宇宙"。他又谴责说，虽然在我们现在的世界里，我们自己可以拥有"数字的力量"，去创造现实，但是，我们却依然受困于一个有二维局限性的屏幕世界。

随后，基普曼在他说话的过程中，他随意把手一挥，就出现了一个神奇的花园，里面还有不少色彩缤纷、硕大无比的蝴蝶以及 4 英尺高的魔幻彩色蘑菇，这似乎是格林兄弟或蒂莫西·利瑞（Timothy Leary）的想象。

说到蒂莫西·利瑞，我还在他去世之前与他待过一段时间呢。他晚年时除了迷恋于在心理上拓展心智以外，还满腔热情地谈论虚拟思维拓展。你不太明白自己是否是在听一个幻想家或疯子在做演讲，也许是两者兼而有之。

基普曼就像一个演技老道的演出主持人，他把自己最好的演技放在最后来压轴：人类的远距离心灵传输。一个三维的火星景观实境图出现在舞台上，把他围在中间。这时，基普曼看着观众说："我邀请你在世界上的任何地方来首次体验，今天就在 TED 的舞台上，一个现实生活中的全息量子隐形传输，这就是我和我在美国宇航局喷气推进实验室的好朋友杰夫瑞·诺里斯（Jeffrey Norris）博士之间的远距离连接现场。"

紧接着，只见杰夫瑞·诺里斯面带微笑，穿着随意，也戴着一个全息透镜，出现在舞台上的虚拟火星景观之中。我感觉好像在看克里斯·安吉尔（Chris Angel）的魔术一样。诺里斯看上去就在眼前，真实可见，他还继续解释说，他实际上是"在三个地方。此时此刻，我既是和你们一起站在这个舞台上，同时也是站在街对面的一个房间里，而且还是站在 1 亿英里开外的火星上"。

这一切看起来如此令人惊讶。但是，重要的一点是，我们必须切记，这一现象是一个富于幻想的主张，从生物学的角度来说，诺里斯博士其实只会在一个地方：在 TED 演讲地街对面的那个房间里；其他两个场景都是通过计算机图形接口 CGI，把诺里斯的全息特效叠加在一个虚拟的场景之中。但是，虽然如此，这的确是一个令人印象深刻的壮举，它涉及令人惊叹的专业技巧和令人敬畏的技术魔力。

基普曼以人文主义繁荣发展的口吻结束了他的谈话："每一天我都梦想着这样的未来。我是从我们祖先那里得到的灵感，他们一直都坚持着彼此之间的互动、沟通与合作。我们都在开始创建这样的技术，它不仅把我们带到了我们今天的这个样子，它还将还原到我们的人性。技术让我们不再生活在这个二维像素和监视器的荧屏世界之中，而是让我们开始记住，生活在 3D 世界的我们将会是什么样子。"

这真是一个奇怪的愿景，要使用技术来"记住"我们生活在三维世界的感觉，而我们确确实实就生活在这样一个三维的世界，甚至不需要基普曼的全息透镜就能够亲身体验。而且，具有讽刺意味的是，正是技术才使我们沉浸在基普曼哀叹的可怕的二维屏幕世界。我们也应该记住用全息透镜而创造的视觉效果——技术上如此辉煌，视觉上如此惊人——这一切的一切依然都是计算机特效 CGI，由计算机生成图像伪装而成的现实。

看完了基普曼的演说，我就在想，我刚刚是否看到了一个幻想家或疯子，他会利用他对虚拟世界的讨伐来毁灭人类的本质。我不禁想到了可怜的派克舰长和塔罗斯人，基普曼的这个虚幻世界是我们都应该全力以赴去创造、去生活的吗？或者，像塔罗斯人一样，这是不是一个会腐蚀我们的物种呢？我的恐惧是，太多的人将会受到虚拟世界的魔幻歌声的诱惑，并沉溺在那个美妙的幻觉之中，因为他们的生命在这个三维的生存平面上终将要枯萎、死亡。

欢迎来到这个黑客帝国。那个未来就是现在。

电子竞技运动员

这看起来很像是一个典型的大学校园赛前动员会：热情洋溢的啦啦队员在场地里跳上跳下，带领着集合在一起的学生们，人群中还发出一阵阵此起彼伏的欢呼声、加油声；尖叫的学生们挤在露天看台上，当各代表队宣布进入体育馆的时候，又会爆发出雷鸣般的掌声。

但是，这种赛前动员会与以往任何时候发生在任何大学校园的动员会都有所不同。这个集会的特点之一就是，第一个入场的代表队必须是一个特殊的代表队，它在世界任何地方都是第一：第一个由数字运动员组成的大学校队——一点没错，就是游戏玩家代表队，而且，他们所有的人都是拿着体育奖学金来上大学的。

罗伯特·莫里斯大学是芝加哥一所不太大的学校，该校的管理者已经决定，他们想要领先于竞争激烈、蓬勃发展的"电子竞技运动"世界，因为电子竞技现象越来越普遍，其中的专业电子竞技运动员现在可以在成千上万的粉丝面前玩视频游戏，就在人群密集的地方，比如，像洛杉矶的斯台普斯多功能体育中心，而游戏玩家的工资收入就能高达六位数。

是的，实际上，现在有人只是玩视频游戏，经过激烈角逐就可以得到数十万美元的报酬。

罗伯特·莫里斯大学刚才的动员大会是在一个人声鼎沸、群情疯狂的大礼堂举行的。在这次动员大会上，主持人先宣布学校的曲棍球队和足球队相继入场，只见队员们跑步出来，并相互击掌相庆；紧随其后就是学校的电子竞技运动团队入场，欢迎他们的掌声也非常热烈。这时候，只见 30 个年轻人羞羞答答、很不自然地来到了大礼堂，他们看上去好像都是来为《鬼马校园》《菜鸟大反攻》的续集试镜一样，根本不像是参加什么激烈的竞技比赛。

库尔特·梅尔彻（Kurt Melcher）是罗伯特·莫里斯大学的体育部副主任，他拿起广播话筒，一边指着这个电子竞技运动团队一边非常自豪地对着下面聚集的学生夸口说："我们能够招募到一些非常非常优秀的队员。我们的一些顶级队员在北美洲所有顶级的队员中位于 0.2% 之前。"然后，他又从主席台上走了下来，来到这个电子竞技运动团队跟前，与他们这些年轻人一一击掌。但是，这些年轻人看起来好像感觉不怎么舒服似的，因为他们好像不太习惯这样的体育仪式。[4]

视频游戏作为竞技体育已经成了一个非常赚钱的大生意。2015 年，由《超级数据研究》期刊估计，全球电子竞技产业的年度收入已达 7.488

亿美元。预计到 2018 年，这个数字将达到 19 亿美元。[5] 举办不同的游戏锦标赛，光现金奖励就超过 100 万美元。在如梦如幻的电游领域中，山地之王就是《英雄联盟》和 DOTA，其团队都是在与其他神话战略游戏团队展开激烈的竞争。

由于在洛杉矶的斯台普斯多功能体育中心拥有一个狂热的铁杆忠实粉丝基础，所以，2013 年的《英雄联盟》世界锦标赛就把比赛权卖给了该体育中心。在这个竞技赛场，成千上万的游戏爱好者尖叫呐喊，他们自愿掏腰包来观看少数玩家在高架舞台上的激烈竞争，而他们的视频屏幕都是被投影机放大到大型屏幕，以便使游戏迷们能够观看到游戏玩家的一举一动。那些顶级玩家受到了摇滚明星一样的待遇，他们不仅接收到粉丝们捐献的巨款，而且也为自己的产品做了代言。真是一箭双雕的交易，何乐而不为呢？

电子竞技在过去的 5 年里已经引爆全球，但这并不是一个全新的现象。我们可以追溯到 20 世纪 90 年代的韩国，当时的韩国由于受 1997 年亚洲金融危机的严重影响，所以先后出现了宽带互联网网络的大规模建设，紧随其后就是电子竞技的兴起与发展。

那次的金融危机也导致了韩国的失业率居高不下，其结果是大量处于失业状态的韩国人都想找点事情来做。因此，电子竞技就这样诞生了。2000 年，韩国成立了韩国电子竞技协会，作为韩国文化部、体育部和旅游部的一个抓手，旨在促进和规范电子竞技这个颇受争议的、新兴的体育运动，因为这项运动通常都是在庞大的网吧里进行的。

随后，在 21 世纪的第二个 10 年间，电子竞技经历了令人瞩目的全球增长期，无论在收视率上还是在奖金额度上，都是如此。电子竞技已经有过较大的比赛，自从进入 21 世纪以来，比赛的数量和范围都有明显的增加，从 2000 年有 10 场左右的比赛增加到 2010 年的大约有 260 场比赛。

实际上，一个专业视频游戏玩家的巡回表演带动了青少年玩家在日常生活中好几样东西的崛起。在过去从业的 10 年间，我有过与十几岁游戏玩家接触的经历。可以说，经验告诉我，电子竞技行业是在极力鼓励青少年继续迷恋玩游戏，并给他们灌输希望，认为他们自己也会加入到高额收入的精英队伍中去。就在 5 年前，对于一个年轻人来说，这似乎纯粹是一种幻想，而现在他却会说“我想成为一个专业的视频游戏玩家”。现在，这毕竟还是有可能的。所以嘛，小孩子一连数小时在自己的房间里一心一意地痴迷于玩电子游戏，因为他现在正未雨绸缪，为了有朝一日能够加入精英队伍而在“刻苦训练”呢。

几年前，我就周旋在痛苦沮丧的父母与他们迷恋游戏、痴心不改的孩子之间，不断举办各式各样的协调会。疲惫不堪的父母们总是会这样苦口婆心地哭诉说：“如果你整天就知道玩电子游戏，一旦将来退学，你可怎么办呢！”而孩子们通常做出的回答，不是无可奈何地耸耸肩就是会更加雄心勃勃地说：“我将来要做游戏公司的游戏测试员。”这个时候，他们的父母总是会感到垂头丧气，无比绝望地低下头。

　　我发现，这种情况类似于过去的孩子都梦想成为职业运动员、音乐家或演员什么的。然而，从统计学的现实情况来说，那些梦想现在可能存在，也可能已经不存在了。多年以来，父母经常鼓励孩子要胸怀远大梦想，而且要脚踏实地做好学校的各门功课，以便将来万一情况有变，也有个应急预案——有备无患。

　　而现在，这些视频游戏玩家就像那些渴望成为传统职业运动员的孩子一样，他们自己心目中都有能赚大钱的英雄榜样——电子竞技世界中的迈克尔·乔丹（Michael Jordan），所以他们可以告诉他们的父母，说这些就是他们想效仿的英雄。以前的孩子们常说"我想成为迈克一样的人"或"我热爱贝克汉姆"这样的话，现在却出现了"我想成为游戏大师登迪"。

　　除了参与大型场地比赛竞争并出售股份之外，那些有魅力、有进取心的玩家现在也有 Twitch 这个实时流媒体视频平台，通过这个在线流媒体网站，玩家们可以有自己的频道，同时可以增加自己的用户数量，用户们则心甘情愿每月支付 4.99 美元来在线观看他们玩游戏。

　　Twitch 在 2011 年推出了这样一个简单的假设：即玩视频游戏的娱乐价值以及赚钱的能力不是仅仅在于自己玩，而且也在于观看别人玩，同时还可以与别人谈论游戏。Twitch 迅速成为美国顶级的视频游戏流媒体网站，吸引了更多直播的互联网流量，比传统体育的竞争对手，如全球最大的娱乐与体育节目电视网（ESPN）、美国职业棒球大联盟甲级联赛（MLB）和世界摔跤娱乐节目（WWE）等，都更具吸引力。[6]

　　Twitch 网站每月有 6 000 万元的独特访客，每人每天在网站上花费近两个小时的时间，这对广告商们来说具有极大的吸引力，因为他们热切渴望与其观众，主要是不读报纸、不看电视的年轻一代的男性观众进行联系。亚马逊网（Amazon.com）在 2014 年花了近 10 亿美元（确切地说是 9.7 亿美元）来购买该网站。

　　Twitch 网站上的一些玩家不遗余力地利用网络渠道以改变他们的境况，每周花钱购买他们自己私酿的"威士忌酒"——他们自己制作的游戏，而其他人每年的收入则低于六位数，他们实现了视频玩家的梦想：坐在家里玩电子游戏，而其他人为他们付费观看。据我的游戏客户所说，Twitch 网站成功的关键就是，如果要张显令人愉快的个性，你要么自己会玩，要么就做一个著名的战略家，可以让观众向你学习。

　　还有其他一些人，他们在通过游戏赚钱方面打了一个"大满贯"，通过打游戏赚了个盆满钵满。就拿 26 岁的瑞典游戏玩家皮尤·迪埃派（PewDiePie）来说吧，他出生在费利克斯·阿维德·乌尔夫·凯尔博格（Felix Arvid Ulf Kjellberg）。2011 年，他放弃了工业经济与技术的学位，以便全力以赴地专注于他在 YouTube 网站上迅速发展起来的游戏频道。他的 YouTube 视频都是所谓的"让我们来玩吧"实况报道——令人愉快地穿越那些日益流行的视频游戏。

　　他的父母却不看好他这样突如其来地改变职业，他放弃学业的做法也令父母特别生气，于是，他们就在资金上断了他的后路，不再给他提供钱财方面的支持。从此以后，他为了凑钱买自己喜欢的游戏，就去一个热狗面包店打工赚钱。但是，没过多久，皮尤·迪埃派的在线追随者就源源不断、络绎不绝。仅在 2012 年，付钱参与他在线游戏的人数已经超过了 100 万。而现在，由于参与游戏的用户超过 4 000 万，游戏的围观者高达 1 个亿，所以，每年他仅从广告和观众打赏中就能赚取 400 万美元左右。

事到如今，如果孩子说"老妈老爸，我想成为下一个皮尤·迪埃派"，做父母的还能说什么呢？在这个媒体瞬息万变的数字化新时代，孩子把目标锁定在 YouTube 网站上的明星大腕身上，这说不定比他当一个图书编辑更好呢。

我有一个沉溺于视频游戏的病人客户埃里克，好几年前他就想结束大学学业，以便能够集中精力训练，成为专业的最佳游戏射手。他的父亲对此深感困惑，煞费口舌地劝他从中解脱出来，而年轻人却对他的父亲说，你在年轻的时候不是也有过自己的梦想嘛——打进职业棒球赛，而且你为了追求自己的棒球梦，也没有读完大学。实际上，这个父亲只是打了几次小型的棒球联赛。这有什么不同吗？埃里克这样质问他的老爸说。

经过那次唇枪舌剑的交流之后，这个父亲就用不同的视角来看待儿子的实际情况，而且也能更加接受埃里克成为职业游戏玩家的梦想。

不幸的是，聪明过人的埃里克，因为痴迷游戏训练而考试不及格。然而，如果人们对体育运动非常痴迷的话，比如打棒球吧，他们最终的结果通常是不会患上一系列的临床障碍疾病的。

　　不过，针对玩游戏的体验到底意义何在，埃里克无疑就是他们这代人的最好代言人。他请我看一下《心竞技》（*Free to Play,2014*）这个纪录片，以便更好地理解这个方兴未艾的电子竞技职业的游戏文化。在这部制作精良的影片中，NBA 职业篮球运动员同时也对视频游戏如痴如醉的林书豪（Jeremy Lin）在片中客串了一个视频游戏玩家，他的另外 3 个队友都是顶级的游戏玩家，他们一起齐心协力追逐自己的梦想，希望获取 DOTA 2 的比赛冠军。该影片不仅对游戏玩家充满同情之心，而且对游戏文化也给予浓墨重彩的渲染，影片具有赏心悦目的观赏性。

　　然而，有趣的是，当我更加仔细地去看那些演职人员的名单时，我才恍然大悟，难怪呢，原来该片就是威尔乌集团（Valve Corporation）拍摄的 —— 这是一家视频游戏制作公司，也是 DOTA 2 视频游戏的制造商。

十四　解决方案：逃离柏拉图的"电子洞穴"

柏拉图的"洞穴寓言"

我们先来探讨一下所谓的真实世界。

柏拉图（Plato）最著名的寓言就是众所周知的"洞穴寓言"，它有助于我们提高认知的过程，帮助我们弄清楚自己是生活在虚幻之中还是生活在现实世界。[1] 柏拉图让苏格拉底（Socrates）想象，有这么一个洞穴，里面关押着一些囚犯，而这些囚犯从孩提时期就被关在这个洞穴里；他们都被绳索捆绑着，以确保他们的手脚和脖子不能乱动，而且，他们还要被迫看着面前的一堵高墙。这就是他们对现实的唯一认识现状。

在这些囚犯的身后有一堆火，在囚犯与火堆之间是一个凸起的过道。过道上的行人拿着各种各样的物件，物件的投影反射在囚犯身后的墙面上。但是，可怜的囚犯们只能看见晃来晃去的投影，因为他们无法扭头。结果，他们一直都认为那些投影就是真实的，而不是真实物件的影子。

随后，苏格拉底问道，如果其中有一个囚犯挣脱了捆绑，可以扭头看到那堆火，那将会发生什么情况呢？毫无疑问，火光可能会伤到他的眼睛，因为他已经习惯了看那些影子。然后他可能会意识到，他原以为真实的东西其实一点也不真实，只不过是他身后的那些真实物件的影子罢了。

然后，如果把囚犯带到洞穴外面，置其于阳光之下，那又会怎么样呢？强烈的阳光要比火光更耀眼、更目眩，更容易让人迷失方向。但是，一旦他的眼睛慢慢适应了，他就能够看到真实的世界是什么样子——真实的青草、绿树。了解了真实世界的模样之后，这个囚犯就会理解，他那些先前待在洞穴里的同伴是多么盲目、多么可怜、多么令人怜悯和同情啊。但是，如果再让他回到那个洞穴里去，并试图告诉那些同伴，他自己在外面真实世界的所闻所见，洞穴里的囚犯们一定会认为是他发疯了；他们一定无法想象也不能相信，在影子之外还有什么真实的世界存在。实际上，他们可能宁愿继续待在洞穴里的幻影之中。不过，那个逃离过洞穴的囚犯，的确看见了外面的阳光以及真实的世界，他将摆脱幻想，不再抱有任何错误的幻觉。他会被现实唤醒的。

换句话说，如果囚犯就是《黑客帝国》中的尼奥（Neo），他吃了红色药丸，就从《黑客帝国》的错觉中醒了过来。

无论我们谈论的是古希腊的哲学概念还是眼下的科幻电影，问题的本质都是一样的，所以最终的解决办法也是如此：其中的主人公一直生活在幻想中，所以一定要设法逃离那个梦幻的噩梦才行。

从某种意义上来说，我们一直都在咀嚼那个让人神魂颠倒的蓝色药丸（摇头丸），所以现在必须用一个完全彻底、明白清晰、真实可见的现实存在去取代那个模糊不清、混乱不堪的数字世界。你可能会说："当然，我知道屏幕上的东西不是'真的'。"这听上去可能不假。但是，你的设备是不是让你迷迷糊糊地感觉到你真实的有血有肉的生活是痛苦的呢？你的屏幕是不是已经成为你的囚笼而不是成为你的工具呢？

由于这本书的重点是讲屏幕对孩子的影响，所以我想留给那些成人读者思考一下这个建议：如果你对上述任一问题的回答是肯定的话——因为你对屏幕难分难舍或者你为设备所困的话，你的个人生活一定非常痛苦，然后试想一下，一个 7 岁的小孩可能挣扎在被屏幕包围的世界里，以及那些让人上瘾的视频游戏里，而且，那些视频游戏都是地球上一些最聪明的人为了吸引这个可怜的孩子上钩而专门为其量身定做的。这时候，你一定不难想象孩子会是怎样的感受。

受到屏幕吸引而最终成瘾的孩子犹如困在柏拉图的洞穴里，抑或像吃了蓝色药丸的尼奥沉迷在《黑客帝国》中。在这个非人性化的、感官超载的、技术充斥的荧屏世界里，数百万人选择了逃离那个蓝色药丸，因为他们都是像飞蛾扑火一样受到了屏幕的诱惑。

而那个虚构的派克舰长则选择了蓝色药丸，因为他对现实状况实在是无法忍受。

但不幸的是，我们有大量的儿童和青少年现在已经迷失在数字的蓝色药丸中。他们更愿意喜欢令人愉快的发光屏幕，往往用他们高尚的追求去从事一些时代的原型神话与幻想的建构，而不愿意俯下身来，脚踏实地来完成现实生活中的数学作业或是去做一些力所能及的其他家务琐事。

谁不想这样呢？天啊，在那个数字屏幕的蓝色药丸里，不仅有龙腾虎跃，还有骑士豪杰，不但有兴奋之情，还有同志之爱；屏幕的居民可以生活在纯洁无瑕的梦幻世界里，无拘无束，自由自在，何乐而不为呢？

可是，一旦回到自己真实的现实生活中，他们却发现家里的爸爸妈妈还在为抵押贷款的事而争吵不休，他们喜欢的那个女孩或男孩刚刚在脸谱网上发布了侮辱性的嘲讽，他们在学校里老是考不及格，也不喜欢他们自己的样子。真实的生活不但无聊，简直就是一团糟！

还是来片蓝色药丸吧。

那么，有什么办法来拯救我们这些最年轻、最脆弱的孩子们呢？他们已经陷入了黑客帝国之中，我们怎样才能把他们拔出来呢？

技术成瘾的治疗方法

如果我们看一看技术成瘾与其他成瘾的相似之处，我们其实从大约 80 年的成瘾研究和治疗当中已经学到了一些东西。如我们之前讨论过有关布鲁斯·亚历山大的《老鼠乐园》研究，颇具讽刺意义的就是令人沮丧的上瘾现象，当一个人感觉到自己很孤独、不合群，而且陷入了困境——好像被困在笼子里，想要寻求逃脱，但是，后来发现自己深陷更加令人生畏的成瘾之笼时，他的困惑之感会比以前更可怕、更糟糕。[2]

说到孩子和技术成瘾，我们可以说，如果一个孩子感觉自己与别人脱节并陷入困境的话，他会在屏幕上找到一种连接感和逃生感——其结果就是逃出狼窝，又入虎穴，最后身陷黑客帝国。我们理解这一点，我们能够理解逃避者的这一倾向。

那么，有什么方法来解决这一难题呢？

要我说，就做两件事。《老鼠乐园》的故事告诉我们，老鼠们越是快乐，越是生活满足，它们就越不可能去喝吗啡水，所以就越不可能会上瘾。所以，从预防的角度来看，如果一个孩子有健康的人际关系与健康的爱好和出路，他就不太可能身陷黑客帝国。

但是，我们也知道，大约有10%的人——包括孩子在内——有患成瘾病的倾向。在这10%中有一个孩子，即使他有最好的和最爱他的家人支持，可是一旦家人在品尝"数字药品"，比如在玩超级刺激的视频游戏并体验使其上瘾的多巴胺效果，那么，这个孩子也可能更容易受到黑客帝国的吸引和影响。

那么，在这些情况下，到底应该怎么办呢？孩子可能没有意识到，这种成瘾的家族成员会突然把孩子吸引到视频游戏上，或是发短信上，或是脸谱网上。那又该怎么办呢？

摆脱与技术不健康的关系如同摆脱饮食失调的问题一样；但这与药物和酒精不同，人们是可以戒药戒酒的，而食品与技术对人来说则是不可避免的。除了那些完全脱离网络的人之外，我们都不可避免地要与技术互动。问题的关键是，我们一定要与技术保持一种健康的关系，就是要在使用技术与体验现实生活之间尽量保持平衡。

但是，如果一个人已经陷入虚拟电子洞穴（e-cave）太深太久，那么，第一步绝对是先给他进行"技术斋戒"（也称之为数字排毒／戒毒），而这一步在一个人能够进入健康、适度使用技术之前是非常必要的。我们从成瘾治疗的领域得知，一个瘾君子，无论药物上瘾还是数字上瘾或是其他上瘾情况，都需要先戒毒，然后再采取任何其他可能有效的疗法。

这意味着一个完全彻底的数字戒毒——没有计算机，没有智能手机，没有平板电脑，什么电子设备都没有。极端形式的数字排毒，甚至连电视都不看。在解毒的处方里，规定的戒毒时间是 4～6 个星期。这个时间通常是受到高度刺激的神经系统自行复位所需的时间。

但是，我们戒除孩子的数字成瘾则需要循序渐进，慢慢去做。这样一来，我们就不会触发任何爆炸性的过激行为，亦如那些瘾君子戒毒时发生的情况。我们发现，如果吸毒成瘾的人突然一下子完全停止使用毒品，他们就会狂躁不安，做出过激的行为。因此，我们可以这样做：譬如，一个孩子每天上网 7 个小时，那就可以每天以 1 小时的速度逐渐减少。到了周末，就已逐渐减少到零小时——

成瘾戒除。一旦成瘾戒除后，还要让孩子按照规定的 4～6 周时间继续坚持不接触屏幕。

有些时候，如果孩子或青少年自己意识到这一问题的严重性，他们是会心甘情愿地戒除数字屏幕成瘾的。我就遇到过一些这样的孩子，他们乞求帮助，希望把自己从电子洞穴中拯救出来，而且愿意彻底放弃他们的屏幕。但是，也有其他"好战分子"，他们完全反对这样的想法和做法。他们会大发脾气，高声尖叫，甚至可能施加威胁。不过，如果孩子在"技术斋戒"时发脾气，你有过一次妥协让步，那请放宽心，更多的坏脾气还会接踵而来，让你应接不暇。但是，作为父母，一定要坚强。正如我们所说，你要控制插头。相互谈判之中，逐渐减少屏幕使用的时间，只要坚持超过一周左右，就会减少反弹的概率。

孩子戒除技术成瘾就像在戒毒一样，存在一个"添加剂停喂期"；数字戒瘾的孩子，即便是在逐渐减少使用技术，也会经历这么一段时间，即烦躁易怒、焦虑不安、抑郁压抑，也许甚至还有一些身体症状，如头痛和腹部疼痛。所有这些情况都是自然的。

在传统的戒毒和戒酒康复中心，就像我开办的这个康复机构，我们也要明白，远离诱发因素和上瘾的行为都需要一些时间，需要时间去学习新的和健康的生活方式：新的健康习惯，如正常规律的作息时间，按时睡觉，按时起床；坚持健康饮食，规范用餐；适当做些家务；发展健康的宣泄渠道、健康的人际关系和兴趣爱好等。所有这些都有助于建立自身一向缺乏的自信意识和自信的关系结构。

还有一点也非常重要，那就是孩子们数字戒毒时不能只是坐在那里无所事事。他们需要多做些新的、有趣的事情；他们绝对需要用新的行为去取代老的、上瘾的屏幕。也许，孩子可以重拾以前自己喜欢的体育运动或是去玩他或她以前玩过的乐器。也许，孩子可以参加其他一些创造性的项目，如画壁画或创作音乐，并把整个参与的经历、体验或感受都写出来。也许，孩子可以参加一些志愿工作。但是，必须给孩子找到新的兴趣爱好或是需要重新点燃孩子们的往日激情。

另一个关键是，孩子们要与其他人交往联系。这一点至关重要。成瘾都是源于自己感觉孤独隔离，即使他们在与其他玩家玩游戏，但这也与人和人的实际连接是不一样的。理想的情况是，他们感觉最佳的选择，就是与其他技术支持组的连接。因为在那里，他们可以感受到有人理解、有人同情、有人联系。

也许，最最重要的是，在技术斋戒过程中要让孩子与大自然亲密接触。亲近自然，回归自然，这已被证明是最为有效的方法，可以帮助人们脚踏实地接地气，回归自然，回归自己，回归现实。从事实际的现实体验，而不是验，可以达到难以置信的愈合效果。

禅宗佛教徒谈起"禅僧的顿悟"，认为那是未经过滤、不加思考、直截了当的现实体验。在心理健康领域里，"体验疗法"（其中包括身临其境的荒野体验计划）已经得到证明，在帮助患有精神障碍的人们，如成瘾、焦虑、抑郁症患者等，都十分有效。在我自己的临床实践中，我把先验论者爱默生、梭罗和惠特曼在大自然中使用的智慧都联合起来，运用到帮助上瘾客户摆脱神经病症的治疗模式中。

通过哈佛大学爱德华·O. 威尔逊教授的研究工作，我们不但知道他所提倡的生命的运动[3]，而且也从理查德·洛夫那里了解到，人类与大自然的关系连接是与生俱来的，因此，洛夫针对人们的现实生存状况创造了这个术语"自然缺失症"[4]。据洛夫说，我们现在每每看到孩子们时常遇到极速飞涨的情绪与心理问题，这些都与他们沉浸在数字世界脱不了干系，结果侵蚀损害了儿童与自然的联系。

这就是我们采取这个解决方案的原因所在，面对一个受到屏幕过度刺激而且被困在让人上瘾的电子洞穴里的孩子，需要的是一个真正的瓦尔登湖般的自然体验，而不是电子游戏。请拔下电源，走进大自然，一路去感受沐浴在皮肤上的温暖阳光。早在 15 年前，我在希腊那间昏暗的地下室里初次遇到的那两个"屏瘾少年"，他们仅仅需要拔掉电源，走出地下室，走到楼上去，走进阳光里——像柏拉图洞穴寓言中的居民那样去做——就是直接走到真实的世界，去进行自然的真实体验。

我曾治疗过一些吸食毒品而上瘾的吸毒者，可以想象他们的情况要多严重就多严重——吸食自我毁灭的水晶冰毒和海洛因的瘾君子，他们看上去好像没治了。其中有一个更具挑战性的客户，她不是通过吸食水晶冰毒而上瘾来慢慢地杀死自己，而是想要有一个最为惊人的、与众不同的变革体验。于是，她就来到了海滩，悠闲缓慢、头脑清醒地散起步来，没想到却体验到一个无比壮观的日落景观。

　　那就是我喜欢称之为发生"逆转"的一种疗法——从那个与人疏离、自我毁灭和强迫上瘾的人,突然转变为一个对整个宇宙以及自己有着更加深切感觉的人。从这些体验中可以产生一种真正的存在感和目的感。诚然,谈话疗法的效果奇妙而巨大,但是,让孩子与大自然亲密接触,与脱节的现实世界连接起来,就会具有某种真正神奇的治疗效果和潜能,从而使孩子的生活发生奇妙的变化。

　　许多年来,对那些成瘾和有不良行为的问题少年,一贯的治疗程序就是成功地采用野外体验治疗法。对这些年轻人来说,这些方法平均都比传统治疗方案的成功率更高一些。[5]

　　大约在 17 年前,提姆·德雷克(Tim Drake)就开始了《原始的追求》行动计划,这是一个非营利性的、基于自然的行动计划,在纽约州的伊萨卡(Ithaca)开始举办,有一个合作伙伴,就是康乃尔农业推广系统。他们教孩子们(从学前班到高中生)学习与野外生存、领导、群体生活以及大自然等相关的知识与技能。他们也有一个成人和老年人的计划,其中的参与者要学习如何在野外生火,如何确定植物的生命,如何制作、使用弓箭,还要学会在一般情况下如何在大自然中感到舒适惬意。

　　该行动计划甚至已经演变成伊萨卡学院环境科学专业的一种体验课程,美其名曰"环境的哨兵"。提姆告诉我说,他喜出望外地发现,即便是环境科学专业的学生(他们在学术上知道自然学的方方面面),在大自然的怀抱中仍然不是那么舒适开心。提姆说:"我看到许多失落的灵魂。即使是从事环境专业研究的学生,虽然他们选择了这个专业，但是当他们进入自然的森林之中时，一个个却显得魂不守舍，茫然不知所措。"

　　当我让提姆说出一个从自然中得到的最大好处时，他说："自然是我们的来源之地。自然把我们带到了今天的世界。我们之所以能成功地作为一个物种存在，就是因为我们生来都与自然有关系。"他接着补充道："让孩子接触大自然，触动了人类与自然的硬连接，这样的不断接触会成为人类心脏的'激活起搏器'。"

　　颇具讽刺意味的是，提姆的父亲是一个现代的电脑程序员，但是他们全家却一直住在乡下，而且，他的父母还一天到晚把他往户外赶。现在，提姆本人也能理解屏幕对孩子的巨大吸引力，因为他自己的儿子已经开始玩电子游戏了。

　　提姆认为，要想恢复人与自然之间的平衡，关键就是要建立一个群居的社区，让人有一种归属感，同时还要创建一些让孩子能够亲身参与、好玩有趣的活动："如果你只是让孩子干坐在家里无所事事，什么也不干，而你又要求孩子不要玩视频游戏，孩子是不买你的账的。我就看到过在自己的儿子身上发生过这样的情况。但是，如果你能够创造一个引人入胜的活动供他选择的话，情况就会大不一样，这就是问题的关键。"提姆还谈到，他让自己的儿子一起参与朋友们的各种活动，并与他们一起进行户外冒险，不是燃放篝火就是徒步旅行，有时在小河里玩独木舟，有时去荒郊野外探路径，诸如此类，不一而足。

　　对于困在《黑客帝国》游戏中的孩子来说，让他们体验到一种真正的幸福快乐感和玩耍的愉悦感是必不可少的。

克里斯廷·姆拉兹（Kristine Mraz）是《有目的的游戏玩耍》（*Purposeful Play*，2016）这本书的作者，他在该书中引用了一些非常有趣的统计数字，说明游戏玩耍在一个孩子的生活中所发挥的优势：

1. 如果麦克阿瑟基金会"天才奖"的那些获奖者花了更多的时间游戏玩耍的话，他们就可能赢得两倍的奖金了。
2. 美国国家航空航天局（NASA）的申请书会问你小时候是如何游戏玩耍的。
3. 据统计，杀人犯在童年时期都有玩耍缺失的情况；如果一个人在小时候经常有时间游戏玩耍的话，长大以后就会减少发生暴力的风险。
4. 凡是会游戏玩耍的动物，其寿命就会更长久一些。

她还提到了来自网站上的一些十分有趣的统计数字，这些统计数字说明了孩子与"社交能力"之间的关系，其中包括相互分享、相互合作以及帮助其他孩子的优秀品质："在这些社交能力方面，每增加一个百分点，结果就表明孩子将来获得高中毕业证书的可能性就会增加54%，取得大学学位的可能性则翻了一倍，而且有45%的孩子更有可能在25岁就拥有一份收入稳定的全职工作。"

儿童联盟是由国内一些顶尖的教育工作者和心理健康专家组成的联合团体，他们提出了几点建议，以防止技术对孩子的身心健康和发育平衡的童年造成侵蚀和损害。除了接触大自然和非结构化的游戏时间以外，他们也建议说，儿童一方面要与成人保持密切的关系，另一方面也要有机会去从事音乐、戏剧、绘画和其他艺术活动。此外，他们还建议孩子们要参与手工艺品的制作活动，同时还要努力亲身参加其他一些具有创造性的语言表达活动，如诗歌创作与朗诵、讲故事等。

希拉里·凯什（Hilarie Cash）博士是先行从事技术成瘾治疗的开拓者之一，也非常重视自然和玩耍在治疗技术成瘾障碍中所起的作用。早在 1994 年，她在西雅图当私人医生时，就已经开始为那些明显有网络或游戏成瘾迹象的客户看病、医治了。她决定成立一个治疗小组，为这些技术上瘾的客户跟踪治疗，因为这些人都说，由于他们自己的上瘾强迫症，如果不彻底根治，他们的职业生涯就会土崩瓦解，而他们的婚姻生活也要灰飞烟灭，将会妻离子散、家破人亡了。

凯什意识到，随着技术的不断进步，这个问题将会越来越严重。所以，2003 年，她开办了浴火重生（reSTART）诊疗所，这是全国第一个专门致力于治疗技术成瘾的康复诊所。13 年后，这里有数以百计的客户，受其座右铭"连接你的生活——而不是你的设备"的影响，并在田园诗般的自然环境中进行康复治疗，他们都得以重获新生。时至今日，这里仍然在极力帮助青少年和年轻人克服他们的技术成瘾问题。

凯什博士还帮助她的客户制订能够回归技术的计划。她解释说，假设说客户最终不得不与技术和屏幕再次发生关联，这种情况也是有的。但是，这并不是说上瘾的视频游戏玩家可以再一点点地回到玩视频游戏之中，而是说，随着时间的推移，经过康复治疗的人还是可以使用电脑的，只是要健康合理地使用，比如利用电脑来完成研究性的作业等。重要的是，他们要能够确定什么是"数字蔬菜"（即正面积极的技术），什么是"数字糖果"（即把技术仅仅当作一种娱乐，除了促进多巴胺激增以外，没有其他任何用处）。

我自己也开发了一个基于青少年体验的康复治疗项目——汉普顿诊断康复中心（www.hamptonsdiscovery.com）。那些因技术成瘾、药物成瘾或其他的情绪或行为问题而痛苦挣扎的年轻人在这里都将有机会来解决他们的问题。在这个充满田园风光的汉普顿诊断康复中心，那些在门诊已经被确诊有问题的年轻人不需要住院治疗，只要参加各种各样有利于个人成长的活动以及药物辅助治疗的活动就可以。

康复中心坚持传统心理治疗与体验疗法相结合，像马术疗法、心理矫正法、武术、音乐和创造性的表达等，我们年轻的客户也将在大自然中进行各种各样的冒险活动。在此期间，他们不但可以探索数百英亩一望无际的松林、沙丘、海湾、河口，还可以进行海洋冲浪。这样一来，他们就可以逃离技术上瘾的陷阱，因为他们在自然的体验中发现了真实的自己。

汉普顿诊断康复中心的孩子们也有机会参与一个新的治疗模式，即海洋疗法（www.seahabrecovery.com），这也是我开发的一个新的治疗模式。孩子们都在水面上，海洋的浪花随意喷洒在他们的头发上，大家聚在一起，一边集体工作一边参加治疗，不是抓鱼就是帮助同伴稳定小船，他们亲身体验着现实生活的无限乐趣。他们会意识到，《魔兽世界》其实就是黑客帝国，并不真实，但他们却发现，真实的现实体验要比数字的幻觉更加令人心满意足。

"屏瘾儿童"是可以恢复正常的，我已经亲眼见证过。我在先前的临床简介里提到的那个年轻人——就是手拿屠刀追杀母亲的那个人——就是最好的例子。他整天沉迷于电子游戏，因为成瘾而停学了。后来，在治疗的帮助下，他在佛蒙特州经过几个星期的荒野计划康复训练，又重新找回了自己。如今，他的母亲无比高兴地说，她和她的丈夫又把他们的儿子找回来了。儿子现在既使用智能手机也看电视，但是，他的家用电子游戏机 Xbox 设备已经不见踪影、销声匿迹了。

他甚至还踢起了足球呢。

在技术无处不在、屏幕饱和的世界里，拥有健康和幸福的生活的确也是可能的；我们只要不断学习，及时了解这个电子世界，并且提高警惕，小心电子洞穴潜在的种种陷阱，以免我们自己——以及我们的孩子——陷得太深，不能自拔。

增强意识，创造机会，改变社会

在社会的层面上，我们已经玩忽职守，错过机会。也许，因为我们作为成年人，已经受到技术和那些亮闪闪的小玩意儿的不断诱惑，所以面对那些熠熠发光的屏幕对处于发育之中的小小大脑造成的严重影响，我们却一直固执己见，置若罔闻。

对柏拉图的洞穴居民或是《黑客帝国》中的尼奥而言，真正需要觉醒的不仅仅只是那些技术成瘾的孩子，我们这些沉睡中的成年人也需要睁开眼睛，赶快苏醒过来。在草根百姓和大众传媒的层面上，自觉增强意识，认识到屏幕技术的危险性才是关键。由于缺乏对颇具破坏性且日益盛行的虚拟世界的认识，导致虚拟流行病在人群和媒体中的大肆传播蔓延，甚至心理健康专家也不例外。我们根本没有意识到，现在的研究已经表明，过早的技术使用和过度的屏幕接触都可能对人的大脑造成破坏和伤害。

以下是由儿童联盟提出的一些建议，他们早在 2000 年就发表了关于孩子与技术的宣言《傻瓜的金子：对童年时期计算机的批判性审视》。儿童联盟是一个令人印象深刻的组织，其中的国家顾问委员会成员包括一些国内最受尊敬的精神科医生、教授、儿科医生和教育家，其成员名册看上去就像是儿童及其幸福生活领域的名人录。[6]

他们给出的建议如下：

1. 重新调整健康童年的家庭教育和学校教育的要点：一个

健康的童年就要与富有爱心的成年人保持牢固稳定的纽带关系；要有自发性、创造性的游戏时间；有丰富的音乐课程和其他艺术课程；还要大声朗读，讲故事，读诗词；爱运动；擅长烹饪做饭、物体搭建和其他手工艺品制作；同时，还要有园艺方面和其他自然界以及现实生活的实践体验。

2. 开展广泛的公众对话，强调电脑是如何严重地影响儿童的真正需求，尤其是影响中低收入家庭的儿童的需求。

3. 美国国家卫生局要综合、全面地报告计算机对儿童构成的生理、情绪和其他发育危害的程度。

4. 信息技术开发公司要全面披露儿童使用他们的产品会导致怎样的物理危害。

5. 立刻停止那些对儿童有害的或无用的技术炒作和商业广告。

6. 重新强调道德、责任和批判性思维在大年龄学生中的教育作用，让他们能够意识到技术对于他们个人和社会的影响。

7. 在幼儿教育和小学教育阶段应立即停止进一步引进计算机的做法，残疾学生的特殊情况例外。这样的暂停是非常必要的，以便为上述各条建议的落实创造相辅相成的氛围。

亲爱的父老乡亲，我们已经错过了儿童联盟提出的宝贵建议。如果多年以前我们就采纳他们的这些建议，那么我们原本是可以避免"屏瘾儿童"临床疾病的流行泛滥的。不过，我依然相信，现在采取行动还不算太晚。

每个家长现在都可以做出决定，要限制和控制孩子对屏幕的使用。当然，这在家里是可以做到的。但是，我也想提醒一心关注孩子成长的家长们，具有能力来控制他们孩子每天花费大部分时间接触屏幕的地方就是学校。

即使学校已经被技术公司收买，我们家长依然能够控制孩子在学校对屏幕的使用情况。学校当然会认为技术就是美好的神话，并且热烈欢迎技术公司的口号，说什么"屏幕越多，大家越好"。但是，我们作为父母，有权选择不让我们的孩子接触平板电脑。正如在疫苗运动中所发生的情况一样，我们可以提出让我们孩子的学校"放弃屏幕"（我在书后的附录里以及我的网站 www.drkardaras.com 上都提供了一个模板）。我已在自己孩子的公立小学里这样做过了——我已经要求他们，请不要再让孩子们接触平板电脑。虽然他们大受刺激，但是他们已经同意了我的意见。

令人可悲的是，这不仅仅只是学校的问题。现在，甚至有一些心理健康和医疗团体都非常无知。虽然研究已经表明屏幕对孩子会产生不良影响，但是他们就是充耳不闻、视而不见。为了增强意识，我已经给许多教育工作者和心理健康医生做了这方面的演讲和演示；有些人已经完全意识到这个问题，而其他一些人呢，他们一边紧张地继续查看他们的智能手机一边忘乎所以、完全无所谓的样子。这正是增强意识的必要性和紧迫性的原因所在，无论是在大众媒体还是在教育及临床机构，增强意识真的是大有益处。

最后一点，也许是最重要的一点，就是建议国家组织和相关机构来制定和颁布相关法律。

儿童联盟在其第四个建议中说"信息公司要全面披露儿童使用他们的产品会导致怎样的物理危害"。我们要付诸实践，我们需要让建议变成现实。

这就是为什么我在Change.org网站上提出立法诉求的原因所在。我请求立法建制，以便警示的标识——如同印在香烟包装上的警示标识一样——放在电子屏幕上。我们建议警示语就是："警告：儿童过度使用，导致临床疾病。"

我曾与媒体人士交谈过此事，不妨举办一个大型的运动，以便把这条信息传到华盛顿特区。不过，华盛顿可能也无法完全解决这个问题。但是，正如我们在反香烟媒体运动之后所看到的那样，通过采用警示标签，吸烟的问题就大打折扣、大幅度减少了。根据无烟儿童运动的报道，"在美国卫生局2012年的年度报告《防止青少年和年轻人使用烟草》中，得出的结论则十分明确，毫不含糊，那就是：吸烟问题的大幅度减少，得益于大众媒体倡导的'防止烟草的使用，减少在青少年中的患病率'这一宣传运动"[7]。

我想让这本书充当一种类似的运动催化剂，为儿童屏避运动加油助威，最终达到造福儿童身心健康之目的。

附　录
Appendix

你的孩子有"屏瘾"吗？

寻找如下迹象：

- 你的孩子总是待在电脑上熬夜苦战而不愿意去睡觉吗？

- 如果你的孩子没有自己的设备，他们会变得烦躁、焦虑或愤怒吗？

- 他们使用技术对自己的学业、家庭生活、其他活动或兴趣有负面影响吗？

- 你的孩子表示他／她很难摆脱脑海中的虚拟影像吗？

- 你的孩子时常梦见虚拟影像吗？

- 你的孩子对你隐瞒他们的屏幕使用，或者隐藏他们的设备吗？

- 你的孩子看起来更难调节他们自己的情绪（也称为情绪失调）吗？

- 你的孩子看上去索然无趣或无所事事吗？

- 你的孩子仿佛总是非常疲倦，却一直在线（"不是在线，就是疲倦"）吗？

- 老师时常抱怨你的孩子在学校上课时睡觉吗？

　　上述列表中的任何一种或多种症状或行为都可能是屏幕或技术成瘾的标志。请与你的孩子交谈一下，并展开一场健康的对话，既要谈及他们的屏幕使用情况，也要说明你对此事的关切担忧。我发现，要给孩子说明情况，让他们知道，过度接触屏幕的相关研究已经显示出其对临床以及神经系统都会产生负面影响，这不失为一种非常有效的交谈方式。如果事情变得更糟，那就寻找专业人士的帮助，当然要找那些受过屏幕成瘾训练的专业治疗师帮忙了。

　　在走数字排毒路线之前，你可以先考虑考虑下面这些策略：

- 如果你已经决定，你的孩子需要一部手机，那就给他们买一个翻盖手机，而不是买一个迷你电脑一般的智能手机。
- 用家庭活动时间替代玩视频游戏的时间，这可以包括一起做饭、一起玩棋类游戏、一起做园艺活动、一起听音乐或是全家一起散步、一起骑自行车等。
- 要求你的孩子做到，他们在网上玩了多长时间的游戏，就做相同时间的体力活动（比如做家务、进行体育锻炼等）。要给孩子创造这样的期望模式：即一个小时的上网时间就意味着一个小时的庭院劳动。

　　想方设法让你的孩子感到上网很无聊！这就是创造力爆发的时候，你的孩子可以找到自己的天赋。

卡达拉斯博士
汉普顿诊断康复中心

一种新技术综合性戒瘾疗法

在这个汉普顿诊断康复中心，那些因技术成瘾、药物成瘾或其他的情绪或行为问题而痛苦挣扎的青少年，在这里都将有机会来解决他们的问题。在这个充满田园风光的康复治疗中心，那些在门诊已经确诊有问题的孩子不需要住院治疗，只要参加一系列有利于个人身心健康成长的活动，再加上药物辅助治疗。该中心坚持传统心理治疗与体验式疗法相结合的新型康复疗法，像马术疗法、心理矫正法，武术、音乐和创造性的表达等，这些年轻的客户也将在大自然中进行各种冒险活动。在此期间，他们不但可以探索数百英亩一望无际的松林、沙丘、海湾、河口，还可以进行海洋冲浪。这样一来，他们就能逃离技术上瘾的陷阱，因为他们在自然的体验中最终发现了真实的自己。

汉普顿诊断康复中心的孩子们也有机会参与一个新的治疗模式，即海洋疗法（Seahab）。这是由本书作者尼古拉斯·卡达拉斯博士开发的一个新的治疗模式。参加海洋疗法的孩子们都会乘坐一条小渔船，亲身体验当水手和海军陆战队童子军（海上童子军）的滋味。通过这些海上活动，打造一个与自然深度接触和精神深度愈合的合作团队。大家聚在一起，通过相互合作、集体工作，让这些曾一度沉溺于视频游戏的孤独隔离的青少年亲身体验到现实生活的无限乐趣。这样，他们不仅能更好地了解技术成瘾的危害性，而且也能更好地了解他们自己。

他们会在海上分成小组，大家一起钓鱼，一起工作，一起治疗，所有的活动都在无形之中转换成了海洋之美。这种海洋体验疗法，短则为海上一日游，长则为海上多日游，持续时间 2 ~ 14 天不等。孩子们环绕着长岛、康涅狄格和马萨诸塞州海岸线进行游览，而且可以在任何有趣的港口随意停留；在寒冷的冬季，海洋体验旅行将会从佛罗里达州的海岸撤离。

汉普顿诊断康复中心的最后一个治疗程序，就是需要参与治疗的学生与他们的治疗师一道想方设法来创造设计出学生后期的汉普顿恢复计划。其中，不仅包括一个全面的恢复治疗计划，而且还包括后期的发展计划，以便使治疗师、客户以及他们的家庭三位一体，都有一个安全的、个性化的"数字蔬菜"计划，即客户可以循序渐进地在他们以后的生活中慢慢恢复健康的技术使用。

这个汉普顿康复计划和纳入荒野体验风格的海洋体验疗法已经得到了充分证明，对于成瘾的青少年来说，两者都是特别有效的治疗措施，该疗法也被称为户外行为健康疗法（OBH）。其实，早在20世纪的50年代，伴随着过去几十年从欧洲到美国的移民拓展计划，这些类型的项目就已经迅速成长起来了。

这种野外体验治疗法非常奏效。据杨伯翰大学研究员斯蒂夫·阿尔丹那（Steve Aldana）博士的研究结果显示，有 91.4% 的临床都表现出了明显的改善。平均而言，参与者在完成为期 6 个月的野外体验治疗之后，情况就会有非常显著的改善。同样，2003 年，从爱达荷大学的基思·拉塞尔（Keith Russell）博士发表的一项研究报告中发现，参与野外体验治疗的人，无论是内心还是外在的功能都表现出显著的改善，并在完成野外体验治疗之后，这种显著变化还能保持一年的时间。拉塞尔博士在 2005 年随后的一项研究中考察了完成野外体验治疗两年之后的客户，结果发现，超过 80% 的家长都认为孩子们的野外体验疗法非常有效；有 83% 的青少年现在表现得更好；超过 90% 签约治疗的青少年都认为他们的荒野治疗非常有效，还有 86% 的参与者都在读高中或上大学，或者是高中已经毕业，正在工作。

汉普顿诊断康复中心和海洋疗法都是由本书的作者创建并开发的，这是美国东海岸地区仅有的一家采用陆地与海洋同步的成瘾治疗模式的治疗中心，也是东海岸地区唯一一家专门治疗网瘾的专业治疗中心。

健康的技术套餐
"数字糖果"与"数字蔬菜"

在技术成瘾的治疗领域，究竟什么是更为健康的屏幕使用，什么是引发更多问题的屏幕接触，这一点已经有所定论，毋庸置疑。那种纯粹为了兴奋愉悦或肾上腺素变化（因而最能刺激多巴胺、最让人上瘾以及超刺激）的屏幕接触，都被认为是"数字糖果"，包括视频游戏、网络色情、随意盲目的 YouTube 视频以及强迫性的社交媒体和接发短信。

而更为健康的使用屏幕技术指的是利用技术去做一些与"数字糖果"不同的事情，譬如在线从事研究、发送电子邮件以及进行面对面的网络会话等。

数字糖果	数字蔬菜
上网玩电子游戏	上网进行专题研究
盲目浏览随意的 YouTube 视频	收发电子邮件
观看网络色情	观看 YouTube 教育视频
不停地给朋友发短信	与朋友网络会话
过度使用社交媒体	创作音乐或追随某个运动队

对于那些最初曾经有技术成瘾的人来说，任何形式的屏幕接触，无论是"数字蔬菜"还是"数字糖果"，都有可能导致其复发，这就是为什么要鼓励他们接受"技术斋戒"或"数字排毒"4～6周的原因所在。这样一来，能够让孩子的肾上腺和中枢神经系统得以重新设定，不再出现非打即跑的功能失调状态，因为这种高度刺激的状态常常伴随着屏幕成瘾的现象。

这种"数字蔬菜"的重新整合是一个非常缓慢、各不相同的过程。经过"技术斋戒"之后，有人没过多久就可以健康地重新使用电脑了；对另一些人来说，他们可能还需要长达一年或是更长一段的恢复时间。

学校技术退出信

尊敬的老师和 / 或学校领导：

我谨在此要求，我孩子的全部教育和教学内容，不要使用电子设备来传授。这包括使用平板电脑、Chromebooks 电子书、笔记本电脑或台式电脑。

我们希望，学校尽可能地帮助培养和支持孩子的教育、社交、心理和情感的发展，并越来越关注屏幕技术对儿童潜在的、不利的影响的方方面面。

我们理解，作为学校，你们有责任向我们的孩子提供国家批准的教育内容和课程。对此我们表示完全赞同。但是，作为父母，我们的权利就是确保学校为我们孩子提供的教育媒介一定是安全可靠的，而且，在临床或孩子的发育方面也是没有问题的。

因为，现在有太多的研究表明，如果孩子过早地接触电子屏幕，将对儿童的注意力、认知能力和社交发育等方面产生不利的影响。

此致

敬礼

学生_____ 的父 / 母：_____

注 释
Notes

一 蜂拥而至的"屏瘾儿童"

1. Angelica B. Ortiz de Gortari and Mark D. Griffiths, "Altered Visual Perception in Game Transfer Phenomena: An Empirical Self-Report Study," *International Journal of Human-Computer Interaction* 30, no. 2 (2014): 95–105.
2. Kristin Leutwyler, "Tetris Dreams: How and When People See Pieces from the Computer Game in Their Sleep Tells of the Role Dreaming Plays in Learning," *Scientific American*, October 16, 2000.
3. A. Leach, "Teen Net Addicts Pee in Bottles to Stay Glued to WoW," *Register* (UK), January 19, 2012.
4. Amanda Lenhart et al., "Teens, Video Games and Civics," *Pew Research Center: Internet, Science and Tech*, September 16, 2008.
5. Carl Jung, *The Collected Works of C.G. Jung* (Princeton, NJ: Princeton University Press, 1970), 598, 28.
6. Joseph Campbell, *The Hero with a Thousand Faces* (Novato, CA: New World Library, 1949).
7. Guangheng Dong, Yanbo Hu, and Xiao Lin, "Reward/Punishment Sensitivities Among Internet Addicts: Implications for Their Addictive Behaviors," *Progress in Neuro-Psychopharmacology & Biological Psychiatry* 46 (October 2013): 139–145, doi:10.1016/j.pnpbp.2013.07.007. See also S. Kühn, et al. "The Neural Basis of Video Gaming," *Translational Psychiatry* 1 (2011): e53, doi:10.1038/tp.2011.53.
8. M. J. Koepp et al., "Evidence for Striatal Dopamine Release During a Video Game," *Nature* 393, no. 6682 (May 21, 1998): 266–268. See also Guangheng Dong, Elise E Devito, Xiaoxia Du, and Zhuoya Cui, "Impaired Inhibitory Control in 'Internet Addiction Disorder': A Functional Magnetic Resonance Imaging Study," *Psychiatry Research* 203, nos. 2–3 (September 2012): 153–158, doi:10.1016/j.pscychresns.2012.02.001.
9. Angelica B. Ortiz de Gortari and Mark D. Griffiths, "Game Transfer Phenomena

and Its Associated Factors: An Explanatory Empirical Online Survey Study,"
Computers in Human Behavior 51 (2015): 195–202.

10. Angelica B. Ortiz de Gortari and Mark D. Griffiths, "Automatic Mental
Processes, Automatic Actions and Behaviours in Game Transfer Phenomena:
An Empirical Self-Report Study Using Online Forum Data," *International
Journal of Mental Health and Addiction* 12, no. 4 (August 2014): 432–445.

11. U. Nitzan, E. Shoshan, S. Lev-Ran, and S. Fennig, "Internet-RELATED
Psychosis—a Sign of the Times," *Israeli Journal of Psychiatry and Related
Sciences* 48, no. 3 (2011): 207–211.

12. Joel Gold and Ian Gold, *Suspicious Minds: How Culture Shapes Madness* (New
York : Free Press, 2014).

13. Tony Dokoupil, "Is the Internet Making Us Crazy? What the New Research
Says," *Newsweek*, July 9, 2012.

14. H. Takeuchi et al., "Impact of Videogame Play on the Brain's Microstructural
Properties: Cross-Sectional and Longitudinal Analyses," *Molecular Psychiatry*,
advance online publication (January 5, 2016), http:/dx.doi.org/10.1038/
mp.2015.193 (accessed February 29, 2016).

15. Perry Klass, "Fixated by Screens, but Seemingly Nothing Else," *New York
Times*, May 9, 2011.

16. American Academy of Pediatrics, Council on Communications and Media,
"Media Violence," *Pediatrics* 124 (November 2009): 5.

17. Andrew Careaga, "Internet Usage May Signify Depression," *Missouri University
of Science & Technology*, May 22, 2012.

18. Eddie Makuch, "Minecraft Passes 100 Million Registered Users, 14.3 Million
Sales on PC," *Gamespot*, February 26, 2014.

19. Mary Fischer, "Manic Nation: Dr. Peter Whybrow says We're Addicted to
Stress," *Pacific Standard*, June 19, 2012.

20. Lisa Guernsey, "An 'Educational' Video Game Has Taken Over My House,"
Slate, August 6, 2012.

21. Victoria Dunckley, "Electronic Screen Syndrome: An Unrecognized Disorder?"
Psychology Today, July 23, 2012.

22. Leslie Alderman, "Does Technology Cause ADHD?" *Everyday Health*, August 3,
2010.

23. Carlo Rotella, "No Child Left Untableted," *New York Times*, September 12,
2013.

24. Michele Molnar, "News Corp. Sells Amplify to Joel Klein, Other Executives,"

Education Week, October 7, 2015.

25. Jason Russell, "How Video Games Can Transform Education," *Washington Examiner*, April 30, 2015.

26. Richard Louv, *Last Child in the Woods* (New York: Workman Publishing, 2005).

27. Edward O. Wilson, *Biophilia* (Cambridge, MA: Harvard University Press, 1986).

28. Susan Lang, "A Room With a View Helps Rural Children Deal With Stresses, Cornell Researchers Report," *Cornell Chronicle*, April 24, 2003.

29. David Mitchell, "Nature Deficit Disorder," *Waldorf Library: Research Bulletin* 11, no. 2 (Spring 2006).

30. Ibid.

31. Lowell Monke, "Video Games: A Critical Analysis," *ENCOUNTER: Education for Meaning and Social Justice* 22, no. 3 (Autumn 2009): 1–13, www.allianceforchild hood.org/sites/allianceforchildhood.org/files/file/MONKE223.pdf.

32. NickelsandCrimes, "The Oregon Trail," YouTube video, 4:45, September 2, 2007, https://www.youtube.com/watch?v=ht8GWOwdc30.

33. Michael Kneissle, "Research into Changes in Brain Formation," Waldorf Library, http://www.waldorflibrary.org/images/stories/Journal_Articles/RB2206.pdf.

34. Tim Carmody, "'What's Wrong with Education Cannot Be Fixed by Technology'—The Other Steve Jobs," *Wired*, January, 17, 2012.

35. Amy Fleming, "Screen Time v Play Time: What Tech Leaders Won't Let Their Own Kids Do," *Guardian*, May 23, 2015.

36. Lori Woellhaf, "Do Young Children Need Computers?" *The Montessori Society*, http://www.montessorisociety.org.uk/article/do-young-children-need-computers.

37. Ibid.

38. Marcia Mikulak, *The Children of A Bambara Village*, 1991.

39. Elisabeth Grunelius et al., "The Sensible Child," *Online Waldorf Library* no. 56 (Spring/Summer 2009).

40. Ibid.

二 华丽新奇的电子世界

1. Neil Postman, *Amusing Ourselves to Death* (New York: Penguin, 1985).

2. Neil Postman, *The Disappearance of Childhood* (New York: Random House,

1982).

3. Gary Cross, *Men to Boys* (New York: Columbia University Press, 2010).

4. Mark Banschick, "Our Avoidant Boys," *Psychology Today,* September 7, 2012.

5. Plato, *Phaedrus.*

6. Doug Hyun Han, Sun Mi Kim, Sujin Bae, Perry F. Renshaw, Jeffrey S. Anderson, "Brain Connectivity and Psychiatric Comorbidity in Adolescents with Internet Gaming Disorder," *Addiction Biology* (2015), doi: 10.1111/adb.12347.

7. Matthew Ebbatson, "The Loss of Manual Flying Skills in Pilots of Highly Automated Airliners," doctoral thesis, Cranfield University, 2009.

8. Katherine Woollett and Eleanor Maguire, "Aquiring 'the Knowledge' of London's Layout Drives Structural Brain Changes," *Current Biology* 21, no. 24-2 (December 20, 2011): 2109–2114.

三 数字毒品与人的大脑

1. Hunter Hoffman et al., "Virtual Reality as an Adjunctive Non-Pharmacologic Analgesic for Acute Burn Pain During Medical Procedures," *Annals of Behavioral Medicine*, January 25, 2011, doi:10.1007/s12160-010-9248-7.

2. M. J. Koepp et al., "Evidence for Striatal Dopamine Release during a Video Game," *Nature* 393, no. 6682 (May 21, 1998): 266–268.

3. "The Genetics of Addiction," Addictions and Recovery.org, http://www.addictionsandrecovery.org/is-addiction-a-disease.htm.

4. Merriel Mandell, "Etiology of Addiction: Addiction as a Disorder of Attachment," 2011, http://etiologyofaddiction.com/attachment-theory/.

5. Howard Shaffer et al., "Toward a Syndrome Model of Addiction: Multiple Expressions, Common Etiology," *Harvard Review of Psychiatry* 12 (2004): 367–374.

6. "The Addicted Brain," Harvard Mental Health Letter, Harvard Health Publications, Harvard Medical School, June 9, 2009.

7. Daniel Goleman, "Scientists Pinpoint Brain Irregularities In Drug Addicts," *New York Times*, June 26, 1990.

8. Koepp et al., "Evidence for Striatal Dopamine Release during a Video Game."

9. James Delahunty, "Call of Duty Played for 25 Billion Hours, with 32.3 Quadrillion Shots Fired," *AfterDawn*, August 14, 2013.

10. Mark Wheeler, "In memoriam: Dr. George Bartzokis, Neuroscientist Who Developed the 'Myelin Model' of Brain Disease," *UCLA Newsroom*, September 10, 2014.

11. Anonymous, "Researchers: Does Brain 'Fat' Dictate Risky Behavior?" *Paramus Post*, March 13, 2006.

12. George Bartzokis et al., "Brain Maturation May be Arrested in Chronic Cocaine Addicts," *Biological Psychiatry* 51, no. 8 (April 15, 2002): 605–611.

13. Fuchun Lin, Yan Zhou, Yasong Du, Lindi Qin, Zhimin Zhao, Jianrong Xu, and Hao Lei, "Abnormal White Matter Integrity in Adolescents with Internet Addiction Disorder: A Tract-Based Spatial Statistics Study," *PloS ONE* 7, no. 1 (2012): e30253, doi:10.1371/journal.pone.0030253.

14. Soon-Beom Hong, Andrew Zalesky, Luca Cocchi, Alex Fornito, Eun-Jung Choi, Ho-Hyun Kim, Jeong-Eun Suh, Chang-Dai Kim, Jae-Won Kim, and Soon-Hyung Yi, "Decreased Functional Brain Connectivity in Adolescents with Internet Addiction," *PLoS ONE* 8, no. 2 (February 25, 2013): e57831, doi:10.1371/journal.pone.0057831.

15. C. Y. Wee, Z. Zhao, P-T Yap, G. Wu, F. Shi, T. Price, Y. Du, J. Xu, Y. Zhou, "Disrupted Brain Functional Network in Internet Addiction Disorder: A Resting-State Functional Magnetic Resonance Imaging Study," *PLoS ONE* 9, no. 9 (2014): e107306, doi:10.1371/journal.pone.010730.

16. Y. Wang, T. Hummer, W. Kronenberger, K. Mosier, V. Mathews, "One Week of Violent Video Game Play Alters Prefrontal Activity," *Radiological Society of North America*, Scientific Assembly and Annual Meeting, Chicago, Illinois, November 26–December 2, 2011, http://archive.rsna.org/2011/11004116.html (accessed March 24, 2016).

17. Indiana University School of Medicine, "Violent Video Games Alter Brain Function in Young Men," *ScienceDaily*, December 1, 2011, www.sciencedaily. com /releases/2011/11/111130095251.htm.

18. Sadie Whitelocks, "Computer Games Leave Children with 'Dementia' Warns Top Neurologist," *Daily Mail*, October 14, 2011.

19. Bruce Alexander, "Addiction: The View from Rat Park," www.Brucekalexander. com, 2010, http://www.brucekalexander.com/articles-speeches/rat-park/148 -addiction-the-view-from-rat-park.

四 多恩博士访谈：神经学家与康复的电游玩家

1. Kevin Johnson, Rick Jervis, and Richard Wolf, "Aaron Alexis, Navy Yard Shooting Supsect: Who is He?" *USA Today*, September 16, 2013.
2. E. Eickhoff, K. Yung, D. L. Davis, F. Bishop, W. P. Klam, A. P. Doan, "Excessive Video Game Use, Sleep Deprivation, and Poor Work Performance Among U.S.Marines Treated in a Military Mental Health Clinic: A Case Series," *Mil Med*.180, no. 7 (July 2015): e839-843, doi: 10.7205/MILMED-D-14-00597, PMID: 26126258. See also A. Voss, H. Cash, S. Hurdiss, F. Bishop, W. P. Klam, A. P. Doan, "Case Report: Internet Gaming Disorder Associated With Pornography Use," *Yale J Biol Med*. 88, no. 3 (September 3, 2015): 319-324, eCollection 2015.

五 巨大鸿沟：接发短信与社交媒体

1. Johann Hari, "Everything You Think You Know about Addiction Is Wrong," TED GlobalLondon, 14:42, June 2015, https://www.ted.com/talks/johann_hari_everything_you_think_you_know_about_addiction_is_wrong?language=en.
2. Internet Live Stats, website, www.internetlivestats.com.
3. "19 Text Messaging Stats that Will Blow You Away," www.teckst.com, https://teckst.com/19-text-messaging-stats-that-will-blow-your-mind/.
4. Aaron Smith, "Americans and Text Messaging," *Pew Research Center*, September 19, 2011.
5. Jean M. Twenge, "Time Period and Birth Cohort Differences in Depressive Symptoms in the U.S., 1982–2013," *Social Indicators Research* 121, no. 2 (June 2014): 437–454.
6. Thalia Farchian, "Depression: Our Modern Epidemic," *Marina Times*, April 2016.
7. Holly Swartz and Bruce Rollman, "Managing the Global Burden of Depression: Lessons from the Developing World," *World Psychiatry* 2, no. 3 (October 2003): 162–163.
8. Tara Parker-Pope, "Suicide Rates Rise Sharply in U.S.," *New York Times*, May 2, 2013.
9. Michael Bond, "How Extreme Isolation Warps the Mind," *BBC Future*, May 14, 2014.
10. Michael Mechanic, "What Extreme Isolation Does to Your Mind," *Mother Jones*,

October 18, 2012.

11. Andy Worthington, "BBC Torture Experiment Replicates Guantanamo and Secret Prisons: How to Lose Your Mind in 48 Hours," *Andy Worthington Blog*, January 27, 2008.

12. Boris Kozlow, "The Adoption History Project," University of Oregon, February 24, 2012, http://pages.uoregon.edu/adoption/studies/HarlowMLE.htm.

13. Saul McLeod, "Attachment Theory," *Simply Psychology*, 2009.

14. Winifred Gallagher, *New: Understanding Our Need for Novelty and Change* (New York: Penguin, 2011).

15. Mary Fischer, "Manic Nation: Dr. Peter Whybrow Says We're Addicted to Stress," *Pacific Standard*, June 19, 2012.

16. Mike Segar, "U.S. Students Suffering from Internet Addiction: Study," *Reuters*, April 23, 2010.

17. Kelly M. Lister-Landman et al., "The Role of Compulsive Texting in Adolescents' Academic Functioning," *Psychology of Popular Media Culture*, advance online publication, October 5, 2015, http://dx.doi.org/10.1037/ppm0000100 (accessed February 29, 2016).

18. Samantha Murphy Kelly, "Is Too Much Texting Giving You 'Text Neck'? *Mashable*, January 20, 2012.

19. Tracy Pederson, "Hyper-Texting Associated with Health Risks for Teens," *Psych-Central*, October 6, 2015.

20. Maria Konnikova, "The Limits of Friendship," *New Yorker*, October 7, 2014.

21. B. Gonçalves, N. Perra, and A.Vespignani, "Modeling Users' Activity on Twitter Networks: Validation of Dunbar's Number," *PLoS ONE* 6, no. 8 (2011): e22656, doi:10.1371/journal.pone.0022656.

22. Mellissa Carroll, "UH Study Links Facebook Usage to Depressive Symptoms," University of Houston, April 6, 2015, http://www.uh.edu/news-events/stories/2015/April/040415FaceookStudy.php.

23. Christina Sagliogou and Tobias Greitemeyer, "Facebook's Emotional Consequences: Why Facebook Causes a Decrease in Mood and Why People Still Use It," *Computers in Human Behavior* 35 (June 2014): 359–363.

24. Julia Hormes, Brianna Kearns, and C. Alix Timko, "Craving Facebook? Behavioral Addiction to Online Social Networking and Its Association with Emotional Regulation Deficits," *Addiction* 109, no. 12 (December 2014): 2079–2088.

25. Charlotte Blease, "Too Many 'Friends,' Too Few 'Likes'? Evolutionary

Psychology and 'Facebook Depression,'" *Review of General Psychiatry* 19, no. 1 (2015): 1–13.

26. John Suler, "The Online Disinhibition Effect," *Cyber Psychology and Behavior* 7, no. 3 (2004).

27. Alex Whiting, "Tech Savvy Sex Traffickers Stay Ahead of Authorities as Lure Teens Online," *Reuters*, November 15, 2015.

28. Phil McGraw, "How a Social Media Post Led a Teen into Sex Trafficking," *Huffington Post*, May 1, 2015.

29. Louis Phillippe Beland and Richard Murphy, "Ill Communication: Technology, Distraction and Student Performance," *Center for Economic Performance, London School of Economics*, May 2015.

30. Jamie Doward, "Schools that Ban Mobile Phones See Better Academic Results," *Guardian*, May 16, 2015.

31. Greg Graham, "Cell Phones in Classrooms? No! Students Need to Pay Attention," *Mediashift*, September 21, 2011.

六 临床疾病与"屏瘾儿童"效应

1. Victoria Dunckley, "Electronic Screen Syndrome: An Unrecognized Disorder?" *Psychology Today*, July 23, 2012.

2. Victoria Dunckley, "Screentime is Making Kids Moody, Crazy and Lazy," *Psychology Today*, August 18, 2015.

3. Victoria Dunckley, "Video Game Rage," *Psychology Today*, December 1, 2012.

4. Amy Krain Roy, Vasco Lopes, and Rachel Klein, "Disruptive Mood Dysregulation Disorder: A New Diagnostic Approach to Chronic Irritability in Youth," *American Journal of Psychiatry* 171 (2014): 918–924.

5. Edward L. Swing, Douglas A. Gentile, Craig A. Anderson, and David A. Walsh, "Television and Video Game Exposure and the Development of Attention Problems," *Pediatrics*, published online July 5, 2010.

6. Meagen Voss, "More Screen Time Means More Attention Problems in Kids," NPR, July 7, 2010.

7. Indiana University School of Medicine, "Violent Video Games Alter Brain Function in Young Men," *ScienceDaily*, December 1, 2011, www.sciencedaily. com /releases/2011/11/111130095251.htm.

8. Margaret Rock, "A Nation of Kids with Gadgets and ADHD," *Time*, July 12,

2013.

9. John Eisenberg, "Son Aims to Make a Name for Himself," *Baltimore Sun*, April 16, 2003.

10. Marguerite Reardon, "WHO: Cell Phones May Cause Cancer," *C/NET*, May 31, 2011.

11. Danielle Dellorto, "WHO: Cell Phone Use Can Increase Possible Cancer Risk," CNN, May 31, 2011.

12. John Cole, "EMF Readings from Various Devices We Use Every Day," *Natural News*, May 26, 2008.

13. Josh Harkinson, "Scores of Scientists Raise Alarm about the Long Term Effects of Cell Phones," *Mother Jones*, May 11, 2015.

14. "Damaging Effects of EMF Exposure on a Cell," *Cancer, EMF Protection and Safety*, February 27, 2016.

七 有样学样：大众传媒的负面影响

1. Goerge Comstock and Haejung Paik, "The Effects of Television Violence on Antisocial Behavior: A Meta-Analysis," *Communication Research* 21, no. 4 (August 1994): 516–46.

2. Kevin Browne and Catherine Hamilton-Giachritsis, "The Influence of Violent Media on Children and Adolescents: A Public-Health Approach," *Lancet* 365, no. 9460 (February 19, 2005): 702–710.

3. American Academy of Pediatrics, American Academy of Child and Adolescent Psychiatry, American Psychological Association, American Medical Association, American Academy of Family Physicians, American Psychiatric Association, "Joint Statement on the Impact of Entertainment Violence on Children: Congressional Public Health Summit—July 26, 2000," www.aap.org/ advocacy /releases/jstmtevc.htm (accessed February 29, 2016).

4. M. E. O'Toole, *The School Shooter: A Threat Assessment Perspective* (Quantico, VA: Federal Bureau of Investigation, U.S. Department of Justice; 2000).

5. C. Anderson et al., "The Influence of Media Violence on Youth," *Psychological Science in the Public Interest* 4, no. 3 (2003): 81–110.

6. Federal Communications Commission, "In the Matter of Violent Television Programming and Its Impact on Children: Statement of Commissioner Deborah Taylor Tate,"MB docket No. 04–261, April 25, 2007, http://hraunfoss.fcc.gov/

edocs_public/attachmatch/FCC-07-50A1.pdf (accessed February 29, 2016).

7. American Academy of Pediatrics, Council on Communications and Media, "Media Violence," *Pediatrics* 124 (November 2009): 5.

8. C. Barlett, R. Harris, and R. Baldassaro, "Longer You Play, The More Hostile You Feel: Examination of First Person Shooter Video Games and Aggression during Video Game Play," *Aggressive Behavior* 33, no. 6 (June 27, 2007): 486–497.

9. Joseph Dominick, "Videogames, Television Violence, and Aggression in Teenagers," *Journal of Communication* 34, no. 2 (1984): 136–147.

八 电子游戏与攻击行为：案例研究

1. Craig Anderson et al., "Longitudinal Effects of Violent Video Games on Aggression in Japan and the United States," *Pediatrics* 122, no. 5 (November 2008).

2. Jack Hollingdale and Tobias Greitemeyer, "The Effect of Online Violent Video Games on Levels of Aggression," *PLoS ONE* 9, no. 11 (2014): e111790, doi:10.1371/ journal.pone.0111790.

3. C. Barlett, R. Harris, and R. Baldassaro, "Longer You Play, The More Hostile You Feel: Examination of First Person Shooter Video Games and Aggression During Video Game Play," *Aggressive Behavior* 33, no. 6 (June 27, 2007): 486–497.

4. M. E. Ballard and J. R. Wiest, "Mortal Kombat: The Effect of Violent Videogame Play on Males' Hostility and Cardiovascular Responding," *Journal of Applied Social Psychology* 26, no. 8 (April 1996): 717–730, doi: 10.1111/ j.1559-1816.1996. tb02740.x.

5. Tobias Greitemeyer and Neil McLatchie, "Denying Humanness to Others: A Newly Discovered Mechanism by Which Violent Video Games Increase Aggressive Behavior," *Psychological Science* 22, no. 5 (May 2011): 659–665.

6. Jack Hollingdale and Tobias Greitemeyer, "The Changing Face of Aggression: The Effect of Personalized Avatars in a Violent Video Game on Levels of Aggressive Behavior," *Journal of Applied Social Psychology* 43, no. 9 (September 2013): 1862–1868.

7. Indiana University School of Medicine, "Violent Video Games Alter Brain Function in Young Men," *ScienceDaily* December 1, 2011, www.sciencedaily. com /releases/2011/11/111130095251.htm.

8. Craig Anderson, Akiko Shibuya, Nobuko Ihori, Edward Swing, Brad Bushman, Akira Sakamoto, Hannah Rothstein, and Muniba Saleem, "Violent Video Game Effects on Aggression, Empathy, and Prosocial Behavior in Eastern and Western Countries: A Meta-Analytic Review," *Psychological Bulletin* 136, no. 2 (March 2010): 151–173.

9. Chris Ferguson, "Does Media Violence Predict Societal Violence? It Depends on What You Look At and When," *Journal of Communication* 65 (2014): e1–e22, doi: 10.1111/jcom.12129.

10. Jason Ryan, "Gangs Blamed for 80% of U.S. Crimes," *ABC News,* January 30, 2009.

11. Tracy Miller, "Video Game Addiction and Other Internet Compulsive Disorders Mask Depresssion, Anxiety, Learning Disabilities," *New York Daily News*, March 25, 2013.

九 新闻头条提要：深受游戏影响的暴力案件

1. "Daniel Petric Killed Mother, Shot Father Because They Took Halo 3 Video Game, Prosecutors Say," *Cleveland Plain Dealer*, December 15, 2008, http:// blog.cleveland.com/metro/2008/12/boy_killed_mom_and_shot_dad_ov.html.

2. Meredith Bennett-Smith, "Nathon Brooks, Teen Who Allegedly Shot Parents Over Video Games, Charged With Attempted Murder," *Huffington Post*, March 13, 2013, http://www.huffingtonpost.com/2013/03/13/nathon-brooks-teen-shot -parents-video-games_n_2868805.html.

3. Tony Smith, "'Grand Theft Auto' Cop Killer Found Guilty," *Register* (UK), August 11, 2005, http://www.theregister.co.uk/2005/08/11/gta_not_guilty/.

4. Martha Irvine, "A Troubled Gaming Addict Takes His Life," Associated Press, May 25, 2002, http://www.freerepublic.com/focus/news/689637/posts.

5. Lauren Russell, "Police: 8-Year-Old Shoots, Kills Elderly Caregiver after Playing Video Game," CNN Monday, August 26, 2013, http://www.cnn.com /2013/08/25/us/louisiana-boy-kills-grandmother/.

6. Abigail Jones, "The Girls Who Tried to Kill for Slender Man," *Newsweek*, August 13, 2014, http://www.newsweek.com/2014/08/22/girls-who-tried-kill-slender-man-264218.html.

十 新镇惨案启示录：电子游戏精神病

1. Tom McCarthy, "Shooting in Newtown, Connecticut School Leaves 28 Dead," *Guardian*, December 14, 2012, http://www.theguardian.com/world /us-news-blog/2012/dec/14/newtown-connecticut-school-shooting-live; Daniel Bates and Helen Pow, "Lanza's Descent to Madness and Murder: Sandy Hook Shooter Notched Up 83,000 Online Kills Including 22,000 'Head Shots' Using Violent Games to Train Himself for His Massacre," *Daily Mail*, December 1, 2013, http://www.dailymail.co.uk/news/article-2516427/Sandy-Hook-shooter-Adam-Lanza-83k-online-kills-massacre.html.

2. Matthew Lysiak, *Newtown: An American Tragedy* (New York: Gallery, 2013).

3. Office of the Child Advocate, State of Connecticut, "Shooting at Sandy Hook Elementary School," Report of the Office of the Child Advocate, November 21, 2014, http://www.ct.gov/oca/lib/oca/sandyhook11212014.pdf.

4. Office of the State's Attorney Judicial District of Danbury, "Report of the State's Attorney for the Judicial District of Danbury on the Shootings at Sandy Hook Elementary School and 36 Yogananda Street, Newtown, Connecticut," December 14, 2012, http://www.ct.gov/csao/lib/csao/Sandy_Hook_Final_Report.pdf.

5. Mike Lupica, "Morbid Find Suggests Murder-Obsessed Gunman Adam Lanza Plotted Newtown, Conn.'s Sandy Hook Massacre for Years," *New York Daily News*, March 25, 2013.

十一 伊坦·帕茨失踪案以及纯真年代和户外活动的终结

1. Project Jason: Guidance for Families of the Missing, http://projectjason.org/forums/topic/126-missing-children-issues-general-news/.

2. Hanna Rosin, "The Overprotected Kid," *Atlantic Monthly*, April 2014.

3. Michael Wilson, "The Legacy of Etan Patz: Wary Children Who Became Watchful Parents," *New York Times*, May 8, 2015.

4. Lenore Skenazy, *Free Range Kids: How to Raise Safe, Self-Reliant Children* (New York: Jossey-Bass, 2010).

十二 追逐财富：电子屏幕与教育产业综合体

1. "Education Technology Worth 59.9 Billion by 2018," Wattpad, January 31, 2014, https://www.wattpad.com/story/12102629-education-technology-ed-tech-market-worth-59-90.

2. Richard Rothstein, "Joel Klein's Misleading Autobiography," *American Prospect*, October 11, 2012.

3. Diane Ravitch, "*New York Post* Reveals Another Part of the 'Bloomberg-Klein' Failure Factory Legacy," *Diane Ravitch's Blog: A Site to Discuss Better Education For All*, February 23, 2014.

4. Bob Herbert, "The Plot Against Public Education: How Millionaires and Billionaires are Ruining Our Schools," *Politico*, October 6, 2014.

5. Georg Szalai, "Former NYC School Chancellor to Earn $2 Million a Year as News Corp. Exec," *Hollywood Reporter*, January 4, 2011.

6. "The Impact of Digital Technology on Learning: A Summary for the Education Endowment Foundation," Durham University, November 2012, https://v1.educationendowmentfoundation.org.uk/uploads/pdf/The_Impact_of_Digital_Technologies_on_Learning_(2012).pdf.

7. Richard Clark, "Reconsidering Research on Learning from Media," *Review of Educational Research* 53(1983): 445–459.

8. Jason Rogers, Alex Usher, and Edyta Kaznowska, *The State of e-Learning in Canadian Universities, 2011: If Students are Digital Natives, Why Don't They Like e-Learning?*(Toronto, ON: Higher Education Strategy Associates, 2011), higheredstrategy.com/wp-content/uploads/2011/09/InsightBrief42.pdf.

9. Michele Molnar, "News Corp. Sells Amplify to Joel Klein, Other Executives," *Education Week*, October 7, 2015.

10. Howard Blume, "Federal Grand Jury Subpoenaed Documents from L.A. Unified," *Los Angeles Times*, December 2, 2014.

11. Annie Gilbertson, "The LA School iPad Scandal: What You Need to Know," NPR/Ed, August 27, 2014.

12. "Another Publishing Exec Caught Dishing Dirt on Common Core," ProjectVeritas.com, January 13, 2016.

13. Natasha Bita, "Computers in Class a 'Scandalous Waste': Sydney Grammar Head," *Australian*, March 26, 2016.

14. Ann Mangen et al., "Reading Linear Texts on Paper versus Computer Screen:

Effects on Reading Comprehension," *International Journal of Educational Research* 58 (2013): 61–68.

15. Ferris Jabr, "The Reading Brain in the Digital Age: The Science of Paper vs. Screens," *Scientific American*, April 11, 2013.

16. Colleen Cordes and Edward Miller, *Fool's Gold: A Critical Look at Computers in Childhood* (New York: Alliance for Childhood, 2000).

17. Carlo Rotella, "No Child Left Untableted," *New York Times,* September 12, 2013.

18. Chris Mercogliano and Kim Debus, "An Interview with Joseph Chilton Pearce," *Journal of Family Life* 5, no. 1 (1999).

19. Mona Mohammad and Heyam Mohammad, "Computer Integration into the Early Childhood Curriculum," *Education* 133, no. 1 (Fall 2012).

十三 这是一个电子世界

1. David Rose, *Enchanted Objects* (New York: Scribner, 2015).

2. Abhijit, "Microsoft Hologram' This is the Future of Computing. Mind blowing Combination of Virtual reality and Augmented reality," *Infomatic Cool Stuff*, April 30, 2015.

3. Alex Kipman, "A Futuristic Vision of the Age of Holograms," TED Talk, 19:05, Vancouver, February 2016, https://www.ted.com/talks/alex_kipman_the_dawn_of_the_age_of_holograms?language=en.

4. Jerry Bonner, "Esports Phenomenon to Be Examined Further on HBO's 'Real Sports with Bryant Gumbel," *HNGN: Headline & Global News*, October 19, 2014.

5. Jeff Grubb, "e-Sports Already Worth $748M but It Will Reach 1.9 B by 2018," *Venture Beat*, October 28, 2015.

6. Cecillia Kang, "He Wants to Make It Playing Video Games on Twitch. But Will People Pay to Watch?" *Washington Post*, December 31, 2014.

十四 解决方案：逃离柏拉图的 "电子洞穴"

1. Plato, *The Republic.*

2. Bruce Alexander, "Addiction: The View from Rat Park," www. Brucekalexander.

com, 2010, http://www.brucekalexander.com/articles-speeches/rat-park/148-addiction-the-view-from-rat-park.

3. Edward O. Wilson, *Biophilia* (Cambridge, MA: Harvard University Press, 1986).
4. Richard Louv, *Last Child in the Woods* (New York: Workman Publishing, 2005).
5. Tori DeAngelis, "Therapy Gone Wild," *American Psychological Association* 44,no. 8 (September 2013): 48.
6. Colleen Cordes and Edward Miller, *Fool's Gold: A Critical Look at Computers in Childhood* (New York: Alliance for Childhood, 2000).
7. Campaign for Tobacco-Free Kids, website, http://www.tobaccofreekids.org/.

参考文献

References

Alderman, Leslie. "Does Technology Cause ADHD?" *Everyday Health*, August 3, 2010.

Alexander, Bruce. "Addiction: The View from Rat Park." www. Brucekalexander.com, 2010.

American Academy of Pediatrics, American Academy of Child and Adolescent Psychiatry, American Psychological Association, American Medical Association, American Academy of Family Physicians, and American Psychiatric Association. "Joint Statement on the Impact of Entertainment Violence on Children: Congressional Public Health Summit—July 26, 2000."

American Academy of Pediatrics, Council on Communications and Media. "Media Violence." *Pediatrics* 124 (November 2009): 5.

Anderson, C., L. Berkowitz, E. Donnerstein, et al. "The Influence of Media Violence on Youth." *Psychological Science in the Public Interest* 4, no. 3 (2003): 81–110.

Anderson, Craig et al. "Longitudinal Effects of Violent Video Games on Aggression in Japan and the United States." *Pediatrics* 122, no. 5 (November 2008).

Anderson, Craig, Akiko Shibuya, Nobuko Ihori, Edward Swing, Brad Bushman, Akira Sakamoto, Hannah Rothstein, and Muniba Saleem. "Violent Video Game Effects on Aggression, Empathy, and Prosocial Behavior in Eastern and Western Countries: A Meta-Analytic Review." *Psychological Bulletin* 136, no. 2 (March 2010): 151–173.

Ballard, M. E., and J. R. Wiest. "Mortal Kombat: The Effect of Violent Videogame Play on Males' Hostility and Cardiovascular Responding." *Journal of Applied Social Psychology* 26, no. 8 (April 1996): 717–730.

Banschick, Mark. "Our Avoidant Boys." *Psychology Today*, September 7, 2012.

Barlett, C., R. Harris, and R. Baldassaro. "Longer You Play, The More Hostile You Feel: Examination of First Person Shooter Video Games and

屏瘾 | Glow Kids

Aggression during Video Game Play." *Aggressive Behavior* 33, no. 6 (June 27, 2007): 486–497.

Bartzokis, George, et al. "Brain Maturation May be Arrested in Chronic Cocaine Addicts." *Biological Psychiatry* 51, no. 8 (April 15, 2002): 605–611.

Beland, Louis Phillippe, and Richard Murphy. "Ill Communication: Technology, Distraction and Student Performance." *Center for Economic Performance, London School of Economics* (May 2015).

Bita, Natasha. "Computers in Class a 'Scandalous Waste': Sydney Grammar Head." Australian, March 26, 2016.

Blease, Charlotte. "Too Many 'Friends,' Too Few 'Likes'? Evolutionary Psychology and 'Facebook Depression.'" *Review of General Psychiatry* 19, no. 1 (2015): 1–13.

Bond, Michael. "How Extreme Isolation Warps the Mind." *BBC Future*, May 14, 2014.

Bonner, Jerry. "E-sports Phenomenon to Be Examined Further on HBO's 'Real Sports with Bryant Gumbel." *HNGN: Headline & Global News*, October 19, 2014.

Browne, Kevin, and Catherine Hamilton-Giachritsis. "The Influence of Violent Media on Children and Adolescents: A Public-Health Approach." *Lancet* 365, no.9460 (February 19, 2005): 702–710.

Campbell, Joseph. *The Hero with a Thousand Faces* (Novato, CA: New World Library,1949).

Careaga, Andrew. "Internet Usage May Signify Depression." Missouri University of Science and Technology, May 22, 2012.

Carmody, Tim. "'What's Wrong with Education Cannot Be Fixed by Technology'— The Other Steve Jobs." *Wired*, January, 17, 2012.

Carroll, Mellissa. "UH Study Links Facebook Usage to Depressive Symptoms." University of Houston, April 6, 2015.

Clark, Richard. "Reconsidering Research on Learning from Media." *Review of Educational Research* 53(1983): 445–459.

Cole, John. "EMF Readings from Various Devices We Use Every Day." *Natural News*, May 26, 2008.

Comstock, George, and Haejung Paik. "The Effects of Television Violence on Antisocial Behavior: A Meta-Analysis." *Communication Research* 21, no. 4 (August 1994): 516–46.

382

Cordes, Colleen, and Edward Miller. *Fool's Gold: A Critical Look at Computers in Childhood* (New York: Alliance for Childhood, 2000).

Cross, Gary. *Men to Boys* (New York: Columbia University Press, 2010).

DeAngelis, Tori. "Therapy Gone Wild." *American Psychological Association* 44, no. 8 (September 2013): 48.

de Gortari, Angelica B. Ortiz, and Mark D. Griffiths. "Game Transfer Phenomena and Its Associated Factors: An Explanatory Empirical Online Survey Study." *Computers in Human Behavior* 51 (2015): 195–202.

————. "Altered Visual Perception in Game Transfer Phenomena: An Empirical Self-Report Study." *International Journal of Human-Computer Interaction* 30, no. 2 (2014): 95–105.

————. "Automatic Mental Processes, Automatic Actions and Behaviours in Game Transfer Phenomena: An Empirical Self-Report Study Using Online Forum Data." *International Journal of Mental Health and Addiction* 12, no. 4 (August 2014): 432–45.

Dellorto, Danielle. "WHO: Cell Phone Use Can Increase Possible Cancer Risk." CNN, May 31, 2011.

Dokoupil, Tony. "Is the Internet making us Crazy? What the New Research Says." *Newsweek*, July 9, 2012.

Dominick, Joseph. "Videogames, Television Violence, and Aggression in Teenagers." *Journal of Communication* 34, no. 2 (1984): 136–147.

Dong, Guangheng, Yanbo Hu, and Xiao Lin. "Reward/Punishment Sensitivities among Internet Addicts: Implications for Their Addictive Behaviors." *Progress in Neuro-Psychopharmacology & Biological Psychiatry* 46 (October 2013): 139–145.

Dong, Guangheng, Elise E. Devito, Xiaoxia Du, and Zhuoya Cui. "Impaired Inhibitory Control in 'Internet Addiction Disorder': A Functional Magnetic Resonance Imaging Study." *Psychiatry Research* 203, nos. 2–3 (September 2012): 153–158.

Doward, Jamie. "Schools that Ban Mobile Phones See Better Academic Results." *Guardian*, May 16, 2015.

Duncan, D., A. Hoekstra, and B. Wilcox. "Digital Devices, Distraction, and Student Performance: Does In-Class Cell Phone Use Reduce Learning?" *Astronomy Education Review* 11 (2012).

Dunckley, Victoria. "Screentime Is Making Kids Moody, Crazy and Lazy." *Psychology Today*, August 18, 2015.

———. "Video Game Rage." *Psychology Today*, December 1, 2012.

———. "Electronic Screen Syndrome: An Unrecognized Disorder?" *Psychology Today*, July 23, 2012.

Ebbatson, Matthew. "The Loss of Manual Flying Skills in Pilots of Highly Automated Airliners." Doctoral thesis, Cranfield University, 2009.

Farchian, Thalia. "Depression: Our Modern Epidemic." *Marina Times*, April 2016.

Federal Communications Commission. "In the Matter of Violent Television Programming and Its Impact on Children: Statement of Commissioner Deborah Taylor Tate," MB docket No. 04–261, April 25, 2007.

Ferguson, Chris. "Does Media Violence Predict Societal Violence? It Depends on What You Look At and When." *Journal of Communication* 65 (2014): e1–e22.

Fischer, Mary. "Manic Nation: Dr. Peter Whybrow Says We're Addicted to Stress." *Pacific Standard*, June 19, 2012.

Fleming, Amy. "Screen Time v Play Time: What Tech Leaders Won't Let Their Own Kids Do." *Guardian*, May 23, 2015.

Gallagher, Winifred. *New: Understanding Our Need for Novelty and Change* (New York: Penguin, 2011).

Gold, Joel, and Ian Gold. *Suspicious Minds: How Culture Shapes Madness* (New York: Free Press, 2014).

Goleman, Daniel. "Scientists Pinpoint Brain Irregularities In Drug Addicts." *New York Times*, June 26, 1990.

Gonçalves, B., N. Perra, and A. Vespignani. "Modeling Users' Activity on Twitter Networks: Validation of Dunbar's Number." *PLoS ONE* 6, no. 8 (2011): e22656.

Graham, Greg. "Cell Phones in Classrooms? No! Students Need to Pay Attention." *Mediashift*, September 21, 2011.

Greitemeyer, Tobias, and Neil McLatchie. "Denying Humanness to Others: A Newly Discovered Mechanism by Which Violent Video Games Increase Aggressive Behavior." *Psychological Science* 22, no. 5 (May 2011): 659–665.

Grunelius, Elisabeth, et al. "The Sensible Child." *Online Waldorf Library* 56 (Spring/Summer 2009).

Haifeng Hou, Shaowe Jia, Shu Hu, Rong Fan, Wen Sun, Taotao Sun, and Hong Zhang. "Reduced Striatal Dopamine Transporters in People with Internet

Addiction Disorder." *Journal of Biomedicine & Biotechnology* (2012): 854524.

Han, Doug Hyun, Sun Mi Kim, Sujin Bae, Perry F. Renshaw, and Jeffrey S. Anderson. "Brain Connectivity and Psychiatric Comorbidity in Adolescents with Internet Gaming Disorder." *Addiction Biology* (2015).

Han, Doug Hyun, Nicolas Bolo, Melissa A. Daniels, Lynn Arenella, In Kyoon Lyoo, and Perry F. Renshaw. "Brain Activity and Desire for Internet Video Game Play." *Comprehensive Psychiatry* 52, no. 1 (January 2011): 88–95.

Harkinson, Josh. "Scores of Scientists Raise Alarm about the Long Term Effects of Cell Phones." *Mother Jones*, May 11, 2015.

Herbert, Bob. "The Plot against Public Education: How Millionaires and Billionaires are Ruining Our Schools." *Politico*, October 6, 2014.

Hoffman, Hunter, et al. "Virtual Reality as an Adjunctive Non-Pharmacologic Analgesic for Acute Burn Pain during Medical Procedures." *Annals of Behavioral Medicine*, January 25, 2011.

Hollingdale, Jack, and Tobias Greitemeyer. "The Effect of Online Violent Video Games on Levels of Aggression." *PLoS ONE* 9, no. 11 (2014): e111790.

———. "The Changing Face of Aggression: The Effect of Personalized Avatars in a Violent Video Game on Levels of Aggressive Behavior." *Journal of Applied Social Psychology* 43, no. 9 (September 2013): 1862–1868.

Hong, Soon-Beom, Jae-Won Kim, Eun-Jung Choi, Ho-Hyun Kim, Jeong-Eun Suh, Chang-Dai Kim, Paul Klauser, et al. "Reduced Orbitofrontal Cortical Thickness in Male Adolescents with Internet Addiction." *Behavioral and Brain Functions* 9, no. 1 (2013): 11.

Hong, Soon-Beom, Andrew Zalesky, Luca Cocchi, Alex Fornito, Eun-Jung Choi, Ho-Hyun Kim, Jeong-Eun Suh, Chang-Dai Kim, Jae-Won Kim, and Soon-Hyung Yi. "Decreased Functional Brain Connectivity in Adolescents with Internet Addiction." *PLoS ONE* 8, no. 2 (February 25, 2013): e57831.

Hormes, Julia, Brianna Kearns, and C. Alix Timko. "Craving Facebook? Behavioral Addiction to Online Social Networking and Its Association with Emotional Regulation Deficits." *Addiction* 109, no. 12 (December 2014): 2079–2088.

"The Impact of Digital Technology on Learning: A Summary for the Education Endowment Foundation." Durham University, November 2012.

Indiana University School of Medicine. "Violent Video Games Alter Brain Function in Young Men." *ScienceDaily*, December 1, 2011.

Jabr, Ferris. "The Reading Brain in the Digital Age: The Science of Paper vs. Screens." *Scientific American*, April 11, 2013.

Jung, Carl. *The Collected Works of C.G. Jung* (Princeton, NJ: Princeton University Press, 1970), 598, 28.

Kang, Cecillia. "He Wants to Make It Playing Video Games on Twitch. But Will People Pay to Watch?" *Washington Post*, December 31, 2014.

Kelly, Samantha Murphy. "Is Too Much Texting Giving You 'Text Neck?'" *Mashable*, January 20, 2012.

Kim, Sang Hee, Sang-Hyun Baik, Chang Soo Park, Su Jin Kim, Sung Won Choi, and Sang Eun Kim. "Reduced Striatal Dopamine D2 Receptors in People with Internet Addiction." *Neuroreport* 22, no. 8 (June 11, 2011): 407–411.

Kipman, Alex. "A Futuristic Vision of the Age of Holograms." TED Talk, 19:05, Vancouver, February 2016.

Klass, Perry. "Fixated by Screens, but Seemingly Nothing Else." *New York Times*, May 9, 2011.

Kneissle, Michael. "Research into Changes in Brain Formation." Waldorf Library. http://www.waldorflibrary.org/images/stories/Journal_Articles/RB2206.pdf.

Ko, Chih-Hung, Gin-Chung Liu, Sigmund Hsiao, Ju-Yu Yen, Ming-Jen Yang, Wei-Chen Lin, Cheng-Fang Yen, and Cheng-Sheng Chen. "Brain Activities Associated with Gaming Urge of Online Gaming Addiction." *Journal of Psychiatric Research* 43, no. 7 (April 2009): 739–747.

Koepp, M. J., et al. "Evidence for Striatal Dopamine Release during a Video Game." *Nature* 393, no. 6682 (May 21, 1998): 266–268.

Konnikova, Maria. "The Limits of Friendship." New Yorker, October 7, 2014.

Kühn, S., et al. "The Neural Basis of Video Gaming." *Translational Psychiatry* 1 (2011): e53.

Lang, Susan. "A Room with a View Helps Rural Children Deal with Stresses, Cornell Researchers Report." *Cornell Chronicle*, April 24, 2003.

Lenhart, Amanda, et al. "Teens, Video Games and Civics." *Pew Research Center: Internet, Science and Tech*, September 16, 2008.

Leutwyler, Kristin. "Tetris Dreams: How and When People See Pieces from the Computer Game in Their Sleep Tells of the Role Dreaming Plays in Learning." *Scientific American*, October 16, 2000.

Lin, Fuchun, Yan Zhou, Yasong Du, Lindi Qin, Zhimin Zhao, Jianrong Xu, and Hao Lei. "Abnormal White Matter Integrity in Adolescents with Internet Addiction Disorder: A Tract-Based Spatial Statistics Study." *PloS ONE* 7, no. 1 (2012): e30253.

Lister-Landman, Kelly M., et al. "The Role of Compulsive Texting in Adolescents' Academic Functioning." *Psychology of Popular Media Culture*. Advance online publication, October 5, 2015.

Louv, Richard. *Last Child in the Woods* (New York: Workman Publishing, 2005).

Lupica, Mike. "Morbid Find Suggests Murder-Obsessed Gunman Adam Lanza Plotted Newtown, Conn.'s Sandy Hook Massacre for Years." *New York Daily News*, March 25 2013.

Lysiak, Matthew. *Newtown: An American Tragedy* (New York: Gallery, 2013).

Mandell, Merriel. "Etiology of Addiction: Addiction as a Disorder of Attachment." 2011.

Mangen, Ann, et al. "Reading Linear Texts on Paper versus Computer Screen: Effects on Reading Comprehension." *International Journal of Educational Research* 58 (2013): 61–68.

Mechanic, Michael. "What Extreme Isolation Does to Your Mind." *Mother Jones*, October 18, 2012.

Mercogliano, Chris, and Kim Debus. "An Interview with Joseph Chilton Pearce." *Journal of Family Life* 5, no. 1 (1999).

Mitchell, David. "Nature Deficit Disorder." *Waldorf Library: Research Bulletin* 11, no. 2 (Spring 2006).

Mikulak, Marcia. *The Children of A Bambara Village*, 1991.

Mohammad, Mona, and Heyam Mohammad. "Computer Integration into the Early Childhood Curriculum." *Education* 133, no. 1 (Fall 2012).

Monke, Lowell. "Video Games: A Critical Analysis." *ENCOUNTER: Education for Meaning and Social Justice* 22, no. 3 (Autumn 2009): 1–13.

Nitzan, U., E. Shoshan, S. Lev-Ran, and S. Fennig. "Internet-Related Psychosis—A Sign of the Times." *Israeli Journal of Psychiatry and Related Sciences* 48, no. 3 (2011): 207–11.

Office of the Child Advocate, State of Connecticut. "Shooting at Sandy Hook Elementary School." Report of the Office of the Child Advocate, November 21, 2014.

Office of the State's Attorney Judicial District of Danbury. "Report of the State's Attorney for the Judicial District of Danbury on the Shootings at Sandy Hook Elementary School and 36 Yogananda Street, Newtown, Connecticut." December 14, 2012.

O'Toole, M. E. *The School Shooter: A Threat Assessment Perspective* (Quantico, VA: Federal Bureau of Investigation, U.S. Department of Justice; 2000).

Pederson, Tracy. "Hyper-Texting Associated with Health Risks for Teens." *PsychCentral,* October 6, 2015.

Postman, Neil. *Amusing Ourselves to Death* (New York: Penguin, 1985).

———. *The Disappearance of Childhood* (New York: Random House, 1982).

Ravitch, Diane. "New York Post Reveals another Part of the 'Bloomberg-Klein' Failure Factory Legacy." *Diane Ravitch's Blog: A Site to Discuss Better Education for All*, February 23, 2014.

Reardon, Marguerite. "WHO: Cell Phones May Cause Cancer." *C/NET*, May 31, 2011.

Rideout, Victoria J., Ulla G. Foehr, and Donald F. Roberts. "Generation M2: Media in the Lives of 8- to 18-Year Olds." Kaiser Family Foundation Study. 2010.

Rock, Margaret. "A Nation of Kids with Gadgets and ADHD." *Time*, July 12, 2013.

Rogers, Jason, Alex Usher and Edyta Kaznowska. *The State of e-Learning in Canadian Universities, 2011: If Students are Digital Natives, Why Don't They Like e-Learning?* (Toronto, ON: Higher Education Strategy Associates, 2011).

Rose, David. *Enchanted Objects* (New York: Scribner, 2015).

Rosin, Hanna. "The Overprotected Kid." *Atlantic Monthly*, April 2014.

Rotella, Carlo. "No Child Left Untableted." *New York Times*, September 12, 2013.

Rothstein, Richard. "Joel Klein's Misleading Autobiography." *American Prospect*, October 11, 2012.

Roy, Amy Krain, Vasco Lopes, and Rachel Klein. "Disruptive Mood Dysregulation Disorder: A New Diagnostic Approach to Chronic

Irritability in Youth." *American Journal of Psychiatry* 171 (2014): 918–924.

Russell, Jason, "How Video Games Can Transform Education." *Washington Examiner*, April 30, 2015.

Sagliogou, Christina, and Tobias Greitemeyer. "Facebook's Emotional Consequences: Why Facebook Causes a Decrease in Mood and Why People Still Use It." *Computers in Human Behavior* 35 (June 2014): 359–363.

Segar, Mike. "U.S. Students Suffering from Internet Addiction: Study." *Reuters*, April 23, 2010.

Shaffer, Howard, et al. "Toward a Syndrome Model of Addiction: Multiple Expressions, Common Etiology." *Harvard Review of Psychiatry* 12 (2004): 367–374.

Skenazy, Lenore. *Free Range Kids: How to Raise Safe, Self-Reliant Children* (New York: Jossey-Bass, 2010).

Suler, John. "The Online Disinhibition Effect." *Cyber Psychology and Behavior* 7, no. 3 (2004).

Swartz, Holly, and Bruce Rollman. "Managing the Global Burden of Depression: Lessons from the Developing World." *World Psychiatry* 2, no. 3 (October 2003): 162–163.

Swing, Edward L., Douglas A. Gentile, Craig A. Anderson, and David A. Walsh. "Television and Video Game Exposure and the Development of Attention Problems." *Pediatrics*, published online July 5, 2010.

Takeuchi, H., et al. "Impact of Videogame Play on the Brain's Microstructural Properties: Cross-Sectional and Longitudinal Analyses." *Molecular Psychiatry*, advance online publication January 5, 2016.

Tindell, D., and R. Bohlander. "The Use and Abuse of Cell Phones and Text Messaging in the Classroom: A Survey of College Students." *College Teaching* 60 (2011): 1–9.

Twenge, Jean M. "Time Period and Birth Cohort Differences in Depressive Symptoms in the U.S., 1982–2013." *Social Indicators Research* 121, no. 2 (June 2014): 437–454.

Voss, Meagen. "More Screen Time Means More Attention Problems in Kids." NPR, July 7, 2010.

Wee, C-Y, Z. Zhao, P-T Yap, G. Wu, F. Shi, T. Price, et al. "Disrupted Brain Functional Network in Internet Addiction Disorder: A Resting-State

Functional Magnetic Resonance Imaging Study." *PLoS ONE* 9, no. 9 (2014) : e107306.

Wang, Y., T. Hummer, W. Kronenberger, K. Mosier, V. Mathews. "One Week of Violent Video Game Play Alters Prefrontal Activity." Radiological Society of North America, Scientific Assembly and Annual Meeting, Chicago, Illinois, November 26–December 2, 2011.

Weng, Chuan-Bo, Ruo-Bing Qian, Xian-Ming Fu, Bin Lin, Xiao-Peng Han, Chao-Shi Niu, and Ye-Han Wang. "Gray Matter and White Matter Abnormalities in Online Game Addiction." *European Journal of Radiology* 82, no. 8 (August 2013): 1308–1312. doi:10.1016/j.ejrad.2013.01.031.

Whitelocks, Sadie. "Computer Games Leave Children With 'Dementia' Warns Top Neurologist." *Daily Mail*, October 14, 2011.

Whiting, Alex. "Tech Savvy Sex Traffickers Stay Ahead of Authorities as Lure Teens Online." *Reuters*, November 15, 2015.

Wilson, Edward O. *Biophilia* (Cambridge, MA: Harvard University Press, 1986).

Wilson, Michael. "The Legacy of Etan Patz: Wary Children Who Became Watchful Parents." *New York Times*, May 8, 2015.

Woellhaf, Lori. "Do Young Children Need Computers?" *Montessori Society*. http://www.montessorisociety.org.uk/article/do-young-children-need-computers.

Woollett, Katherine, and Eleanor Maguire. "Acquiring 'the Knowledge' of London's Layout Drives Structural Brain Changes." *Current Biology* 21, no. 24–2 (December 20, 2011): 2109–2114.

Yuan, Kai, Wei Qin, Guihong Wang, Fang Zeng, Liyan Zhao, Xuejuan Yang, Peng-Liu, et al. "Microstructure Abnormalities in Adolescents with Internet Addiction Disorder." *PLoS ONE* 6, no. 6 (June 3, 2011): e20708.

Yuan, Kai, Chenwang Jin, Ping Cheng, Xuejuan Yang, Tao Dong, Yanzhi Bi, Lihong Xing, et al. "Amplitude of Low Frequency Fluctuation Abnormalities in Adolescents with Online Gaming Addiction." *PLoS ONE* 8, no. 11 (November 4, 2013): e78708.

Yuan, Kai, Ping Cheng, Tao Dong, Yanzhi Bi, Lihong Xing, Dahua Yu, Limei Zhao,et al. "Cortical Thickness Abnormalities in Late Adolescence with Online Gaming Addiction." *PLoS ONE* 8, no. 1 (January 9, 2013):

e53055.

Zhou, Yan, Fu-Chun Lin, Ya-Song Du, Ling-di Qin, Zhi-Min Zhao, Jian-Rong Xu, and Hao Lei. "Gray Matter Abnormalities in Internet Addiction: A Voxel-Based Morphometry Study." *European Journal of Radiology* 79, no. 1 (July 2011): 92–95.

作者简介
About the Author

　　尼古拉斯·卡达拉斯（Nicholas Kardaras）博士先后毕业于纽约布朗克斯理科高中和康奈尔大学。他在纽约熬过了十年寒窗苦读的求学生涯。如今，他是国际知名的成瘾研究和治疗方面的专家、斯托尼布鲁克医学院的前任临床教授以及东汉普顿杜尼斯康复中心的执行理事（东汉普顿杜尼斯康复中心是世界一流的康复中心）。他曾执教博士研究生的神经心理学课程，也是《柏拉图和毕达哥拉斯如何救你一命》（*How Plato and Pythagoras Can Save Your Life*，科勒尼出版社，2011 年）一书的作者。他经常参加《今日心理学》《福克斯新闻》等节目，曾上过哥伦比亚广播公司的《晚间新闻》和美国国家公共电台，还在《纽约杂志》《名利场》等期刊杂志上发表文章。

　　卡达拉斯是大都会和尼克斯队的忠实粉丝，并且从小学开始就是一个骄傲的《星际迷航》迷。他曾是美国业余体育联合会全国空手道冠军。他喜欢毕达哥拉斯哲学、喜欢阅读《纽约邮报》、喜欢沉思，也喜欢躺在纽约萨格港的海滩上做白日梦。在那里，他与心爱的妻子、双胞胎儿子过着幸福的生活。

读者 Readers 回函表 WIPUB BOOKS

姓名：_____ 　　性别：_____　年龄：_____
教育程度：_____　　所在城市：_____
E-mail：_____　　联系电话：_____

您所购买的书籍名称：《屏瘾》

您有几个孩子：_____　孩子性别：_____　孩子年龄：_____

您在教育孩子的过程中遇到哪些问题：_____

针对"父母学校书系"，您希望我们重点关注哪些
养育问题？希望我们出版哪类图书？
_____

您对我们的其他建议或意见：
_____

您可以填完后
拍照发送至：
wipub_sh@126.com

或扫描二维码
在手机上作答。

期待您的参与！

图书翻译者征集

　　为进一步提高我们引进版图书的译文质量，也为翻译爱好者搭建一个展示自己的舞台，现面向全国诚征外文书籍的翻译者。如果您对此感兴趣，也具备翻译外文书籍的能力，就请赶快联系我们吧！

您是否有过图书翻译的经验：
□有（译作举例：_____）　　□没有

您擅长的语种：
□英语　□法语　□日语　□德语

您希望翻译的书籍类型：
□文学　□科幻　□推理　□心理　□哲学
□历史　□人文社科　□育儿

　　请将上述问题填写好，扫描或拍照后，发至 wipub_sh@126.com，同时请将您的应征简历添加至附件，简历中请着重说明您的外语水平。

更多好书资讯，敬请关注

万墨轩图书
用心做书 做好书 分享好书

父母学校书系
PARENTS' SCHOOL
美好家庭 科学教育

家庭教育最终要走向自我教育。我们希望通过出版国内外专家学者的关于家庭建设、婚姻经营、亲子教育方面的书籍，为父母读者们带来一些启发，并在一定程度上提供有益的指导，帮助父母们更好地进行自我教育。

《屏瘾——当屏幕绑架了孩子怎么办》

[美] 尼古拉斯·卡达拉斯 著　　常润芳 译

作者是美国一流的戒瘾治疗专家，他在书中告诉我们：无处不在的发光屏幕科技是如何深深地影响着我们整整一代人的大脑的。焦虑、绝望和不稳定的情绪、小儿多动症甚至精神错乱，都与屏幕映像有关。对屏幕映像的过多观看，还会神经性地损伤大脑发育，这跟沉迷于可卡因的过程完全一样……尼古拉斯教授结合社会学、心理学，综合文化和经济等各方面因素，解读了正在全球蔓延的技术狂热症，探求了那些闪闪发光的新技术已经和将要对我们的孩子造成怎样的影响，并指出了戒除屏瘾的方法。

《孩子压力大怎么办——用正念缓解压力和坏情绪》	《孩子挑食怎么办——五步克服挑食、厌食和进食障碍》	《火孩子 水孩子——儿童多动症的五种类型及帮助孩子提高自尊与注意力的方法》	《性别探索之旅——年轻人的性别认同探索指南》
[美] 埃米·萨尔茨曼 著　蒋春平 译	[美] 卡特娅·罗厄尔 珍妮·麦格洛思林 著　贺赛男 译	[美] 斯蒂芬·斯科特·考恩 著　刘洋 译	[美] 赖兰·杰伊·特斯塔 德博拉·库尔哈特 杰米·佩塔 著　马茜 译

如今的儿童和青少年，承受了来自家庭、学校及同龄人的重重压力。如何才能帮助孩子掌握压力管理的技能，提高自我调节的能力，让他们健康快乐地成长？本书详细介绍了为期8周的正念课程，将帮助青少年改善自己的身体、精神及情感状态，迎接生活的挑战。

许多关于孩子挑食方面的书都指出了孩子挑食的原因，但大多缺少实际的指导。本书提出的STEPS+法在全美推广后，得到了广大父母的一致认可。该方法将帮助孩子自主地做出改变，一步步克服挑食、厌食和饮食障碍，享受美食。

每个孩子的天性都是与生俱来的，很多注意力不集中的孩子并不是患有多动症，而只是没有给他们适合的注意力训练。本书将孩子们分为"金木水火土"五类，充分考虑了每个孩子独特注意力的方式，指出缓解造成其多动症状态的方法。

欢迎加入这场探索之旅。你会发现，为了弄清楚是什么使你成了"你"，有很多东西需要探索！比如，哪些与性别有关的因素使你成了现在的你；哪些性别之外的因素决定了你的性格、兴趣和自我……本书适合年轻人自己阅读，也适合青少年的父母阅读学习。